유학이 묻고,
이슬람이 답하다
-清眞釋疑-

유학이 묻고, 이슬람이 답하다
-淸眞釋疑-

초판 1쇄 인쇄 2020년 10월 20일
초판 1쇄 발행 2020년 10월 26일

지 은 이 金天柱(淸)
옮 긴 이 권상우
펴 낸 이 신일희
펴 낸 곳 계명대학교출판부
출판등록 제347-1998-1호(1970. 9. 1)
주 소 대구광역시 달서구 달구벌대로 1095
대표전화 053-580-6233
팩 스 053-580-6235
홈페이지 www.kmupress.com

ISBN 979-11-6516-050-0 93150 정가 20,000원

이 도서의 국립중앙도서관 출판예정도서목록(CIP)은 서지정보유통지원시스템 홈페이지(http://seoji.nl.go.kr)와 국가자료종합목록 구축시스템(http://kolis-net.nl.go.kr)에서 이용하실 수 있습니다. (CIP제어번호 : CIP2020036143)

유학이 묻고,
이슬람이 답하다
-淸眞釋疑-

金天柱(淸) 지음　권상우 옮김

계명대학교출판부

머리말

이슬람이 우리 곁으로 다가오고 있다. 최근 한국에서 이슬람 국가 출신 이주민과 노동자들이 증가하면서 최근 이슬람 문화권의 이주민이 숫자가 5만 명에 육박하고 있고, 지자체에서는 이슬람 문화 축제를 열고 있으며, 이슬람 식당과 카페에서 이슬람 음식과 차를 마실 수 있는 등 우리 주변에서 이슬람 문화를 쉽게 접할 수 있다. 이슬람 문화의 부각은 한국에서만 일어나는 현상이 아니라 세계적 추세이기도 하다. 이슬람 인구는 16억 정도이고, 유엔에 가입하고 있는 국가만 하더라도 57개국에 이른다. 동남아시아, 유럽, 중앙아시아를 아우르는 방대한 이슬람 문화권을 형성하고 있다.

하지만 우리네 이슬람 이해는 척박하다. 그 척박한 지식마저도 대부분 왜곡된 채 수용하였다. 서구의 기독교는 오랫동안 아랍의 이슬람과 대립하고 충돌하면서 이슬람을 부정적으로 바라보고 있으며, 우리는 서구의 이런 왜곡된 이슬람을 수용해서 이해하고 있다. 다행히도 최근 기존의 서구적 이해에서 벗어나 아랍 이슬람의 원래 의미를 이해하고자 하지만 여전히 이슬람에 대한 부정적인 이미지를 떨쳐 버리지 못하고 있다. 이슬람은 우리에겐 여전히 테러를 일삼는 종교, 돼지고기를 먹지 않는 종교, 여성들의 히잡 착용, 여성 할례, 일부다처제 등 부정적으로 이해된다.

한국에서 이슬람에 대한 무지와 왜곡은 서구의 기독교뿐만 아니라 유교(儒教) 문화에서도 그 원인을 찾아볼 수 있다. 유교(儒教)는 이슬람 문화권 출신 이주민이 한국 사회에 정착하는데 걸림돌이 되고 있다. 한국에 거주하는 무슬림은 제사 문화, 연공서열, 독특한 음주 문화 등 유교문화를 불편하게 느낀다. 그래서 우리는 또한 유교적 편견이라는 장애물을 제거해야만 이슬람의 진의(眞義)를 파악할 수 있다.

역자는 김천주(金天柱)의 『청진석의(淸眞釋義)』을 읽고서, 이 책이 우리가 이슬람을 이해하는 데 도움이 되기를 바라면서 번역하였다. 김천주는 청(淸)나라 초기에 활동한 이슬람 출신의 학자이다. 그는 무슬림 집안에서 태어나서 이슬람 경전과 교의를 배우면서 성장하였을 뿐 아니라 아랍어와 페르시아어 서적을 연구한 적도 있고, 성장한 후에는 유학의 사서오경, 그리고 한유(韓愈). 주자(朱子) 등 유학자의 저서들을 읽었고, 외국어 번역을 담당하는 사역관(四譯館)에서 20여 년간 근무하면서 유학의 의례와 풍습을 연구하기도 했다. 이외에도 불교, 도교, 서구의 기독교에 대해 깊은 이해를 지니고 있었다. 그는 이러한 폭넓은 이해를 바탕으로 이 책을 집필하였다.

그는 이슬람에 대한 한족의 의혹과 비난에 대응하기 위해서 유학적 관점에서 이슬람을 소개하고자 했다. 그는 이슬람의 의례가 한족이 비난하는 것과 같이 터무니없는 의례가 아니라는 것을 밝히기 위해서 유가 경전이나 중국 역사서, 유학자들의 문헌에서 관련 내용을 찾아서 해명하고자 했다. 그는 이 책에서 이슬람에서는 왜 개와 돼지고기를 금하는지, 왜 혼례에서는 음악을 사용하지 않는지, 왜 이슬람에서는 신상(神象)을 설치하지 않는지, 왜 아침저녁으로 서쪽을 향해서 예배를 드리는지, 그리고 왜 이슬람교를 '청진(淸眞)'이라 하고 '회교(回敎)'라고 하는지 관해서 유학적 관점에서 이슬람이 합리적인 종교임을 밝히고 했다.

더욱이 김천주는 독자들에게 쉽고 생동감 있게 이슬람의 의혹을 해명하기 위해서 유학자와 대화하는 방식으로 『청진석의』를 서술하였다. 그는 이 책에서 가상의 유학자가 이슬람에 관한 의혹을 제기하면 그 의혹에 대해 대답하는 방식으로 구성하였다. 이 책의 이러한 서술 특징을 살리기 위해서 이 번역본을 '유학이 묻고, 이슬람이 답하다-淸眞釋疑'라고 제목을 붙였다.

『청진석의』가 출판되자 중국의 학자와 유학자 모두가 이 책이 한족의 이슬람에 대한 의혹을 해소할 수 있었을 뿐만 아니라 이슬람과 유학의 대화 지평을 마련했다고 평가하였다. 이 책이 오늘날 한국에서도 유학적 편견에서 벗어나서 이슬람의 진의를 이해하는 데 조금이나마 도움이 될 수 있기를 바란다.

역자는 최근 17.18세기 중국에서 유교와 이슬람이 충돌하면서 융합하는 과정에 흥미를 갖고 연구하고 있지만, 이 책을 번역하기에는 이슬람에 관한 이해가 부족할 뿐만 아니라 중국에서만 통용되는 이슬람 용어를 우리말로 번역하기가 여간 쉽지 않았다. 저자의 이슬람에 대한 애정과 학문의 심오함을 우리말로 충분하게 드러내지 못해서 저자에게 죄송스러울 따름이다. 혹 역자의 번역에 오역이나 오류가 있다면 독자의 너그러운 양해와 매서운 질정을 바란다.

끝으로, 이 책이 세상에 출판되기까지 수고해 주신 계명대학교출판부 직원 선생님들께 감사드린다. 특히 본인의 손을 걸쳐 출판된 모든 책을 본인의 작품으로 여기면서 걸작을 출판하기 위해서 늘 최선을 다하시는 최상근 선생님의 노고와 바쁘신 와중에도 투박한 번역에 화려한 옷을 입혀주신 계명대 시각디자인과 임헌우 교수님의 배려와 노고에 깊이 감사드린다. 계명대 울타리 안에서 두 분과 함께 한다는 사실만으로도 자랑스럽고 기쁘다!

2020년 9월 22일, 역자가 쓰다.

| 일러두기 |

- 이 책은 청(淸) 광서(光緒) 2년(1876) 판본(『回族藏書全書』, 第36冊, 银川, 宁夏人民出版社, 2010)을 번역하였다.
- 이 책의 목차는 『청진석의(淸眞釋疑)』(海正忠 点校, 譯註, 宁夏人民出版社, 2002)의 목차를 차용하였다.
- 이 책은 원문을 의역하지 않고 구절의 원래 의미를 번역하고자 하였다.
- 독자의 가독성을 높이기 위해서 원문을 책 뒤편 부록으로 실었다.
- 독자에게 생소한 중국이슬람 관련 개념과 중국이슬람학자는 각주에서 소개하였다.
- 유학 경전에 관한 인용문은 그 출처와 원문을 각주에서 밝혔다.

목차

010 유학자와 이슬람학자의 서문(序文)
020 자서(自序)

026 01. 총론(總論)
031 02. 신앙(信仰)
037 03. 진주(眞主)
041 04. 성인(聖人)
043 05. 역법(曆法), 라마단(齋戒, Ramadan), 희사(天課, Zakat)
051 06. 상장례(喪葬)
057 07. 복식(服飾)
059 08. 예배(禮拜)
072 09. 음식(飮食)
079 10. 의용(儀容)
082 11. 신령(神靈)
087 12. 재생(宰牲, Id al-Adha)
091 13. 목욕(沐浴)
097 14. 제사(祭祀)
112 15. 수행(修行)
115 16. 결어(結語)
120 17. 서서(書敍)

135 **부록 1:** 중국이슬람과 김천주의 유학적 이슬람
195 **부록 2:** 『淸眞釋疑』 원문

유학자와 이슬람학자의 서문

『청진석의』를 다시 재간행하면서 붙이는 서문

삼가 『청진석의(清真釋疑)』라는 책을 읽었다. 이 책은 선현(先賢)에 의해 출간되었으며, 진주(眞主)를 밝힌 고귀한 사람이 쓴 최고 수준의 작품이다. 이 책에서는 천명오공(天命五功)[01]과 인륜오전(人倫五典)[02]을 인정하고 있으며, 『꾸란』 30권이 알라가 계시한 지극히 참된 언어라는 것을 밝히고 있다. 무슬림은 지극히 존귀한 알라를 알고, 마음을 바르게 하고 뜻을 정성스럽게 하여(正心誠意), 자신을 알고 알라를 체인하는 학문을 일목요연하게 설명하였다. 이를 믿고 따르는 사람은

---

01 '천명(天命)'은 알라의 계시를 의미하고, 오공(五功)은 이슬람의 5대 의무를 말한다. 무슬림은 신앙의 증언(Shahadah), 예배(Salah, Salat), 종교적 희사금(Zakah, Zakat), 금욕적 단식(Sawm), 메카 순례(Hajj)의 다섯 기둥으로 알려진 의무를 수행해야 한다. 샤하다는 알라에 대한 충성 고백, 즉 신앙고백을 말하며, 살라트는 일상적인 예배이며, 자카트는 연례적인 자선 행동(희사, 종교 기부금), 사움은 한 달 동안 지속되는 단식(라마단), 핫즈는 성지 순례를 말한다.

02 유학의 오륜(五倫)은 '君臣有義, 父子有親, 夫婦有別, 長幼有序, 朋友有信'를 말한다.

얻을 바가 있지만 자기를 속이는 사람은 잃게 되는 바가 있을 것이다. 이 책은 진리를 좋아하는 사람들이 읽고서 칭찬하지 않는 사람이 없었다.

책의 원판이 유실되었기에 판본을 다시금 판각하여 널리 전하고자 한다. 이에 대략 몇 마디 말을 적어 일의 처음과 끝(始末)을 기록할 따름이다. 만약 도(道, 이슬람)를 함께 좋아할 사람이 있다면 스스로 종이를 준비하고 인쇄해서 널리 전하기 바란다.

석가종(石可宗)의 서문

나의 선조는 메카(天方) 출신의 사람이다. 메카 사람들은 진주(眞主)의 명을 받들고 예배드리는 종교를 일상의 일로 삼는다. 이슬람이 중국 수당(隋唐) 시기에 전해진 이후[03]에 마음을 밝히고 본성을 실현하고자 하는 모든 종지(宗旨)는 유학과 서로 표리(表裏)를 이루었다. 다만 국음(國音, 아랍어와 페르시아어)을 알고 있는 사람이 드물고, 중국 내지에 거주한 지 오래되어서 입으로만 전해지면서 진실한 도리를 잃어버렸다. (이런 사실을) 이미 의심하지 않을 수 없는데, 어찌 이슬람에 대해 의혹을 제기한 사람만을 탓할 수 있겠는가!

김천주 선생은 이슬람이 중간에 사라질까 염려하였고, 이에 『청진

03 이슬람이 중국에 최초로 전해진 시기에 관해서는 중국뿐만 아니라 서양에서도 다양한 학설이 제기되고 있다. 중국이슬람사에서는 隋 開皇 7年(587年) 隋 大業 9年(613年), 唐 貞觀 3年(629年), 唐 永徽 2年(651年) 등 다양한 설이 있다. 이들 학설은 역사적 기록과 논리적 근거를 제시하고 있지만 이 중에서 『舊唐書』의 「大食傳」에 근거해 唐 永徽 2年(651年)설을 일반적으로 수용하고 있다.

석의』를 지어 세상에 널리 알리고자 하였다. 이 책은 말의 뜻이 분명한데, 대개 유가의 이치를 취하여 이슬람이 두루 통할 수 있음을 논증하였다. 이 책을 읽는 사람이 반복하여 연구해서 그 내용을 손바닥 보듯 환히 안다면, 비로소 세계가 넓더라도 각 지역의 성인 모두가 같은 마음이라는 것을 믿게 될 것이니, 어찌 다시 이슬람(天方之敎)을 의심할 수 있겠는가.

이 책은 전란으로 불타고 흩어져 판본이 모두 유실되었다. 뜻을 같이 하는 사람들이 돈을 모아 판각하기 위해서 나에게 교정을 맡아 달라고 부탁하였는데, 진실로 김 선생의 노고가 사라지지 않기를 바라면서, 이에 서문을 지어 이 일의 경위를 기록해 둔다.

광서(光緖) 2년(1876) 윤5월 15일

진주(眞州) 야원씨(也圓氏) 석가종(石可宗)이 삼가 서문을 짓다.

호회원(胡汇源)의 서문

종교에 입도한 사람들은 믿음을 중시하고 의심을 천한 것으로 생각한다. 의심하면 두 마음이 생기고, 두 마음이 생기면 떠나게 된다. 혹은 교리가 혼란스러워 산만하고, 혹은 반목하여 떠나버리는 일을 이루 헤아릴 수 없다. 우리 성인(聖人)인 공자의 문하에는 72명의 현자가 있었는데, 도(道)에 대해 서로 각자 깨달은 바가 있었다. 그들 중에 오직 자하(子夏)만이 공자 학설을 독실하게 믿고 공자의 학업을 계승하여 서하(西河)에서 제자들을 가르치면서 『채사설(蔡師說)』 한 권을 지었는데, 스승의 가르침에서 조금도 벗어나지 않았다. 당시 공자의 다른 제자들이 어찌 그를 비난하지 않았겠는가? 그러나 자못 문사(文辭)로써 비유를 들면서 계도하자 비난은 마침내 얼음이 풀리듯 사라졌고, 궐리(闕里)[04]의 학문 단서는 그에 힘입어 혼탁하지 않았다. 북고(北高) 김천주(金天株) 선생은 이슬람의 자하(子夏)라고 할 수 있다.

이슬람은 수당(隋唐) 시기 중국에 유입되었고 지금에 이르러 매우 융성하게 되었다. 그러나 가지와 잎은 무성하여도 뿌리는 썩었으며, 오랫동안 전해졌지만 원류는 잃어버렸다. 비록 교의와 경전을 준수하여 상세히 연구하면서 바꾸려고 하지는 않았지만, 일상생활에서의 종지(宗旨)는 오히려 몽매해졌다. 내가 믿지 않으면 다른 사람 역시 의심한다. 나는 교학을 담당하면서부터 사방을 유람하면서 수많은 이슬람 동포를 만났는데, 10명 중에 5~6명은 이슬람의 행위 방식을 분명하게 알지 못하고 있었다. 그런데 재능이 뛰어난 사람들은 또한 자신의 종교 지식을 자찬하면서 종파의 스승(宗師)으로 칭하였다. 내가 보기에, 그들 모두 김천주 선생과 같은 뛰어난 재능을 지니고 있지 않았다.

을축년(已丑, 1745) 봄, 나는 과거에 낙방하고 북경에 머물며 관저에서 숙식하였다. 김천주 선생이 다정하게 나를 살피며 여러 차례 찾아왔다. 며칠 지난 후에 김 선생은 자신이 쓴 『청진석의』를 나에게 보여 주면서 책머리에 서문을 써 줄 것을 부탁하기에 그 요청을 받아들였다. 그 길게 써진 문장을 보니, 마치 실에 진주가 꿰여 있고 여러 차례 분석하고 조리를 나눈 것이 푸른 하늘의 태양과 같았다. 한편으로 책을 읽으며 한편으로 기뻐하면서 감탄하며 말하였다. 종교적 배움이 이 경지에 이르렀으니 진실로 독실한 무슬림이라고 할 수 있다. 무릇

04 궐리(闕里)는 공자가 출생해서 성장한 '곡부(曲阜)'의 별칭이다.

믿음이란, 마음에 의심이 없는 것에서 나오고, 마음에 의심이 없는 것은 바깥에 잡된 것이 없는 데서 기인한다. 그의 마음과 행위가 일치한 것이 매우 분명하였다. 언설은 막힘이 없이 도도한 강과 같았고, 붓을 빌려서 표현하면 마치 서까래(뛰어난 문장을 비유함)와 같았다. 자신이 확실하게 믿기 때문에 다른 사람도 반드시 믿게 된다. 이 논설이 출간되어 각 가정에서 한 부씩 보관하고 모두 읽는다면 천백 년의 의혹의 덩어리가 뜨거운 난로 위에 내리는 눈처럼 녹을 것이다. 나는 이슬람을 깊고 돈독하게 믿는 사람이 장차 천하에 널리 퍼질 것을 확신한다. 그것에 또 어떤 해설을 보태겠는가?

이것을 서문으로 삼는다.

건륭(乾隆) 10년 을축(乙丑)년(1745) 한여름의 좋은 해에 고향위

권제(眷弟) 호회원(胡匯源)이 초를 하여 쓰다.

또한 칠언율시 한 수를 짓다.

벼슬에 매여 생각을 가다듬기 쉽지 않을 터에

羈思無端未易裁

기이한 책이 베개 속에서 나왔음을 누가 믿겠는가

異書誰信枕中來

수많은 말 저절로 천고의 경전을 이루니

萬言獨自成千古

하루라도 가르쳐야 회교의 진면목 볼 것이네

一日須教看百回

선한 단서를 중국의 하늘과 땅에 드리우고

中極勝因垂蓋壤

이슬람의 가르침 바람과 우레처럼 펼쳐지네

西方遺訓展風雷

그대의 위대한 글 지금 적어 애석하나

憐君大筆於今少

훗날에 판각되면 세상을 변하게 하리

梨枣他年變九垓

범안(範安)의 아우 원(源)이 다시 초하다.

마정보(馬廷補)의 서문

한림원 사역관(翰林院四譯館)[05] 교습(敎習) 북고 김천주 선생을 만났는데, 그의 말은 풍부하면서도 문채가 있었고, 시(詩)·서(書)·예(禮)·악(樂)과 기거(起居)·동정(動靜)이 모두 온화하고 이치에 맞았다. 선생은 깨끗하고 진실하였으며 성실하였다. 나는 선생의 천성이 하늘과 같이 높고 경전의 의리에 매진한 것이 매우 깊음을 알았다. 이어서 『청진석의』를 나에게 보여 주었는데, 내가 그 책을 읽어보니 문장은 한유(韓愈)·유종원(柳宗元)·구양수(歐陽修)·소식(蘇軾)에 근거해서 이

05 중국 명대(明代)에는 주변 국가와의 관계가 가까워지고 국내 여러 민족 간의 왕래가 활발해지면서 언어와 문자의 번역이 중시되어 한림원에 번역기구를 설치하고, '사이관(四夷館)'이라 칭했다. 사이관에는 몽골어, 여진어, 투르크어, 티벳어, 인도어, 백이(僰族)어, 위구르어, 버마어를 담당하는 여덟 관(八館)을 두었다. 청대(清代)에 들어와서도 명나라 구제(舊制)를 답습하여 이 기관을 두었는데, '사역관(四譯館)'으로 개칭하였다.

슬람의 오묘한 교의를 밝혔는데, 불을 보듯 명확하여 조금의 의심도 없었다. 지금 이를 보는 사람은 마치 옛 친구를 만나듯이 마음으로 분명해지고 입에서 나오는 말은 이치에 맞는 것과 같다. 비단 다른 종교인의 의심이 해소될 뿐만 아니라 무슬림 중에서 신앙이 흔들리는 사람에게도 하늘이 부여한 양심을 드러내어 이슬람에 대한 신념을 독실하게 해 주고, 선조의 가르침을 영원히 지키면서 아래 세대에게 전달해 줄 수 있을 것이다.

김천주 선생은 당시의 의혹을 해소할 수 있는 저작을 지었는데, 그 책은 세도(世道)를 바로잡고 인심(人心)을 규제하는 데 공헌이 있다. 어찌 보잘것없다고 하겠는가? 이 책은 확실히 이슬람에 통할 수 있는 교량(橋梁)이며, 불후의 저작이라 할 수 있다. 책에서 이슬람을 비난하는 사례를 들고 있는데, 이러한 비난은 행위가 바르지 않고 정도를 알지 못하는 사람의 사례일 뿐이다. 내가 직설적으로 표현하였다. 이 책이 세상에 나오게 된다면 김천주 선생의 고충을 충분히 헤아릴 수 있으리라.

김천주 선생은 나에게 서문을 써 줄 것을 부탁해서 이에 간략히 몇 자 적는다. 또한 동지와 여러 군자들이 독실하게 믿고 힘써 행할 것을 바란다.

건륭(乾隆) 을축(乙丑)년(1745) 음력 4월 화창한 달의 아침에 운남(雲南) 동창인 마정보(馬廷輔, 자는 군록(君祿))이 북경 관저에서 짓다.

진대소(陳大韶)의 서문

인심은 풍속의 근본이다. 풍속은 교화가 드러남이다. 지금 천하의 인문(人文)이 활발하게 일어나면서 윤리 규범의 질서가 정연하고 분명하게 드러나서 국내외에서 교육이 나날이 중시되고 있다. 그러나 현실을 보면 규범을 준수하지 않고 청렴함을 중시하지 않은 채 서로 속이는 현상만이 종종 관습이 되고 있는데, 늘 바로잡고자 하면서도 그럴 수 없었던 것은 어째서인가?

옹정(翁正) 2년(1724) 나는 향리에서 진사로 선발되어 북경에서 유학(遊學)하였다. (그 때) 조정의 관리를 만나고 선생의 성실한 가르침을 들었다. 이것으로 배우며 담론을 주고받으면서 깨끗하고 진실한 것으로 돌아가기를 기대하였다. 이렇게 하는 것이 대대로 전해내려 오는 교육을 지키는 좋은 방법이다. 다음 해 나는 교습관에서 배우는 반열에 들었는데, 귀족 가문 자제들은 대부분 소박하면서도 예의가 바른 유학자의 품격을 지니고 있었다. 강습 이외의 시간에는 "윤리를 돈독히 하고 규율을 지키며 청렴하고 진실할 것"을 교훈으로 삼았다. 때로는 손님들과 널리 대화하고, 또한 이에 근거해서 증답(贈答)하기도 하였다. 한림원 사역관 교습 김천주 선생은 이곳에서 함께 지내면서 가까워진 지인인데, 나의 학문에 도움을 준 벗 중에 한 사람이다.

김천주 선생과 몇 년 동안 교류하면서 너와 나를 구분하지 않을 정도로 친해졌다. 항상 나를 사역관 관청으로 데리고 가서 직접 훈도해 주셨다. 김 선생은 의관(衣冠)이 늘 단정하였고, 음식은 늘 청결하였으며, 의례와 절도는 모두 고상하고, 불교와 도교의 학설을 듣는 것은 좋아하지 않았다. 몇 년 동안 함께 지내면서 부모를 높이는 대의를 듣고서 감동하였는데, 이 어찌 아무런 단서도 없이 이단의 설을 좋아한다고 하겠는가? 어느 날 김천주 선생이 나를 보고 말하였다.

> "내가 이슬람 문하(門下)를 가르칠 때, 세상 사람들은 귀로 듣고 입으로만 말한다. 이에 『청진석의』 한 권을 지어서 말을 함에는 바르고 행동함에는 유가와 같은 일상이지만, 다만 한두 가지 세부 조항이 중국의 현재 습관과 다름을 알리고자 하였다. (무슬림은) 유가 서적을 읽고 과거에 응시해 관리의 도리를 다하고 강상의 윤리를 돈독히 지키고자 하는데, 이는 군신·부자·형제·붕우의 관계에 조금도 어긋나지 않는다."

나는 다행히 10여 년 동안 당대의 대부(大夫)들에게서 계발과 지도를 받으면서 인심과 풍속에 대한 연구에 갈수록 흥미를 느꼈다. 그러나 북고 김천주 선생은 늘 일반인이 이슬람을 오해하는 것을 근심하였다. 나는 선생에게 말하였다.

> "실망하지 마십시오. 이 책이 출간되면 사람들의 의혹이 저절로 사라질 것입니다. 한 가족 간에도 서로의 의견이 완전히 같지 않은데, 이슬람만 그러한 것은 아닙니다. 주현(州縣)의 이쪽 강토와 저쪽 경계 역시 옷을 입고 밥을 먹는 것이 어찌 한결같겠습니까. 지금 조선은 우리나라의 동쪽에 가까이 위치한 이웃 나라입니다. 그들의 윤리와 기강, 자제들의 교육과 문파의 계승 의식, 은(殷)나라 소사(少師)의 후계자가 얼마나 되며, 음식은 어떤지 우리는 알 수 없으며, 관과 신발, 의상 등이 중국과 다른 것을 알지만 그들 조상이 물려준 관습은 당연히 그럴 뿐이라

고만 생각할 뿐이지 결코 그들을 비난하지는 않습니다. 지금 이 책이 출간되면, 사람들이 알게 되고, 알면서도 여전히 의문을 제기한다면 그것은 필히 사람의 일상적인 정이 아닙니다."

김천주 선생으로부터 이 책의 평론을 부탁받고서 오랫동안 그와 함께한 경험을 이 책 앞에 기록하고자 한다.

때는 건륭(乾隆) 3년 무오(戊午)년(1738) 초가을 교습 간용(教習揀用) 지현(知縣) 초북송자(楚北松滋) 동학(同學) 아우 진대소(陳大詔)가 머리를 조아리며 삼가 짓다.

자 서(自序)

'청진(淸眞)'[06]은 우리 무슬림 종교의 근본 종지(宗旨)인데, 『청진석의』를 집필한 것은 무엇 때문인가? 중국에서 다른 종교를 믿는 사람들은 무슬림의 신앙과 행위를 헤아리지 못한 채 수백 년 동안 의심만 품을 뿐 이를 이해하려 하지 않았고, 우리 종교의 책을 읽지 않아 이슬람의 신앙과 행위에 담고 있는 함의를 알지 못한 까닭에 우리 이슬람에 대한 의심은 나날이 생겨나고 비판 또한 많아지고 있기 때문이다. 이에 마침내 어떤 이는 무슬림이 음력을 따르지 않고 자신들만의 달력을 만들어 360일을 1년으로 삼으면서 여러 사람이 모여 서로 축하한다고 하고, 어떤 이는 무슬림은 일반인과는 다른 언어를 사용하고 특이한 복장을 입고 음식을 가려서 먹는다고 비난한다. 심지어 어떤 사람은

---

06 김천주는 '청진(淸眞)'의 의미를 이 책 뒤에 실려 있는 서서(書敍)에서 밝히고 있다. 그는 "회교는 본래 '청진(淸眞)'이라 부릅니다. 무릇 '淸'은 무슬림의 행위가 그 탁한 일을 멀리 피한다는 것을 의미합니다. 오직 진재(眞宰)만을 섬기면서 그 명령을 따라 참(眞)된 것을 보존하고 거짓(僞)된 것을 제거해야 하는데, 그 의의는 바로 하늘의 도(天道)를 밝히는 데 있습니다."라고 하였다. 그리고 이슬람 학자인 마덕신(馬德新)은 '淸'을 '극기(克己)'로 '眞'을 '복리(復理)'로 해석하기도 했다. 즉 '청진'은 자신의 사욕을 극복해서 천리(天理)를 회복한다는 의미로 해석하였다.

무슬림의 회교력 9월 한 달(라마단) 동안 여전히 고기 등의 음식을 먹되 낮에는 왜 음식을 먹지 않는지 궁금해 한다. 또한 무슬림이 어떤 신에게 예배하는지 모르면서 밤에 모이고 새벽에 헤어지는 광경을 보고서 남녀 관계가 문란하다고 비판한다. 더욱이 무슬림이 이발하는 장면을 보고 부모가 물려준 신체를 훼손하는 행위라고 하고, 외모가 일반인과 다르다고 비난한다. 이러한 여러 가지 의혹들을 이전에는 설명해 줄 수 없었다.

그러나 이런 의혹에 대해 설명하지 않은 것은 우리 무슬림 중에 인재가 없었기 때문이 아니라 대부분의 선배들이 심오한 교리만을 저술하면서 위에서 언급한 의문에 대해서는 말하려 하지 않았을 따름이다. 일찍이 왕대여(王岱輿)[07] 선생은 『정교진전(正教真詮)』·『청진대학(清真大學)』·『희진정답(希真正答)』을 저술하였고, 마주(馬注)[08] 선생은 『청진지남(淸眞指南)』을 저술하였다. 그 이후 유지(劉智)[09] 선생이 『천방성

07 왕대여(王岱與, 대략 1570~1660)은 스스로 '진회노인(眞回老人)'이라고칭하였으며, 이슬람 경전을 한문으로 번역한 최초의 학자로 알려져 있다. 그의 선조는 서역에서 왔으며 명나라 흠천감(欽天監)을 지냈다. 그는 무슬림 집안에서 태어나 어릴 때부터 이슬람 경전을 공부하고, 성장한 후에는 유학을 공부하면서, 이슬람과 유학 모두에 소양을 지니고 있었다. 그의 저서에는 『청진대학(淸眞大學)』, 『정교진전(正教眞詮)』, 『희진정답(希眞正答)』 등이 있다. 그는 이슬람 경전을 유학의 용어와 사상으로 번역하면서 아랍 지역과는 다른 독창적인 중국 이슬람을 확립했다고 평가받고 있다.

08 마주(馬注, 1640~1711)의 字는 문명(文炳)이고, 號는 중수(仲修), 이슬람명은 郁速複(yusuf)이다. 말년에는 '지남노인(指南老人)'으로 불렸다. 그는 운남(雲南) 보산(保山) 출신이며, 그는 『청진지남(淸眞指南)』 서문에서 "자신은 무함마드의 45대손이며, 7세 때에 부친을 여의고, 명말청초 혼란한 시기에도 학문을 멈추지 았았다."고 기록하고 있다. 그는 『청진지남』을 지은 동기를 "큰 바다를 항해하는 사람에게 나침판이 필요하듯이 이슬람을 이해하고자 하는 사람에게 그 방향을 제시해 주고자 이 책을 서술했다"고 밝히고 있다.

09 유지(劉智, 대략 1660~1730)는 중국이슬람 이론 체계를 집대성한 회족 학자로 알려져 있다. 字는 개렴(介廉)이고, 號는 일재(一齋)이며, 강소성(江蘇城) 남경인(南京人)이다. 그의 부친 유삼걸(劉三杰)은 당시 이슬람 경사(經師)로 유명하였으며, 이슬람의 교의와 교법을 깊이 이해하였고, 아랍어와 페르시아어에 능통하였을 뿐만 아니라 이슬람 역사에도 밝았다. 그는 유학에 관해서도 해박하였을 뿐만 아니라 이슬람의 天人과 性命의 學에도 상당한 조예가 있었다고 한다. 유지는 당시 명성 높은 부친의 영향하에 어릴 때부터 이슬람 문화를 배우면서 성장하였다. 그는 어릴 때부터 꾸란을 비롯한 이슬람 경전을 공부하였고, 15세 때부터는 유가 경전에 천착하면서 8년간 經, 史, 子, 集 및 雜學의 서적을 널리 읽었다고 한다. 이어서 6년간 꾸란을 연구한 후에는 4년간 불교 경전과 도교 경전을 읽었을 뿐만 아니라 이슬람

리(天方性理)』·『천방전례(天方典禮)』 등을 저술하였는데, 그 수를 다 헤아릴 수가 없다. 이들 책은 이슬람 경문을 모아 그 교의를 서술하였고, 진주(眞主)에 관한 인식과 예배, 그리고 이슬람의 일상을 적었지만, 대부분 무슬림 내부의 지식인을 가르치기 위한 내용으로 구성되었다. 또한 서책이 방대하고 번잡한데, 누가 마음을 다해 궁구하려 하겠는가? 이에 중국 각 교파 사람들은 민족 편견을 지니고 있었기 때문에 비록 아름다운 옥과 순금이 있더라도 모두 없애려 하였다. 그리고 이것이 앞서 말한 여러 의혹이 발생한 원인이며, 예외는 매우 적다. 각 종교가 한번 보기만 하고서 이슬람을 알 도리가 없었고, 의혹은 여전히 해소되지 못하였다.

무슬림 선배들이 타 종교인의 의혹을 해소할 수 없었던 이유는 그들이 재능이 없었기 때문이 아니라 윤리와 강상에 대하여 별다른 의론을 하지 않아도 방해가 되지 않는다고 생각했기 때문이다. 그러므로 경중(輕重)을 따질 가치가 없이 세상 사람들의 흐름에만 맡겨 두면서 이 때문에 논쟁할 필요가 없다고 생각했다.

나는 어떤 사람인가? 어찌 감히 나의 품행과 재능이 선배들보다 우수하다는 것을 보여 주기 위해 함부로 이 책을 지었겠는가? 그러나 세계는 넓고 각 지역의 풍속이 달라서 언어·복장·제도가 다르다. 중국 내에서 논하더라도 지역마다 각기 일치하지 않는데, 어찌 어긋난다고 할 수 있겠는가? 오직 인류의 강상과 법도만은 완전히 동일하다. 맹자는 "양주(楊朱)는 군주가 없고, 묵적(墨翟)은 어버이가 없다."라고 말하였다. 불교와 도교에서도 군주에게 천거하고 어버이에게 은혜를 갚

관련 번역서를 읽으면서 서학을 배우는 등 당시에 이미 서양, 이슬람, 중국학을 깊이 이해하고 있었다고 한다.

는다고 하였지만 군주와 어버이를 거론한 것은 허위이며, 마침내 군주와 어버이를 쓸모없는 것으로 버려두니, 둘 다 이에 관한 윤리가 없을 따름이다. 우리 이슬람은 강상을 일으키고 윤리와 법도를 정돈한 구체적인 일에서도 찾아볼 수 있으며, 양주와 묵적의 설과는 크게 차이가 난다. 지금 인의(仁義)를 해치고 군신(君臣)을 폐하고, 강상의 윤리를 멸하고 부자 간의 천륜을 끊는 것에 대해서는 버려두고 궁구하지 않는다. 그럼에도 우리 무슬림을 만나면, 한족은 사소한 일로써 무슬림을 자극하면서 의론이 끊임없이 일어났다. 이슬람은 수당(隋唐) 때에 중국에 유입되면서부터 현재 청나라에 이르기까지 1,000여 년 동안 국가를 위해 헌신하였고 황제의 은혜에 보답하고자 노력하고 있는데, 유교와 무엇이 다른가? 각 종교에서 이슬람을 의심하는 원인은 이슬람의 교의를 이해하지 못한 채 마음 깊이 특정 종교를 믿는 사람은 그 종교를 주인으로 섬기고 탈퇴자는 이를 종(奴)처럼 여기는 견해[10]를 지니고 있기 때문이다. 특히 우리 무슬림이 그렇게 행하는 도리를 거부하니, 이슬람의 도리가 갑자기 사라지려는 지경에 이르렀다. 평범한 일반인들의 말에 묻혀 세상에 널리 알릴 수 없게 되었으니, 슬프도다!

나는 무슬림과 한족의 관련성에 관한 학문에 대해서 비록 깊이 연구한 적이 없지만, 문제가 발생한 근본 원인을 마음으로 잘 알고 몸으로 체험하면서 느낀 바가 있기 때문에 입을 닫고만 있을 수 없는 분위

---

10 '입주출노(入主出奴)'는 원래 韓愈가 쓴 『昌黎集』 原道篇의 "도덕과 인의를 말하는 자는 양주에 속하지 않으면 묵적에 속하였고, 노자에 속하지 않으면 불교에 속하였다. 저들에 속하면 반드시 이에 탈퇴하며, 거기에 속한 자는 저들을 주인으로 받들었고, 탈퇴자는 이를 종처럼 여겼다. 거기에 속한 자는 저들에게 달라붙고, 탈퇴자는 이를 더럽게 여겼다.(其言道德仁義者, 不 入于楊, 則入于墨, 不入于老, 則入于佛, 入于彼則出于此, 入者主之, 出者奴之, 入者附之汚之噫.)"에 나오는 용어이며, 일반적으로는 하나의 주의·주장을 맹신(盲信)하여 다른 주의·주장을 배척한다는 의미이다. 선입관에 사로잡혀 자기 의견만 옳다 하고 남의 의견을 무시한다는 의미로 사용된다. 여기에서는 자신의 종교는 주인으로 생각하면서 타 종교는 종처럼 업신여긴다는 의미이다.

기이다. 옛사람이 "내가 변론하기를 좋아하기 때문이 아니라 부득이하여 말한 것이다."라고 한 적이 있다. 이 말에는 혹 더 깊은 뜻이 있을 수 있다. 나는 어렸을 때 이슬람 경전을 읽었고, 지금은 또한 사역관에 재직하면서 이슬람과 유가 경전에 실린 풍속과 인심을 이해하면서 양자 간에 매우 유사해서 미미한 차이만이 있음을 알게 되었다. 그래서 사례를 찾고 비유를 들어서 그 의미를 세상 사람에게 널리 알려서 양자 간의 의심을 해소하고 화목하게 지낼 수 있도록 하고자 하였다. 하물며 우리는 동일한 군주를 모시고 함께 섬기는 신하인데, 어찌 같은 조정에서 살면서 의심하고 비난하며 피차간에 어금니를 드러내고 헐뜯는 소리를 앉아서 들을 수만 있겠는가? 이 『청진석의』 역시 타 종교가 이슬람에 대해 제멋대로 논하는 것에 대해서 어쩔 수 없이 저술하였다. 이 책이 무슬림 선배들의 뜻에 어긋나지 않으면서도 지금 사람들에게 이슬람의 교의를 충분히 밝힐 수 있기를 바란다. 이를 위해 나는 책에서 얕은 지식이지만 서술하여 각 종교인의 교리가 합일되고 함께 살아갈 것을 생각해 보면서 의심되는 부분이 빨리 해소되기를 바란다. 그리고 우리 이슬람 교리에도 조금은 보완이 될 것이다.

건륭(乾隆) 무오(戊午)년 봄 2월 보름에 한림원 사역관(翰林院四譯館) 정교(正教) 관리 석성(石城) 김천주(金天柱)가 자서(自序)하다.

진대소(陳大韶)의 평론

바다는 넓고 하늘은 아득하며, 산맥은 갈리고 물 흐름은 각기 다르다. 이 세상이 크기 때문에 진리 역시 크다. 현명하고 지혜로운 사람은 만 리 너머 재능과 사유를 떨치고, 고명한 사람들은 각기 다른 진리에 이목을 집중한다. 그들은 다른 사유를 끌어당겨 하나로 모아 귀결하였으니, 이 도(道)가 완전히 펼쳐지게 되었다. 이를 간직하고 종교를 보는 사람은 이에 함께 높이고 같이 따랐다. 김천주 선생의 『청진석의』에는 서문이 있는데, 내용은 넓고 자세하여 본문과 어깨를 나란히 하였다. 이슬람을 종주로 삼고 유학을 심화시켰는데, 그것은 하나로 관통된다.

종산(宗山)

01

총 론(總論)

이슬람의 기본 원리는 유일신인 진주(眞主)[11]를 공경하고 그에게로 돌아가는 것이다. 하늘과 땅을 창조하신 성스러운 조상 '아담'이 그것을 밝혔고, 이후 그 자손들은 종교 규칙을 삼가 준수하면서 반걸음도 벗어나지 않았다. 오늘날 세계와 중국 안과 밖에 있는 무슬림의 행위 양식은 동일하다. 이에 무슬림의 수가 어찌 천만에 그치겠는가. 그런데 일부 무슬림은 종교 규범만을 준수하고, 어떤 무슬림은 아랍어와 페르시아어를 공부하고 있고, 다른 일부 무슬림은 여전히 저술하고 있는데, 왜 그런가? 이는 현명함과 어리석음, 지혜로움과 어질지 못함의 구분과 배움의 치우침과 온전함이 다르기 때문이다. 그들이 우리 이슬람의 대

---

11 진주(眞主)는 알라를 한자어로 표현한 용어이다. 중국에서는 명대 이후부터 알라를 '主' 또는 '眞主'라고 표현했다. '眞'은 한어에서 가짜, 허위와 상반된 형용사로 사용된다. 왜냐하면 뒤에 따라 나오는 명사가 主이기 때문에 명사 앞에 사용되는 眞은 단지 그 형용사로서의 기능만을 지닌다. 그래서 그 함의는 '진실함'의 의미이다. 알라를 신봉하지 않는 비무슬림의 삶을 허위적인 삶으로 간주하면서 무슬림의 삶만을 진실한 삶으로 보았다. 그리고 主는 주인의 의미를 지닌다. 중국이슬람에서는 중동지역에서와 같이 알라와 인간의 관계를 창조주와 피조물의 관계로 보지 않고 주인과 하인의 관계로 해석했다. '眞主'가 종교적인 용어로 사용되었다면, 알라를 나타내는 또 다른 용어인 '진일(眞一)'은 철학적인 용어로 사용되었다.

의(大義)를 밝힐 수 없다면, 어찌 타 종교의 의심과 의혹을 해소할 수 있겠는가?

이슬람을 치우쳤다거나 (자신의 종교와) 다르다고 하고 무슬림이 고집불통이라 여기는 사람들은 천하에 온통 산재해 있다. 그리고 무슬림 중에도 배우지 않은 사람은 여전히 교의조차 이해하지 못하고 있는데, 무엇에 근거하여 의혹에 대해서 대답할 수 있겠는가? 또 배웠다는 자들도 유학과 이슬람을 겸비하지 못하였다. 우리 가운데 어릴 때부터 유학의 경전만을 읽고 이슬람 경전을 아직 읽지 못한 사람은 근본 없는 학문을 하는 것인데, 각기 다른 종교와 문답을 한다면 어찌 분명하게 밝힐 수 있겠는가? 이슬람 경전을 연구하는 사람일지라도 유가의 서적을 쌓아만 두고 다른 사람에게 물어 공부하지 않는다면 유학 경전을 인용하여 이슬람의 교의를 명쾌하게 해석할 수 없다. 그 정성스러운 마음을 크게 드러내어 이슬람과 유학 두 사상을 대비하면서 논의해야만 의구심을 갖고 묻는 사람들에게 알고 통하도록 이야기해 줄 수 있다. 만약 이러한 인재가 있다면, 누가 다시 우리를 치우쳤다거나 다르다 하고 무슬림이 막혀 통하지 않는 사람이라 하겠는가? 오늘날 무슬림이 말하는 삼강오륜, 즉 부자·군신·형제·붕우는 유학자와 조금도 다르지 않다.[12] 어찌 군신의 관계를 버리고 부자 관계를 단절하여 서로 낳고 서로 기르는 도리를 끊으면서 이른바 '청정적멸(清淨寂滅)'을 구하겠는가?

12 이슬람은 종교이면서 통치철학이고 삶의 방식이다. 그래서 이슬람에도 알라, 사도 무함마드, 통치자에게 충성해야 한다고 한다. 그리고 『꾸란』에서는 특히 부모에 대한 의무를 중시한다. 꾸란 17장 23절에는 "주님이 명령하사 그 분 외에는 경외하지 말라 했으며, 부모에게 효도하라 하셨으니, 그들 중 한 사람 또는 두 사람이 나이 들 때 그들을 멸시하거나 저항치 말고 고운 말을 사용하라 하셨다."고 하였고, 효도는 예배 시간에 예배하는 것 다음으로 중요한 의무이며, 심지어 알라의 길에서 지하드보다 더 훌륭한 선행으로 기록하고 있다.

이슬람에서 논하는 바에 따르면, 예배·음식·축하·의복·상례·제사·용서 등의 의례는 어느 누구도 함부로 남용할 수 없다. 세상 사람들은 이슬람 교리를 모르면서 마침내 물의(物議)를 일으키니, 아, 이것은 오해일 따름이구나! 이는 공자의 책을 읽지 않는 것과 같다. 『논어(論語)』「향당(鄕黨)」 편에서는 먹지 말아야 할 음식을 언급한 내용이 매우 많다.[13] 예컨대, 바르게 자르지 않은 음식은 먹지 않고, 간을 적절하게 하지 않은 음식은 먹지 않으며, 상하거나 쉰 것과 생선이 상하고 고기가 부패한 것은 먹지 않는다. 또한 음식의 색깔이 변했거나 냄새가 나쁘거나 혹은 익힌 것이 적당하지 않거나 제철에 맞지 않거나, 혹은 시장에서 구입한 술과 포 모두 먹지 않는다. 제사 지낸 고기는 3일을 넘기지 않았고, 3일을 넘기면 먹지 않았다. 이렇게 하는 것은 모두 사람의 성품을 배양하고 생명을 지키며, 천지가 만물을 낳는 마음을 체험하기 위함이니, 성품을 상하게 하고 생명을 빼앗는 잘못을 저지르지 않기 위한 것이다. 세상 사람들은 대부분 공자를 높이고 공경해야 한다는 것은 알지만, 공자의 말씀을 따라 행하면서 먹지 않아야 될 것을 먹지 않는 사람이 몇 명이나 되겠는가?

더욱 신기한 것은 불교인들인데, 그들은 고기를 먹지 않는다는 계율을 큰 경계(警戒)로 삼는다. 비록 겉으로 따르지만 속으로는 어긴다고 할지라도 또한 어겼는지 어기지 않은 것인지를 따질 필요가 없다. 다만 '먹어도 된다'는 것과 '먹어서는 안 된다'고 하는 것을 스스로 이야기하고 있으니, 이는 불교 역시 '먹어서는 안 되는 것'이 있는 것이다. 그런데 사군자(士君子)들이 불교도를 만나서 의문을 제기하지 않는

---

13 『論語』「鄕黨」, "食饐而餲, 魚餒而肉敗, 不食. 色惡不食, 臭惡不食, 失飪不食, 不時不食, 割不正不食, 不得其醬不食肉雖多, 不使勝食氣. 唯酒無量, 不及亂, 沽酒市脯不食, 不撤薑食, 不多食, 祭於公, 不宿肉, 祭肉不出三日, 出三日, 不食之矣."

것에 대해서는 어떻게 이야기할 수 있겠는가? 불교 교의에 의하면 육식은 사람의 성정을 해칠 수 있다고 하는데, 세상 사람들이 모두 그것을 알고 전부 믿기 때문이다.

이슬람에서 말하는 먹지 말아야 할 음식 또한 '사람의 성정(性情)을 해치는 것'인데, 세상 사람들 대부분은 알지 못한다. 한두 가지 아는 사람조차도 "저것은 무슬림이 먹을 수 있는 음식이고, 저것은 무슬림이 먹을 수 없는 음식이다."라고 말할 따름이다. 그러나 무슬림이 먹는 음식 중에서도 또한 먹지 않는 부분이 여전히 있음을 알지 못한다. 위생에 관한 정밀함이 일반인보다 더욱 상세하고 진보하였다. 예를 들어 무슬림은 소·양·닭·오리와 같은 가축은 조금도 꺼리지 않고 먹는다. 그런데 이 가축의 피·안구·뇌·두 신장은 어찌 버리는가? 왜냐하면 이들 기관은 불결한 성분과 탁한 기운이 서로 섞여 있어서 사람의 성정을 손상시키기 때문에 먹지 않는다. 그 예로 개와 돼지는 더러운 것을 잘 먹으며 움푹 파진 낮은 곳을 좋아하여 그 습성이 가장 탁하고 그 기운이 매우 혼미하다. 『본초강목(本草綱目)』[14]에 따르면 돼지의 성정은 아래로 향하는데, 이는 돼지에 '시(豕)' 자로 이름을 붙인 함의이다.

우리 이슬람은 이에 관한 금기가 매우 엄격하다. 그러나 또한 금기가 여기에 그치지 않는다. 모든 짐승 가운데 저절로 죽은 것은 몸 안에 독이 있어서 사람의 신체를 훼손할 수 있기에 개와 돼지처럼 금지한다. 또한 나는 짐승 가운데 날카로운 발톱을 가진 것과 달리는 짐승 중에

14 『본초강목(本草綱目)』은 중국 명(明)나라 이시진(李時珍)이 30년에 걸쳐 지은 본초학(本草學) 연구서(硏究書)이다. 이 책에서는 약으로 사용되는 대부분의 것을 자연분류를 주로 하여 분류하였으며, 1,800여 종을 분류해서 형상, 처방 등을 적은 약학서(藥學書)이다. 종래의 본초학 책을 정리하여 약의 올바른 이름을 강(綱)이라 하고, 해석한 이름을 목(目)이라 하였다. 1590년 경에 52권으로 간행하였다.

육식을 하는 것, 비늘이 있지만 생김새가 괴이한 물고기, 술과 같이 사람을 취하게 하는 것을 일률적으로 먹지 않는데, 타 종교인은 알고 있는가? 과일·채소·오곡은 토지에서 생산되기 때문에 사람을 흥분시키거나 정신을 미혹시키지 않기에 먹지 않은 적이 없었다. 이는 먹을 수 있는 것에 대해 대략 말하였으며, 자세하게 서술할 수는 없다. 이슬람이 금지하는 음식은 확실히 사람의 성정을 해치고 생명을 위태롭게 할 뿐만 아니라 끊임없이 낳고 낳는 이치를 해치기 때문에 그런 것이지, 결코 아무런 근거나 이유 없이 일부러 사람들의 성정을 억누르는 이론은 아니다. 결국 이슬람 경전에 기록된 것은 성인과 현인이 말한 것으로, 학자들이 읽고 강론하여 행동의 규범을 정한 것이며, 이는 모름지기 공경하게 지켜 남김이 없어야 한다. 내가 마음에 경계하고 눈으로 본 것이다.

02
신 앙(信仰)

어느 날 관료로 보이는 손님이 내게 읍(揖)을 한 후 나아와 앉은 뒤 힐난하듯 내게 물었다.

당신의 말은 틀렸습니다. 그대의 종교가 중국에서 성행하려면 음식과 옷차림도 중국 각 시기의 규범과 제도를 따라야 합니다. 그런데 무슬림 중에는 아직도 걸핏하면 이것저것 까다롭게 가리는데, 음식만 하더라도 이렇게 논의합니다. 일찍이 “개와 돼지는 더럽고 움푹 파진 구덩이에 누워있는 것을 좋아한다."라고 하였고, 또한 “개와 돼지의 습성은 가장 탁하고 그 기운이 매우 혼미하다."라고 했습니다. 그래서 무슬림은 혼탁한 것을 피해서 그 고기를 먹지 않는데, 그렇다면 어찌해서 요(堯)·순(舜)·우(禹)·탕(湯)·문(文)·무(武)·공(孔)·맹(孟) 및 역대의 성군과 현인·재상들은 개와 돼지에 대해서 이와 같이 말하지 않았습니까?

지금 그대의 말에 따르면 이전의 옛 유가의 성현들 모두가 무슬림보다 못하다는 말입니까? 맹자는 일찍이 “나는 중화 문화에 근거해 오랑캐의 문화를 변화시켰다는 말은 들었지만, 오랑캐에게 변화되었다는 말은 듣지 못했다."[15]라고 말한 적이 있습니다. 당신들은 비록 이슬람을 믿고 있지만 중국에 거주한 시간이 이미 오래되었습니다. 그럼에도 여전히 이와 같이 융통성이 없고 고집이 센데, 올바르게 변화하는 종교는 당연히 이렇게 하지 않습니다. 당신은 또한 무슬림이 성리(性理)의 학문과 마음을 바르게 하고 몸을 수양하는 일을 알고 있으면서 성명(性命)을 해치는 일은 결코 하지 않는다고 말씀하셨는데, 내가 보기에는 그런 것 같지는 않습니다.

나는 그의 질문에 대답했다.

그렇지 않습니다. 옛날의 선성(先聖)과 선현(先賢)들은 각자의 예절에 관한 제도가 있었지만 예절을 표현하는 방식은 크고 작음에 따라 다릅니다. 강상윤리의 도와 일상생활의 음식에 관한 조항에 관해서 성인은 그것을 돈독하게 하고, 현인은 그것을 배움으로 삼아서 사람들이 법규와 예제를 받아들여서 잠시라도 이를 떠나지 못하게 했습니다. 이것이 바로 『대학(大學)』에서 말한 "뭇 사물들의 안과 밖, 정미함과 거침에 이르지 않은 것이 없고, 내 마음의 온전한 체(全體)와 위대한 용(大用)이 밝지 않음이 없다."[16]라는 말이니, 오로지 강상과 같은 큰 일에만 종사하고 음식과 같은 작은 일을 폐하겠습니까? 또한 『논어』에서는 "조화(和)를 알아서 조화롭게만 하고 예(禮)로써 절제하지 않는다면 이 또한 행할 수 없다."[17]라고 하였습니다. 이에 군자는 도성

---

15 『孟子』「滕文公上」, "我聞用夏變夷者, 未聞變于夷者."
16 『大學』"衆物之表裏精粗無不到, 而吾心之全體大用, 無不明矣."
17 『論語』「學而」, "知和而和, 不以禮節之, 亦不可行也."

의 성문 앞에서는 수레에 타지 않으며, 청렴한 사람은 탐천(貪泉)[18]의 물을 마시지 않습니다. 이는 모두 작은 일에도 삼가하고 미미한 일에도 신중해야 한다는 의미입니다.

지금 그대가 중화 문화로 오랑캐를 변화시켜야 한다고 말하였는데, 당신은 아마 맹자가 말한 진실한 함의를 자세히 모르고 있는 듯합니다. 만약 우리 이슬람 교의에 군신(君臣)이 없고 부자(父子)가 없다면, 이는 반드시 바꾸어야 합니다. 또한 부부의 구별이 없고 형제와 친구 간에 신의가 없다면 이도 마땅히 바꿔야 합니다. 나라에 세금을 내지 않고 어른과 젊은이의 차례가 없으며 인의예지(仁義禮智)[19]가 없다면, 그대가 말을 하지 않더라도 바뀐 지가 오래되었을 것입니다. 지금 무슬림이 군신·부자·부부·형제·붕우·세금·장유에 대해 어떻게 하고 있습니까? 바뀔 것이 무엇이 있다 말입니까? 그리고 그대가 이슬람 교인들이 유가의 서적을 읽지 않아 고집을 부리고 융통성이 없다고 말씀하셨는데, 어찌 깊이 생각하지 않습니까? 일찍이 큰 가문의 조상들은 가훈을 정해서 자손들에게 보이지 않은 적이 없다고 들었습니다. 우리 무슬림도 선조의 가르침을 지키려 조심하며 삼가고 있습니다.

일찍이 생각건대, 『논어』「학이편(學而篇)」에 대한 윤씨(尹氏, 윤돈(尹燉))의 주석에 "바른 도(正道)라면 비록 평생이라도 바꾸지 않지만,

---

18 '탐천(貪泉)'은 '마시면 탐욕스럽게 변한다는 샘물'을 의미한다.

19 왕대여(王岱與)는 『희진정답(希眞正答)』에서 이슬람의 인의예지신을 다음과 같이 설명하고 있다. "오직 正教(이슬람)의 五常에서 말하자면, 인(仁)은 진주의 조화에 감사하게 생각하는 덕목이며, 의(義)는 진주의 보시를 대신해서 다스리는 덕목이며, 예(禮)는 진주의 은덕과 자애에 배려하며 감사하는 덕목이고, 지(知)는 진주의 유일성을 아는 덕목이며, 신(信)은 진주의 밝은 명을 온전히 믿는 덕목이다. 군신, 부자, 부부, 형제, 붕우의 도는 모두 이 근원에서 나온 것이며, 서로 돌아가는 바가 없지 않다. (唯正教之五常, 仁爲感念眞主之造化, 義爲代理眞主之普施, 禮爲拜謝眞主之恩慈, 智爲辨認眞主之獨一, 信爲全信眞主之明命. 其君臣, 父子, 夫婦, 昆弟, 朋友之道, 皆自此源而發, 莫不互有所歸焉)"

도가 아니라면 어찌 3년을 기다리겠는가!"[20]라고 하였습니다. 우리 무슬림이 먹지 않는 음식과 행해서는 안 될 일은 모두 선조의 가르침에 따른 것이기 때문에 백 년 천 년 후에라도 바꾸지 않을 것이며, 자손에게도 이어져 종신토록 지킬 것입니다. 그런데 당신들은 오히려 불손한 말로 조상의 가르침을 따르는 것을 이단이라고 비난하며, 선조의 가르침이 아닌 것을 올바른 학문으로 삼으라 하니, 내 생각에 지혜로운 사람은 이처럼 말하지 않습니다. 나는 "오릉(於陵)의 자중(子仲)이 위로는 군주에 대해 신하 노릇을 하려 하지 않고, 아래로는 자신의 집안을 다스리지 않으며, 그 가운데의 제후들과 교유도 모색하지 않고서 백성들을 이끌어 쓸모없게 하였으니, 어찌 지금까지 죽이지 않는가"[21]라는 이 말이 무슨 말인지 모르겠습니다. 이는 또한 무슨 말입니까? 이에 근거해 본다면, 옛날의 성인과 현인도 이러한 몇 가지 일로 사람을 책망한 것에 불과합니다. 그런데 우리 무슬림은 군주에 대해서는 신하의 역할을 다하고, 자신의 집안을 잘 다스리며, 다른 사람과 교유하는 데 자연스럽습니다. 예부터 어떤 음식을 먹지 않았다는 이유로 성현(聖賢)에게 책망을 받았다는 것은 듣지 못했는데, 왜 유독 지금에야 의심을 받아야 합니까?

당신은 무슬림이 유가 경전을 읽지 않았기 때문에 의리(義理)를 알지 못한다고 말하였습니다. 또한 유학자 가운데 유가 경전을 읽지 않는 사람과 무슬림 중에서 책을 읽지 않는 사람이 대등하다는 것은 논

---

20 저자는 이 구절의 출처를 '曾思父在章尹氏注'라고 밝히고 있지만 실제로는 『논어』 「학이편」 "子曰, 父在 觀其志, 父沒觀其行. 三年無改於父之道, 可謂孝矣"에 대한 윤씨의 주석이다. 윤씨의 주석은 『論語集註』에 나온다.

21 이 내용은 『전국책(戰國策)』. <조위후문제사(趙威後問齊使)>에 나온다. 원래 구절은 "於陵子仲尙存乎, 是其爲人也. 上不臣于王, 下不治其家, 中不索交諸候. 此率民而出于無用者, 何爲至今不殺乎?"이다. 오릉은 지금의 산동성(山東省)이며, 자중(子仲)은 제나라 은사(隱士)인 진중자(陳仲子)를 가리킨다.

하지 않겠지만, 제가 생각하기에 유학자 중에 시(詩)를 읊고 서적을 읽는다 해도 반드시 사람마다 모두 군자(君子)인 것은 아닙니다. 옛사람은 "덕행이 근본이고, 문예는 말단이다."라고 하였고, 또한 "덕행의 근본은 덕을 밝히는 것보다 큰 것이 없다."라고 하였습니다. '덕을 밝힌다(明德)'는 것은 사람들이 각자 스스로 지니고 있는 본연의 양심을 밝히는 것이지, 하늘을 원망하거나 다른 사람을 탓하는 것은 아닙니다. 하늘의 끊임없이 낳고 낳는(生生不息) 까닭의 리(理)를 실제로 체인해야 하는 것이지 공허한 이야기(空談)를 본받아서는 안 됩니다. 이 몇 마디 말로 은미하게 살펴보면, 유학의 규범대로 앉아서는 잘 말하고 일어서서는 잘 행하는 자가 과연 몇 사람이나 됩니까? 우리 종교의 도는 유일신 알라를 공경하고 그에게로 돌아간다(歸眞)고 말하는데, '귀진(歸眞)'이란 것은 조물주인 '주재(主宰)'로 귀의하는 것입니다.

지금은 잠시 이슬람에서 말하는 '주재'에 대해서는 말씀드리지 않겠습니다. 유가의 경전에 '상제(上帝)'를 말한 기록이 적지 않은데, 그 가운데 가장 쉽고 명확한 것은 『시경(詩經)』의 "그 덕이 능히 상제와 짝하였다."[22]는 것입니다. 주희(朱熹)[23]는 이에 대해 주석을 달아 "상제는 하늘의 주재이다."라고 하였고, 또한 "천지에도 또한 주재가 있는

22 『시경(詩經)』「대아(大雅)·문왕지십(文王之什)·문왕(文王)」에 나오는 문장이다. "昊天疾威, 敷于下土", "蕩蕩上帝 下民之辟. 疾威上帝, 其命多辟", "明明在上, 照臨下土", "明明在下 赫赫在上."등이다.

23 주희(朱熹, 1130년~1200년)는 호는 회암(晦庵)이고 주자(朱子), 주부자(朱夫子), 주문공(朱文公)으로 불린다. 그는 공자와 맹자를 잇고, 주돈이(周敦頤). 소옹(邵翁), 장재(張載), 정명도(程明道). 정이천(程頤川)의 사상을 성리학 또는 주자학을 완성하였다. 고대 경전을 새롭게 해석하면서 성리학의 핵심사상인 이기심성(理氣心性), 거경궁리(居敬窮理)의 학설을 제창하였다. 그의 학문은 한국, 일본, 베트남에 전해져서 오늘까지 이어지고 있다. 저서로는 주역본의계몽(周易本義啓蒙)·시집전(詩集傳)·대학중용장구혹문(大學中庸章句或問)·논어맹자집주(論語孟子集註)가 있고, 소편(所編)에는 논맹집의(論孟集義)·중용집략(中庸集略)·효경간오(孝經刊誤)·소학서(小學書)·통감강목(通鑑綱目)·근사록(近思錄)·주자집(朱子集) 등이 있다.

데, 이렇게 해야만 변역이 무궁하다.", "공경하지 않음이 없으니 가히 상제와 짝할 만하다."라고 말하였습니다. 이는 회교(回教, 이슬람)의 말이 아니라 유가의 경전에 나오는 말입니다. 만약 '진재(眞宰)'라는 말을 허황된 것이라 한다면, 주희의 주석과 전대 사람이 말한 시(詩)는 모두 틀린 것이 아닙니까? 이슬람에서 인간의 본성을 어지럽히는 음식을 먹지 않는 계율은 설령 의리를 모르는 사람이라도 그 마음에 이 '진재(眞宰)'가 항상 갖추어져 있으므로 본성을 해치는 지경에는 이르지 않습니다. 이것이 우리 종교에서 본성을 해칠 수 없다는 교리이지, 문예의 말단이나 논하는 것이 아닙니다.

03

진 주(眞主)[24]

손님이 물었다.

그대의 말과 같으면 무슬림은 유학의 경전을 읽지 않고도 '상제(上帝)'의 뜻을 마음에 지닐 수 있으며, 본성을 해치는 음식을 먹지 않아서 덕을 밝힐 수 있다는 것입니다. 왜 그렇습니까? 무슬림은 어릴 때에는 할아버지와 아버지로부터, 자라서는 스승과 벗으로부터 훈도에 점차 감화를 받아서 종일 들었는데, 다른 것을 보고도 바뀌지 않는 것은 아마 자연스러운 이치일 것입니다. 지금 그대가 '주재'를 말하면서 천지의 모든 것은 오직 진재가 낳은 것이라고 하는데, 이는 또한 천주교에서 말하는 것과 유사한 것이 아닙니까?

내가 대답하였다.

24 김천주는 『청진석의』에서 알라를 眞主, 上天, 眞宰, 天, 上帝, 主宰 등으로 표현하고 있다. 이들 용어 중에 主宰를 가장 많이 사용하였다.

이 또한 그렇지 않습니다. 저들 천주교에서 말하는 주재란 형상을 세워 제사를 올리며 음식도 가리지 않는데, 어찌 우리 종교와 서로 비슷하다고 할 수 있겠습니까? 저들이 말하는 '주재'는 옳은 것 같으나 잘못되었으며 스스로 체인한 것이 적확하지 않습니다. 즉 천주가 강생(降生)함에 성모가 수태하였다는 설은 이슬람과는 하늘과 땅 사이의 차이만큼 큽니다. 그들은 '천주(天主)'라고 말하고, 그 어머니를 또한 '성모(聖母)'라고 칭하였는데, 어찌 곧바로 '천주의 어머니'라고 칭하지 않습니까? 이는 스스로 모순되며 근본을 모르는 것이 매우 심합니다.

천지 사이에 한 사물이라도 반드시 주재(主宰)가 있기 마련인데, 사물에 정해진 주재가 없으면 다툼이 일어납니다. '세계'에서 논해 보면, 군주가 세계의 주재이고, 백성은 감히 군주와 다툴 수 없습니다. 즉 그는 백성들과 같은 부류가 아닙니다. 천주교에서는 '천주'가 만물을 창조할 수 있다고 하였는데, 성모가 아이를 낳은 것 또한 조화에 힘입은 것이 분명합니다. 그 어머니가 이미 조화를 입었는데, 그 조화를 부리는 주(主)가 다시 조화를 받은 어머니의 배 속으로 다시 들어간다는 이 말은 참인지 거짓인지 분명하게 알 수 있습니다. 또한 천주가 탄생하여 세상 사람들에게 자신을 믿고 선하길 권하면서 고생스러움을 싫어하지 말라는 것은 더욱 잘못되었습니다. 저 천지를 조화할 수 있고 만물을 생성할 수 있는 것은 전혀 생각하지 못하면서, 어찌 바람과 우레를 호령하여 인간 세상에 가득 차게 하는 것을 힐난할 수 있겠습니까? 예컨대 홍수가 하늘을 덮고, 산이 무너지고 땅이 꺼지는 것은 윗하늘(上天)의 경계(警戒)가 아닌 것이 하나도 없는데, 어찌 천주가 다시금 태어나는 이치가 있단 말입니까? 지금 천자(天子)가 정사를 펼쳐 명령을 내렸는데, 따르지 않는 자를 만날 경우 그 죄가 크면 정벌하고 작으면 응징하여 마땅하지 않은 것이 없습니다. 만약 천주(天主)가 강생하여 사람을 선하라고 권한다면, 이는 천자가 다시 스스로 지방의 방백(方伯)이 되어 정벌하고 징벌하는 도리와 같은데, 이러한 도리가 있겠습니까?

우리 이슬람에서 말하는 '주재의 리(主宰之理)'는 잠시라도 천지의 안과 밖을 떠날 수 없습니다. 왜 그럴까요? 사람들은 모두 하늘은 하나의 '큰 하늘(大天)'이고, 사람은 하나의 '작은 하늘(小天)'이라 말합니다. 하늘은 큰 하늘로서 큰 하늘이 지니는 주재가 있고, 사람은 작은 하늘로서 곧 작은 하늘이 지니는 주재가 있습니다. 큰 하늘의 주재는 천지와 만물을 조화시키는 주인이 되어 사계절이 바뀌고, 맑고 흐림, 바람과 비 등을 일으킬 수 있습니다. 작은 하늘의 주재는 우리 몸의 손과 발을 움직이고 보고 듣게 할 수 있으니, 내 몸의 명(命)입니다. 어떤 사람은 마음(心)을 몸의 주재라고 하지만 완전히 그런 것 같지는 않습니다. 마음에 정신이 감추어져 있어 일을 주재한다면 그 이론은 옳은 듯합니다. 가령 마음이 주재가 된다면 사람은 모두 장수할 것입니다. 왜 그렇겠습니까? 사람이라면 어찌 장수하고 싶지 않겠으며, 마음이 이미 주재하는데 모두들 이 몸을 죽지 않게 주재할 것입니다. 그러나 사람이 죽은 후에는 사지와 몸의 온갖 뼈들이 어찌 삽시간에 흩어지지 않겠습니까? 마음도 바로 이때 허물어집니다. 이것으로 마음이 몸을 주재할 수 없음을 알 수 있습니다. 이렇게 된 것을 명(命)이라고 한다면 잠시라도 떠날 수 없는데, 천지의 주재를 어찌 벗어나겠습니까? 자사(子思)는 "윗하늘(上天)이 하는 일은 소리도 없고 냄새도 없다."고 하였고, 소식(蘇軾) 역시 "높은 하늘이 아득하여 이름을 붙일 수 없네"라고 하였습니다.

이슬람이 논하는 '주재'는 비유할 수 없고 형상도 없으며, 또한 사람의 명이 사람의 몸에 있는 것과 같은데, 비교할 만한 어떤 것이 있어 누가 그것을 볼 수 있겠습니까? 그러므로 이슬람 경전 가운데 엄숙한 마음(신여:申如[25])으로 알라를 공경해야 하는데, 예배할 때만 엄숙한 마음이 있는 것이 아니라 평소에 늘 이 마음을 지니고 있어야 합니다. 이는 바로 공자가 말한 "군자는 밥 한 그릇 먹는 시간에도 인(仁)을 어기지 않는다."[26]는 의미입니다. 그런데 당신은 어찌 천주교로 우리 종교를 규정지으려 하십니까? 또한 천주교는 '예수'라는 사람이 있고, 그를 주재자로 섬기지만 일찍이 검증되었는지 모르겠습니다. 우리 이슬람 경전에서 예수는 분명히 서방의 성인이지만, 또한 주재의 사자(使者)일 뿐입니다. 그 당시 종교를 배반하고 따르지 않는 자들이 (예수를) 암암리에 비방하였고, 그를 죽이고자 다시 강도를 매수하고 모함에 빠뜨렸는데, 국법에 따라 십자가형에 처해져 죽었습니다. 저들 종교에서 일을 행할 때 모두 십자의 성호를 긋는 것은 예수가 십자가에 못 박혀 죽었기 때문입니다. 예수가 죽던 날 (그 광경)을 목도하지는 못했지만 같이 모의를 한 무리배들은 화를 당했고, 당시의 지자(知者)들은 매우 두려워하여 예수를 주재이라고 불렀습니다. 오늘날에 이르기까지 와전된 이야기가 다시 와전된 채로 전해지고 있습니다. 저들의 비유 역시 대군(大軍)이 평정한 후에 다시 지방의 방백을 천자로 삼는 것과 같습니다. 그러나 충실한 신하는 '공경함'을 알기에 스스로 이와 같이 처신하지 않으며, 저들 천주교도와는 같지 않습니다. 그 일을 목도한 사람은 마침내 마음에 새기고 뼈에 새겨 대대로 진실함을 전하여 지금까지 이르렀습니다.

25 김천주가 '신여(申如)'를 어떤 의미로 사용했는지 분명하지 않다. 하지만 이와 유사한 표현을 『論語』「述而篇」, "子之燕居 申申如也, 夭夭如也(공자께서 한가롭게 계실 적에 그 모습은 신신하시며 요요하시다)"에서 찾아 볼 수 있다. 이 구절에서 '申申如'과 '夭夭如'는 공자 제자가 공자의 모습을 표현한 용어이다. 송대 성리학자 이정(二程)은 공자의 모습을 게으르거나 방탕하지 않으면서 엄숙한 모습으로 형용하고 있으며, '申申如'로만 표현하면 지나치게 엄할 수 있기 때문에 온화한 모습을 표현하기 위해서 '夭夭如'라고 해석하였다. 그래서 위 구절에서 신여(申如)는 알라를 공경하는 엄숙한 모습을 표현하고 있으며, 다음 구절에서 이를 '이 마음(此心)'으로 표현하고 있기 때문에 엄숙한 마음 즉 신앙심으로 번역할 수 있다.

26 『論語』「里仁篇 」, "君子 無終食之間 違仁."

04

성 인(聖人)

손님이 물었다.

주재가 성인을 세상에 보내서 사람을 인도하게 한 이상, 세상 사람들이 그를 존숭하게 해야 하고 비난하지 못하도록 해야 합니다. 그런데 왜 사람들이 성인에게 해를 입히도록 놔둡니까? 그리고 그 일을 도모한 죄를 분명하게 가리지 않고 후대에 재앙을 입도록 하니, 자못 곡절이 심합니다.

내가 대답하였다.

순(舜) 임금은 위대한 성인이지만 우물에 빠졌다가 탈출하였습니다.[27] 공자는 진(陳)나라와 채(蔡)나라 사이에서 곤경을 당한 적이 있

---

27 이 말은 『孟子』 「萬章上」 "父母使舜, 完廩捐階, 瞽瞍焚廩, 使浚井出, 從而揜之"에 나오는 내용이다.

으나,[28] 유학의 도(道)는 지금도 전해지고 있습니다. 성현이 재앙을 당하는 경우가 종종 있습니다. 그대는 곡절이 많다고 하였는데, 그렇다면 중국의 여러 성인도 이러한 재앙을 당해서는 안 됩니다. 지금 우리 이슬람의 경전을 참조하면 예수는 실로 서방의 성인이나 주재는 아닙니다. 즉 이슬람에서 말하는 주재는 천주교에서 말하는 주재와 차이가 크지 않다고 할 수 있겠습니까?

28 이 말은 『공자가언(孔子家言)』 5卷, 20篇, 在厄에 나오는 구절이다.

05

역법(曆法), 라마단(齋戒, Ramadan), 희사(天課, Zakat)

손님이 물었다.

당신의 종교는 천주교와는 확실히 다릅니다. 그러나 이슬람이 중국에 전해진 것은 수당(隋唐) 시기부터 시작되었는데, 모든 일은 중국의 법규 제도를 따르면서 하필이면 외래의 역법(이슬람력)[29]을 사용하십니까? 360일을 1년으로 보고 봄·여름·가을·겨울을 따지지 않고, 단지

---

29 이슬람의 역법은 히지리(hijri)라 불리는데, 무함마드가 메디나로 이주(히지리(hijri))한 때를 기원으로 한다. 이는 오래전부터 아랍인들이 사용해 왔던 역법이다. 이 역법은 태양의 주기(태양력)에 바탕을 둔 율리우스(Julian)와 그레고리안(Gregorian) 역법과는 다르며, 대부분 셈족의 역법과 같이 달의 주기(태음력)에 기초를 두고 있다. 이슬람력 1년은 태음력에 의한 12개 달들로 구성되어 있는데, 짝수 달은 29일이고 홀수달은 30일이다. 12월은 30일이 되는 경우도 있다. 그 이유는 이슬람력 1년이 354일 8시간 48분이기 때문이다. 그래서 명절날들은 매년 약 10일씩 빨라지므로 단식기간은 라마단은 36년마다 태양력의 1년을 완전히 한 바퀴 빙 돈다. 그래서 어느 해에는 겨울이기도 하고 어느 해에는 여름이기도 하다. 이슬람의 하루는 유대인처럼 일몰 시간에서 일출 시간까지이다. 그래서 목요일 밤은 이슬람의 안식일인 금요일의 한 부분으로서 대중의 종교 집회를 여는 시간이 된다.

3년마다 한 달씩 밀리는데, 세상 사람들은 의아하게 생각합니다.

내가 대답하였다.

아! 이 무슨 말씀입니까? 어찌하여 우리 종교가 천자의 율령을 어겼다고 모함하십니까? 이는 많은 사람들의 의혹을 불러일으켜 지금까지 이른 것입니다. 지금 천하에는 한 분의 군주가 계시고, 사해(四海)가 하나의 나라로 묶여 있는데, 밝고 위대한 헌서(憲書, 역법서)를 누가 감히 따르지 않겠습니까? 예컨대 360일을 1년으로 하고, 큰 달과 작은 달 및 춘하추동의 순환을 계산하지 않으면서 따로 하나의 천지가 있다고 말씀하신 것입니까? 그렇게 말씀하신 것이 맞습니까? 무릇 우리 무슬림이 사는 곳은 본래 서로 떨어져 있지 않습니다. 우리 종교 집단 내에 인구가 늘어나면 반드시 의로운 학당을 개설하는데, 먼 곳의 가난한 사람들과 스승에게 가르침을 받을 수 없는 사람들이 공부합니다. 학생들의 음식과 의복은 모두 이 지역에서 경제적으로 비교적 여유가 있는 사람이 제공하는데, 이는 학생들이 다른 일에 신경을 쓰거나 학업을 그만두지 않도록 하기 위한 것입니다. 몇 년이 지나 고향으로 돌아갈 때, 큰 재목은 크게 되고 작은 재목은 작게 되지만 다행히 학문의 근원이 끊어지지 않았습니다. 우리 종교에서 자서(字書)는 한자로 음역하지 않았는데, 그 이유는 음운이 다르게 되면 원문의 풍모를 잃어버릴까 걱정했기 때문입니다. 그러므로 1,000년의 오랜 세월이 흘렀지만 여전히 첫 날과 같은 것이 이 때문입니다. 세상 사람들은 이슬람의 대의를 이해하지 못하는데, 어찌 무슬림 가정마다 붙어 있는 봉재(封齋, 라마단과[30] 관련된 제전)와 예배의 일정표가 달력이 아니란 것을 알겠습니까?

오늘날 국가는 매년 달력을 제작한 것 이외에도 태상사(太常寺)[31]에 천문관서인 흠천감(欽天監)[32]이 정한 제례 날짜와 선왕의 기일을 표기합니다. 이를 한 장의 종이에 인쇄하여 관공서에 붙여 둡니다. 최근에는 달력의 날짜 위에 새로운 형태로 원을 그려 넣어서 제사를 지내거나 재계(齋戒)할 날짜를 잘 알도록 표기해 둡니다. 왜 하필이면 별도로 제례나 기일을 한 종이에 표기하는 것입니까? 대개 서책이라면 늘 덮어두어 한 장의 종이처럼 쉽게 보지 못하기 때문인데, 이는 국가가 백성을 깨우치는 방법으로 사용합니다. 여기에서 추론하건대, 지식인과 서민은 자기 조상에게 제사 지낼 기일을 앞의 방식대로 표기해서 안방에 붙여 놓습니다. 이와 같은 것을 달력이라고 말할 수 있겠습니까? 이슬람이 규정한 매년의 라마단과 예배 날짜를 분명하게 기록한 것 역시 제사나 기일의 날짜를 기록한 종이처럼 각 집에 걸어 두고 사람들이 보고 알 수 있도록 한 것인데, 종교 의식을 따르고 행함에 편리하도록 하기 위한 것입니다. 어찌 각 교단의 사람들은 이러한 정황을 알지 못하고, 곧장 사사로이 달력을 만든다는 죄명을 덮어씌웁니까? 만약 하늘의 뜻이 널리 드리우지 않았다면 몇 명이나 이러한 말로 모함에 빠지

---

30 라마단(Ramadan)은 이슬람력의 아홉 번째 달이다. 라마단은 "엄청난 더위"라는 의미를 지니고 있다. 이 기간은 이슬람이 등장하기 이전 아랍 전통에서도 신성한 달로 여겼고, 휴전을 준수하는 달 중의 하나이었다. 라마단 기간의 단식은 이슬람 신앙의 다섯 기둥 중에 실천해야 할 의무이다. 라마단 기간에 무슬림들은 지평선 위에 한 줄기 빛이라도 보이는 새벽부터 해가 질때까지 먹지도 마시지도 않는다. 저녁 예배를 마친 다음 단식을 중단한 후 식사하고, 밤늦은 시간에 좀 더 풍성하게 식사한다. 라마단은 무절제의 끝장을 보여주어서, 한 달 동안 하루하루 모든 일에 분명한 한계를 느끼게 하는 정신적인 반성이 목적이다. 또한 단식은 깨끗함을 느끼게 하고 일종의 희생하는 마음을 심어준다. 단식은 배고픈 사람들의 고통을 직접 체험할 수 있는 기회가 되기도 한다.

31 태상사(太常寺)는 종묘와 사직, 그리고 나라의 제사 등을 맡아 보던 관청이다.

32 흠천감(欽天監)은 중국 명·청대에 천문·역법·시각 측정 등에 관한 일을 맡아보던 관서이다.

지 않겠습니까? 그대는 내가 그대를 위해 설명한 것을 신중히 생각해 보시기 바랍니다.

360일을 1년으로 하면서 여러 사람이 모여 서로 축하하는 풍속은 모든 종교 규정에도 있는 재계 조항에서 유래한 것입니다. 이슬람의 제계는 다른 종교와는 다른데, 우리 종교의 성인인 무함마드는 가난한 사람을 마땅히 돌보아야 한다고 생각하면서, 위로는 군주·왕후·제후·경대부에서 아래로는 지식인과 서민 중에 부유한 자에 이르기까지 모두 음식이 부족하지 않고 배고픔과 추위를 모르며, 설령 흉년을 만나더라도 반드시 홀아비·과부·고아·의지할 데 없는 노인이 곱절이나 어려움을 겪게 되는 것과는 같지 않다고 말씀하셨습니다. 이에 매년 라마단 기간 한 달을 정해 새벽에 닭이 울면 음식을 먹고 별이 떠야만 또 음식을 먹는데, 낮 동안은 쌀 한 톨 먹는 것도 허락하지 않으며 물 한 모금 마시는 것도 허락하지 않았습니다. 매서운 추위와 혹독한 더위에도 불구하고 매 삼 년마다 한 달씩 뒤로 밀리지만, 이전의 라마단 기간에 따라 거행하며 기간을 선택할 수 없었습니다. 우리는 육식을 금하지 않지만 채식을 하는 종교와 큰 차이가 있습니다.

또한 사람이 살면서 일상에서 언행과 행동에 누가 잘못이 없다고 보장할 수 있겠습니까? 라마단 기간에 무지에서 나온 것인지 아니면 의도적으로 한 것인지 각자 스스로 반성해 보고 잘못을 뉘우쳐 선함으로 돌아가고, 윗하늘(上天)의 만물을 낳는 마음을 체득하여 스스로 사민(四民, 사농공사)의 고난을 알고서 점차 사랑하고 기르는 지극한 뜻을 얻고자 합니다. 제후가 군왕의 뜻을 알아 정령(政令)을 반포하고 시행하도록 하는 것에는 반드시 지극히 공평하기를 힘쓰고, 대부는 제후의 뜻을 깨달아 형벌과 송사를 판결할 때 각자에게 마땅하기를 반드시 힘쓰게 합니다. 지식인과 서민은 상제와 군주, 제후와 대부의 뜻을 깨달아 깨끗하고 욕심 없는 마음으로 나날이 허물을 고치고, 또한 예기치 않은 고난을 이해하게 합니다. 이와 같이 결심하고 생각하면서 기간을 다 채우기를 공경히 기다리며 목욕하여 몸을 깨끗하게 해서 상제에게 제사를 지냅니다. 예배를 다 마치면 서로 축하하는데, 그 한 달 내에는 문을 닫고 경건하게 수행한다고 말하니, 평일과 비교할 수 없기 때문에 경사스레 축하하는 일이 있는 것입니다.

그렇게 하는 것은 사람의 몸이 수고로우면 생각하게 되고, 생각하게 되면 선한 마음이 생기기 때문입니다. 안일하면 음탕하게 되고, 음탕하면 선한 마음을 잊고, 선한 마음을 잊으면 악한 마음이 생기면서 악순환이 계속될 따름입니다. 지금 사람들은 이러한 뜻을 생각하지 않고 함부로 기롱하고 풍자합니다. 무슬림 중에서 배우지 않은 사람들은 원래 대답할 수 없고, 간혹 배운 사람도 또한 상세히 인용하여 해설할 수가 없었습니다. (이슬람이) 오늘날까지 전해지면서 무슬림은 1년을 360일로 삼는다고 생각하는 사람이 많습니다. 특히 무슬림이 서로 축하하는 것은 라마단 수행 기간을 다 채웠음을 의미하는 것이지 결코 새해를 맞이하기 때문이 아님을 알지 못합니다. 당신의 의문이 석연히 풀렸습니까?

손님이 말하였다.

이 뜻을 진실로 이해하였습니다. 당신은 제후·대인·백성 중에 부유한 사람 모두가 굶주림의 고통을 체험하기 위한 것이라고 말씀하셨는데, 이는 고집스럽게 스스로 고통스럽게 하는 것이니, 인정(人情)에 통하지 않는 것이 아닙니까?

내가 대답하였다.

옛날에는 천자가 몸소 적전(耤田)[33]을 경작하고, 후비(后妃)도 친히 뽕나무를 심고 누에를 길렀으며, 아래로는 선비와 서민에 이르기까지 모두 길쌈하는 수고와 손에 굳은살이 생기는 일이 있지 않음이 없었습니다. 지금 그대의 말과 같다면 천자는 만승(萬乘)[34]의 국가를 지녔으며 후비는 국모로 추앙을 받는데, 어찌 밭을 갈아서 먹고 스스로 길쌈하여 옷을 입고 종묘에 제사 지내는 제물을 바치는 것을 알지 못하겠습니까? 이런 노동을 통해 백성들이 농사짓는 어려움을 알고서 스스로 백성을 사랑하는 마음을 확장시킬 수 있습니다.

내가 역사책을 보니, 류송(劉宋)[35] 원가(元嘉) 21년에 송나라 황제가 형양(衡陽)[36]의 왕의계(王義季)를 연주(兖州)[37]의 자사(刺史)로 삼고 친히 무장강(武帳岡)[38]에서 전별연(餞別宴)을 베풀려 했습니다. 전별연을 시작할 무렵에 황제가 사람들에게 잠시 음식을 먹지 말라고 타일러 경계(警戒)하고, 모인 장소에 음식을 준비하게 했습니다. 해가 지기도 전에 모두들 배고픈 기색이 역력했습니다. 이에 송나라 황제가 "그대들은 오랫동안 풍족하고 안일하여 백성의 어려움을 알지 못한다. 오늘 그대들이 배고픔을 느껴보고 먹을 것을 절제하고서 물건 사용하는 것을 잘 알도록 하고자 함이다."라고 말하였습니다. 이 일은 우리 이슬

33 '적전(耤田)'은 천자가 직접 경작하는 밭을 지칭한다.

34 '만승(萬乘)'은 전투용 수레를 만 대 보유하였다는 뜻인데, 중국 고대에 상당히 큰 나라를 나타내는 용어로 사용되었다.

35 '류송(劉宋)'은 남조(南朝) 시대 류유(劉裕)가 세운 송(宋)나라이다. 훗날 조광윤(趙匡胤)이 세운 송(宋)나라와 구분하기 위해 남조의 송을 류송(劉宋)이라고 부른다.

36 '형양(衡陽)'은 중국 호남(湖南) 남부에 있는 지역의 이름이다.

37 '연주(兖州)'는 옛날 구주의 하나로 산동성(山東省)에 있는 현 이름이다.

38 '무장강(武帳岡)'은 언덕에 친 군대 막사를 말한다.

람에서 라마단을 실천하는 의도와 완전히 부합합니다.

옛날에 쓰인 '재(齋)' 자를 살펴보면, 원래는 '먹지 않는다(不食)'는 두 글자가 겹쳐 이루어진 글자인데, 옛사람이 이해한 '재(齋)' 역시 '먹지 않는다'는 뜻에서 취했습니다. 그렇지 않다면 이 글자가 뜻을 취한 의도를 말하지 못합니다. 맹자도 말하지 않았습니까? "우 임금은 천하에 물에 빠진 사람이 있으면 자신이 빠뜨린 것 같이 생각하였고, 직(稷)은 천하에 굶주린 자가 있으면 자신이 굶주리게 한 것처럼 생각하였다."라고 하였는데, 이 또한 고집스레 스스로 고생하는 것이라 말할 수 있겠습니까? 우리 무슬림은 백성들의 고난을 간절한 마음으로 생각할 뿐만 아니라 자기 몸으로 체험하여 백성들의 명(命)을 크게 중시합니다. 군주와 제후, 대부와 부유한 선비와 서민이 이러한 홀아비·과부·고아·늙은이 등 의지할 데 없는 사람을 잊지 않고 여러 측면에서 구원하여 '생을 좋아하는 마음(好生之心)'을 체험하게 합니다. 이것이 바로 라마단의 대략적인 의미입니다.

더욱 구체적으로 말하면, 무슬림이 사방에서 무역하여 자본이 백은 20냥(兩)에 이르면 이를 '만관(滿貫)'이라 합니다. 대략 1년을 경영하여 일상에서 사용한 비용을 빼고도 여전히 백은 20냥(兩)의 자본이 있으면 마땅히 은 5전(錢)을 베풀어야 하는데, 이를 '희사(天課, Zakat)'[39]라고 합니다. 무엇이 '희사'이겠소? 그 의미는 부유한 사람이 하늘(알라)

39 '천과(天課)'는 남에게 자선을 베푸는 '자카트(Zakat)'의 한자어이다. 자카트는 모든 무슬림의 의무 사항이다. 희사량은 2.5%로 정하고 있는데, 연말에 자신이 소유하고 있는 자산(부동산, 건물, 주식 등도 포함)을 현 시세로 계산, 여기서 얻어지는 총 순수입(단 이 수입에서 가족 부양비, 채무 환급비, 각종 세금 등을 제외한 나머지)의 2.5%로 희사해야 한다. 그러나 여기서 말하는 2.5%는 최저 한계선이며 그 이하로 내려가지 않는다면 자신의 의지에 따라 조절이 가능하다. 모아진 희사금은 수혜자들에게 직접적으로 분배될 수도 있으며 이들을 돌보는 사회 복지 단체를 지원함으로써 분배할 수도 있다. 도움이 필요한 무슬림 학생들에 대한 장학금, 연구 단체의 연구비 등 그 분배의 방법은 가장 합당한 방법을 통해 가장 필요로 하는 사람들에게 지원한다.

을 대신해 백성을 기르도록 하는 것이며, 백성이 자신의 자리를 잃지 않도록 하고, 이는 또한 우리 군왕의 걱정도 조금 줄여줄 수 있습니다. 이 희사의 은은 원금을 가지고 계산하는데, 결코 관청에서 세금으로 독촉하지 않고 부역으로 책임지게 하지도 않으면서 모두 자기 스스로 계산하여 마을의 의지할 데 없는 사람에게 남모르게 베풀게 합니다. 그 외에도 의복·주방·일용의 갖가지 물품 등과 같은 물건으로 희사하는데, 한 번 베푼 이후에는 더 이상 논하지 않으니, 이는 대개 무슬림은 이자를 늘리지 않기 때문입니다. 농토에서 수확을 얻는 경우에는 관청에 내는 정세(正稅)를 제외하고 여전히 십분의 일의 '희사'를 내어야 하는데, 위의 예에 따라 사람들에게 베풀되 감히 사사로이 은닉하지 않습니다. 간혹 어리석은 사람이 재물을 아끼려고 내지 않는데, 이럴 경우 경전의 율법에는 하늘의 벌을 받는다고 분명히 명시되어 있습니다. 그 만관을 보유하고 마땅하게 희사를 베푼 사람은 다른 사람의 희사를 더 이상 받을 수 없습니다. 만일 이 사람이 멀리 나갔다가 궁박해지면 희사를 받아 삶을 온전히 하는 데는 문제가 없습니다. 우리 종교의 규정에서는 결국 다른 사람을 구휼하는 것을 중시합니다. 이 모두 선대의 성인이 말한 바와 같이 있는 힘을 다해 스스로 지키며, 감히 소홀히 하지 않습니다. 그러므로 군주와 대인, 그리고 부유한 선비와 서인이 반드시 한 달을 경건히 재계해야 하는 일이 이와 같습니다. 이것이 오늘날까지 이어져 가난한 자와 부유한 자가 함께 재계하면서 모두가 허물이 적기를 기대하며, 수많은 군중들이 크게 행하는 것입니다. 당신은 이 이야기를 들어 보지 못했습니까?

06

상장례(喪葬)[40]

손님이 물었다.

재계에 관한 일은 오늘 분명해졌습니다. 그러나 당신들 무슬림은 상례(喪禮)에서 수의와 관을 사용하지 않을 뿐만 아니라 오직 토장(土葬)만으로 치릅니다. 당신네 이러한 상례법은 부모를 인색하게 대하는 것입니다. 흙이 부모의 피부에 닿지 않도록 하는 장례법[41]과는 큰 차이가 있습니다.

내가 대답하였다.

40 중국무슬림의 장례 풍습은 처음에는 이슬람 장례 풍속을 따르다가 회족이 등장한 이후에는 중국무슬림의 고유한 풍습을 갖추게 되었다고 한다. 하지만 회족의 장례 풍속도 기본적으로는 이슬람의 장례 풍속을 따르고 있다. 이지(李贄)가 『속분서(續焚書)』에 "자신의 장례를 이슬람의 방식에 따라 하라"는 유언을 참고하면 늦어도 명대에는 회족의 장례 풍습이 정해진 것으로 보인다.

41 맹자는 "죽은 자를 위하여 흙으로 시신의 살갗에 가까이 닿지 않게 한다면, 사람의 마음에 홀로 만족하지 않겠는가"라고 하였다.(『孟子』「公孫丑」(下), "且比化者 無使土親膚 於人心獨無恔")

당신이 말하는 바와 같이 "망인의 피부에 흙이 닿지 않게 해야 한다."는 풍습은 태양이나 별만큼 분명한 일입니다. 그러나 이슬람의 성인과 현인은 "만물은 흙에서 생기고, 만물은 흙에 묻힌다."는 가르침을 남겼습니다. 최근 장례법에는 금장(金葬), 목장(木葬), 수장(水葬), 화장(火葬)이 있습니다. 이들 장례법 모두 결국에는 흙으로 돌아갑니다. 별도의 공간을 두어서 그 시체를 보관하지는 않습니다. 어차피 흙에서 벗어날 수 없는데, 어찌해서 곧바로 흙으로 덮지 않습니까? 따라서 이슬람 장례법에는 망자의 시체를 반복해서 감싸고 수의를 두껍게 입히고 꿰매는 의식을 취하지 않습니다. 우리 이슬람 성인(聖人)의 가르침에는 사람이 만물 중에 가장 귀하고, 사람의 빈부귀천이 비록 같지는 않지만 태어나고 죽는 것은 원래는 같다고 합니다. 이슬람이 등장할 무렵에 여러 상황을 참작해서 장례 방식을 정하였는데, 부귀한 사람에게는 정중한 장례를 치르되 사치스럽게 하지 않도록 하였고, 가난한 사람에게는 시체가 들판에 드러나는 참혹한 재앙이 발생하지 않도록 하였습니다. 만약 이런 규정을 미리 마련하지 않았다면, 후손들이 어떻게 장례를 치러야 할지 모를 것입니다. 그래서 이슬람의 장례법에는 빈부귀천의 구분이 없습니다.

사람이 죽은 후에 1장(丈)[42] 정도의 구덩이를 파고 옆에 굴 하나를 뚫습니다. 그 높이는 2척(尺) 정도로 비슷한 넓이로 하고 길이는 7척 정도로 합니다. 그 안은 텅 비워두고 가득 채워 덮지 않습니다. 그런데 타 종교인들은 우리 이슬람의 장례 치르는 것을 보지 않고서 토장을 한다는 이야기만 듣고서는 모두들 흙을 채워서 가리는 데 조금의 격식도 없다고 생각합니다. 특히 이러한 구덩이 묘는 백 년 정도 되어야 비

42 한 丈은 약 3m 정도이며, 10尺이 1丈이다.

로소 사면에 흙이 가득 차게 된다는 것을 모릅니다. 3년에서 5년 내에 (흙이) 굴에 가득 차서 시체에 닿을 수 있는 것은 아닙니다. 백 년이 지난 후에야 시체 좌우에 흙이 가득 차게 되는데, 어찌 볼 수 있겠습니까? 만약 어떤 사람이 타향에서 죽으면, 그의 자녀가 어른이 된 후 고향으로 옮겨 안장합니다. 어떤 사람이 20~30년이 지나서 분묘를 다시 열어보았는데, 그때 시체에 흙이 거의 닿지 않았다고 합니다. 모래가 있는 지역에 무덤을 만들 경우에는 웅덩이 옆에 굴을 파기가 어렵기 때문에 아래로 웅덩이를 파서 7~8척 깊이에 별도로 두꺼운 목판으로 무덤 둘레를 둘러서 붕괴되는 것을 방지합니다. 덮개는 대개 목판만 사용하는데 간혹 석판을 사용하는 사람도 있습니다. 옆에 있는 굴 내부에는 사각형 상자 형태를 만드는데, 나무든 돌이든 관계 없이 모두 사용해서 설치할 수 있습니다.

수의를 입히지도 않고 관을 준비하지도 않습니다. 이는 사람이 태어날 때와 같이 빈천과 부귀의 구분이 없다는 것을 의미합니다. 오직 몸을 가릴 천만 준비하고 그 외 별도로 다른 물건을 준비하지는 않습니다. 처음의 근원으로 되돌아가면, 출생한 그날과 같습니다. 오직 새 흰 천만을 가지고 시트와 같이 꿰매어 남자는 세 번, 여자는 다섯 번 감싸고, 망자의 몸을 깨끗한 물로 세정합니다. 『예기(禮記)』「상례(喪禮)」에는 세정한 후에 손톱을 자르고 수염을 가지런히 해야 한다고 하는데, 이 두 가지는 무슬림이 살아 있을 때 평소에 하는 일입니다. 시신을 깨끗이 세정하고 봉제된 시트 위에 눕힌 후에 홍화, 나프탈렌, 향수를 뿌립니다. 구덩이 안에도 향수를 뿌려서 곤충과 뱀을 쫓고 시체에서 나는 악취를 제거하고자 하는데, 이는 산 사람과 망자 모두에게 필요합니다. 망자의 염을 마치고 우선 흙벽돌을 쌓아서 옆에 뚫린 무덤 입구를 막고(밖에서 대나무를 사용하여 외짝문을 만들어 입구를 막는

다) 구덩이 아래에서 입관한 사람이 위로 올라오기를 기다린 후에 구덩이에 흙을 채워 다지고 흙을 쌓아 무덤을 높게 만들고 묘비를 세우면 장례 과정이 비로소 끝납니다. 집을 나가 타향에서 죽거나 가난해서 장례를 치르지 못하면 이웃 무슬림들이 대신해서 장례를 치러 주는데, 앞의 방법에 따라서 하고 또한 시신이 드러나지 않게 합니다.

당신은 흙이 망인의 피부에 닿는 것을 피하기는 어렵다고 말했습니다. 그 말은 일정한 도리가 있는 듯합니다. 제가 잘 알지는 못하지만, 만약 사람이 무더운 날 죽는다면 수의를 입혀서 입관시켜야 할 뿐만 아니라 황토 석회를 많이 사용하게 되는데, 이럴 경우에는 결국 몸에 더러운 물이 스며들고 악취가 풍기는데, 어찌 황토 석회가 흙이 아니라고 할 수 있을까요? 순식간에 부패하기 시작해서 사라집니다. 비록 망자의 피부가 흙에 닿는 것을 참지 못한다고 하더라도 석회와 시체가 이미 하나로 뒤섞였는데, 이에 대해서는 또한 어떻게 말씀하시겠습니까?

지금 중국의 각 종교에서 말하자면, 사람 모두가 반드시 부유하고 풍요로운 것은 아닙니다. 100냥 금관을 살 수 있는 사람을 잠시 거론하지 않더라도 10냥짜리 금관을 살 수 있는 사람은 100명 중에 4~5명밖에 되지 않습니다. 그리고 가난하고 의지할 데 없는 사람은 대부분 2~3냥으로 구입할 수 있는 땔감용 얇은 널빤지와 같은 목관만을 준비하는데, 심지어 이것조차도 구할 수 없는 사람들도 있습니다. 비록 그것을 한다고 하더라도 그 재료만으로는 비바람을 막을 수 없습니다. 게다가 안장할 수 없거나 견고하게 안장하지 못하면, 얼마 지나지 않아 시체가 들판에 드러나고 팔다리가 찢어져 흩어질 것입니다. 그것을 보는 사람도 슬퍼지고, 지나가는 사람도 두 코를 막는데, 사람들의 마음이 어떻겠습니까? 어찌 빈곤한 사람에 대해서는 충분히 말하지 않으십니까? 그들의 아들과 손자라고 하더라도 장례 비용을 부담할 능력이 없다면 어떻게 해야 할까요? 이러한 상황에서 흙이 시체에 닿게 하는 것이 좋을까요? 아니면 시체에 흙이 닿지 않도록 하는 것이 좋을까요? 시체를 보이지 않게 하는 게 옳은가요, 아니면 그른가요?

대체로 하늘과 땅 사이의 생명 중에서 사람이 가장 존귀합니다. 만약 세계에 사람이 없다면 또한 땅 위에서 (하늘과 연결하는) 다리(橋)가 없는 것과 같은데, 어떠한 이익이 있겠습니까? 지금 부귀한 집에서는 성대한 장례를 치르고, 가난하고 천한 사람이 죽으면 시체가 드러나도록 내버려 두는데, 생각이 있는 사람이라면 이렇게 하지 말아야 합니다. 더욱 기이한 것은 부귀한 집안에서는 금, 진주, 옷과 장신구를 많이 사용합니다. 이를 순장(殉葬)이라고 하는데, 이는 오직 고인의 시체가 영원하기를 바라기 위한 것입니다. 이미 흙으로 돌아갔는데, 천 년 동안 썩지 않는다면 어떠한 이익이 있겠습니까? 게다가 곧 썩지 않게 되면 문을 열고 도둑을 맞이할 단서를 숨겨두는 것입니다.

무릇 이러한 성대한 장례는 일반인에게 자주 회자되면서 먼 지역에까지 널리 알려지고, 도둑들이 도굴하려는 마음을 품게 됩니다. 보석과 복식 모두 훔쳐 도망갈 것입니다. 일단 잡히면, 관을 연 자는 참수를 당하고, 순장한 보석을 훔친 자는 배로 처벌받게 됩니다. 이는 산 사람은 성대한 장례로 인해서 위험을 초래하게 되고 죽은 자는 또한 성대한 장례로 인해 비참하게 되는 것입니다. 이 일을 생각하면 두보(杜甫)의 다음 시구(詩句)에 감탄하게 됩니다. "어제 옥어(玉魚)가 장지(葬地)에 묻혔는데, 벌써 금주발이 세상에 나왔네."라고 하였는데, 그렇게 되리라 생각하지 않으십니까? 오늘날 큰 도시의 시장에서 골동품을 파는 사람들이 매번 오래된 청동 그릇과 옥그릇을 들고 큰 소리로 외칩니다. "이 순장품은 한(漢)나라의 옥이며, 이 순장품은 보물 거울인데,

모두 오래되었습니다." 그러나 세상 사람들은 살피지 않습니다. 이미 '순장품'이라고 말했는데도 어찌 다시 세상 사람에게 팔립니까? 태연하게 물건을 팔고 서로 아무런 일도 없었던 것처럼 편안하게 지냅니다.

설사 국가의 법(王法)에 따라 이 물품의 출처를 밝히지 않는다 하더라도 뜻있는 사람은 또한 여러 번 생각해 보아야 합니다. 예컨대 우리가 천금으로 순장품을 구매하지만 후일에 무덤에서 나오고, 또한 지금 우리가 목격할 수 있는 광경이라면, 우리는 스스로 깨닫고 다시는 순장을 도모하지 말아야 합니다. 모든 집의 순장품이 도굴당한 것은 아니겠지만, 어찌해서 도굴을 예방할 수 없겠습니까? 어찌 우리 이슬람만 순장을 금지하겠습니까? 소인배가 도굴하지 않도록 한다면, 산 사람과 죽은 사람 모두에게 이익이 될 것입니다. 사람들의 마음이 오히려 후련하지 않겠습니까? 우리 이슬람이 정한 토장은 우선 시체가 들판에 드러나는 참혹한 재앙을 막을 수 있고, 그 다음은 도굴의 후환을 피할 수 있는데, (이와 같이 하면 참혹한 재앙과 도굴의 후환을) 천백 년 동안 한 번도 볼 수 없을 것입니다. 이슬람의 모든 장례법에 관해서 공자와 맹자에게 질문하면, 또한 최고의 찬사를 얻지 않을 수 없을 것입니다. 토장의 방법이 좋은가요, 아니면 나쁜가요?

07

복 식(服飾)

손님이 또한 물었다.

당신네 이슬람의 장례법은 옳습니다. 그러나 당신네 무슬림은 상례를 치르지 않을 때에도 늘 흰 모자를 쓰고 있으면서, 조금도 꺼리지 않는데, 도대체 왜 그런가요?

내가 대답했다.

예로부터 각 왕조마다 숭상하는 색이 있었습니다. 하(夏)나라는 검은색을 숭상하였고, 주(周)나라는 붉은색을 숭상하였고, 상(商)나라는 흰색을 숭상하였습니다. 의복, 머리 장식, 마차의 휘장 등이 모두 흰색이었습니다. 만약 지금까지 상나라의 제도를 따른다면, 흰색만을 온전히 숭상하고 있을 텐데, 그대는 어찌해서 다시 의심하십니까? 오늘날 상례에 관한 풍습에 흰색을 입으면서도 상나라 때 부모 상례에 어떤 색을 입었는지는 어찌 모르십니까? 또한 어찌 꺼려하십니까? 무슬림은 오직 예배드릴 때만 흰모자를 쓸 뿐이지 숭상하는 것은 아닙니다.

그러나 우리 무슬림 중에 이슬람의 교의를 분명하게 알지 못한 무슬림들이 타 종교인과 구별하기 위해서 늘 머리에 흰 모자를 쓰고 다니다 보니 풍속이 되어버렸습니다. 이슬람 규범에 따르면, 예배복의 색은 모자만 흰색인 것이 아니라 옷도 모두 흰색입니다. 대개 상제(上帝)를 대하고 상제를 신령스럽게 만나기 위해서는 겉과 속이 한결같아야 합니다. 순수한 흰색은 거짓이 없음을 상징합니다. 게다가 흰색은 본래의 색이며, 잡되고 오염이 없이 자연 그대로의 참된 것을 온전하게 보존하는 색입니다. 이외에도 군주, 왕공, 사대부에서 일반 백성에 이르기까지 모두 크고 작은 등급에 관한 제도가 있는데, 조정에 들어갈 때 입는 옷과 쓰는 모자는 등급에 따라 다릅니다. 유지(劉智) 선생은 『천방전례(天方典禮)』[43]에서 상세하게 기록하였는데, 어찌 그것을 무시할 수 있겠습니까?

43 『천방전례(天方典禮)』는 유지(劉智)가 이슬람의 교리와 관련 있는 내용을 모아서 번역한 책이다. 이 책은 이슬람의 예법 정신을 이해시키기 위해 집필하였으며, 그가 번역한 교법 조항 이외에도 해설과 문답을 부록으로 싣고 있다. 이 책은 20권, 28편으로 구성되어 있다. 책의 내용은 주로 두 부분으로 구분된다. 앞의 4권은 이슬람의 역사와 도통(道通)을 소개하고 있는데, 중국무슬림의 경당교육에서 어문교재로 사용되기도 하였다. 뒤의 16권에서는 무슬림의 신앙과 실천을 서술하고 있다. 유지는 이 책에서 유교의 천인합일의 관점에서 이슬람의 교리와 도리를 밝히고 있으며, <사고전서존목(四庫全書存目)>에 수록되어 있다.

08

예 배(禮拜)

손님이 물었다.

당신이 말한 바와 같이, 당신네 무슬림의 전례(典禮)는 이러저러한 타당한 근거가 있어 조금도 의심할 수 없습니다. 하지만 나는 당신네 무슬림의 예배에 관해서는 아는 바가 없습니다. 어떤 신을 숭배합니까? 어떤 상(像)을 받듭니까? 예컨대 '주재'에 관해서 말씀하신 것은 근거가 확실합니다. '천지만물 모두가 창조되었다'고 말씀하신 적이 있는데, 천지가 광활하고 끝이 없이 무궁무진한데, 누가 창조할 수 있는지에 대해서는 생각해 보지 않으셨습니까? 유학(儒學)에서는 천지만물은 음양(陰陽) 두 기운에 의해 생기고, 봄·여름·가을·겨울, 해와 달이 운행하고, 사계절이 순환 반복하고, 옛날과 지금이 성하고 쇠퇴하기를 반복하며, 한번 마시고 한번 먹는 등 모두가 천지 자연의 이치이며, (그 어떤 존재도) 정해진 이치(定數)에서 벗어날 수 없다고 합니다. 당신네 이슬람에서 선한 사람에게 상을 주고 악한 사람에게 벌을 준다는 이야기가 있습니다. 모두가 주재가 스스로 결정한 것에서 나오고 다른 사람의 도움을 조금도 받지 않는다면, 주재 또한 힘들고 고생하게 될 것입니다. 게다가 무슬림은 각 지역에 예배 사원을 짓고, 매일 다섯 번 사원에 들어가 남녀가 뒤섞여 예배를 드린다고 하는데, 사람들은 (무슬림은) 저녁에 모였다가 새벽에 헤어진다고 말합니다. 이러한 거동이 물의(物議)를 일으키고 있는 것 같습니다.

내가 대답하였다.

그렇습니다. 당신이 힐문한 내용 모두가 우리 이슬람 경전 내용에 있고, 이와 관련된 문답이 구체적으로 기록되어 있습니다. 대개 세계는 넓고 마음과 이치는 동일하지만, 각 국가마다 경전이 있고 각 종교마다 교리가 있습니다. 하지만 (각 종교는) 반드시 강상윤리를 폐하지 말아야 한다는 것을 바른 가르침(正教)으로 삼고 있습니다. 비록 언어마다 음운이 다르고 여러 모양의 글자체가 있지만 모두 조물주의 큰 공능을 세계에 분명하게 드러내고 있습니다. 지혜로운 사람들은 자주 (여러 경전을) 서로 참조해서 증명해 보이기도 합니다. 어찌 단지 한 종파만 있겠습니까? 비록 (여러 종교를) 조화롭게 하고자 하지만, 누가 그렇게 할 수 있겠습니까?

이전에 한 친구가 나에게 질문한 적이 있습니다. 그 친구가 "이슬람에도 성인이 있다고 한 것은 매우 황당한 이야기입니다. 성인은 오직 중국에만 있을 뿐이며, 그 중국 밖에 어찌 있을 수 있겠습니까?" 라고 했습니다. 내가 대답하기를 "그대는 어찌 대수롭지 않게 이와 같이 말하십니까! 그대는 천도가 지극히 공평하다는 말을 들어보지 못했습니까? '지극히 공평하다'는 것은 사사로움이 없다는 것을 의미합니다. 어찌 하늘이 오직 중국만을 편애해서 중국에서만 성인을 출현시켜 중국 백성만을 가르치도록 하였겠습니까? 성인이 다시 등장해서 여러 지역에서 가르칠 수는 없겠습니까? 성인이 없다면 각 나라의 서적과 문자는 어디에서 나와겠습니까?"라고 했습니다. 당신은 한번 먹고 한번 마시는 것조차도 모두 정해진 이치(定數)라고 말했습니다. 지금 여기에 만금(萬金)을 여러 사람들에게 나누어 주려고 하면서 주관하는 사람을 두지 않는다면, 누가 적게 가지려고 하겠습니까? 반드시 군중들이 일어나 다투게 될 것이고, 다툼이 그치지 않으면 이후에 극단으로 치달을 것입니다. 만일 주관자가 있어서 친근한 사람과 소원한 사람, 늙은이와 어린이, 어른과 아이의 수요에 근거해서 분배하고, 약속 시간에 지급하면 다툼이 그칠 것입니다.

이른바 정수(定數)[44]는 미리 정한다는 말인데, 누가 미리 정할까요? 바로 만물을 창조한 주재(主宰)입니다. 만약 천지만물로써 말씀드리면 음양 두 기운에 의해서 생성되고, 사람의 신체로써 말씀드리면 정(精), 기(氣), 신(神) 이 세 가지에 의해 형성됩니다. 정(精)은 형체를 지닌 물체이지만 기(氣)와 신(神)은 모두 형체가 없습니다. 사람이 태어나기 이전에 어떻게 수태되었는지에 관해서는 잠시 논하지 않겠습니다만, 가령 이 신체가 없다면, 정, 기, 신을 받는다고 하더라도 어디에 두어야 할까요? 이 기와 신은 둘 장소가 있은 후에 생기게 됩니다. 한번 여쭈어 보겠습니다. "천지가 있기 전에 음양 두 기운은 어느 위치, 어느 장소에

44 '數'는 중국에서 수량, 수목, 방책, 규율, 도리, 기술, 계산 등으로 사용하지만, 중국이슬람 학자인 왕대유는 세계의, 발생, 변화, 원리 등을 총체적으로 설명하는 개념으로 사용한다. 왕대유는 數(세계의 변화와 이치)는 眞主(알라)가 창조한 것으로 본다. 그는 세계의 근원과 생성 그리고 내세의 과정을 진(眞), 수(數), 체(體)의 과정으로 해석한다. '眞'은 알라의 속성을 의미하며, '數'는 알라가 우주 만물을 생성하는 과정을 의미하며, '體'는 알라를 체득함(體認眞主)을 의미하다. 왕대여는 성리학의 우주의 생성과정을 창조주가 우주만물을 창출하는 과정으로 해석하고, 종교 수행을 통해서 眞을 체득해야 한다고 주장하면서, 眞, 數, 體는 분리될 수 없다고 본다.

두어야 할까요?" 이 물음에 관해서 여러 종교에서는 쓸데없는 이야기만 할 뿐이며 분명하게 말하지 않습니다. 이런 태도 때문에 세계 사람들이 큰 재앙을 입게 됩니다. 이는 바로 매년 동지에 백성에게 역서(曆書)를 배포하는 것과 같습니다. 배포할 시기가 아직 이르지 않았는데, 누가 감히 함부로 배포할 수 있겠습니까? 반드시 배포할 시기에 나누어 주어야 합니다. 이는 천자가 있은 후에 백성들의 행동이 통일될 수 있음을 말합니다. 지금 역서를 가지고 말하면, 결국 장인(匠人)이 판각해서 인쇄하지 않거나 군왕이 동지에 역법, 문서를 공포하지 않는데도 역서가 저절로 출간한다고 말한다면 사람들은 반드시 믿지 않을 것입니다.

또한 자주 말씀하시길 '천지만물을 창조한 주재는 절대로 없습니다. 봄·여름·가을·겨울 사계절이 운행하고, 일월이 나타나고 사라지고, 옛날과 지금이 성하고 쇠퇴하기를 반복하는 등 이 모두가 음양 두 기운과 천지자연의 이치(理)에 따라서 운행하고, 또한 정해진 이치(定數)가 아닌 것이 없습니다'라고 하셨는데, 한번 생각해 보시길 바랍니다. 음양 두 기운은 반드시 천지가 있은 후에 비로소 두 기운이 발생할 수 있습니다. 설령 음양 두 기운이 마땅히 운행해야 한다고 하더라도 또한 저절로 운행하는 것은 아닙니다. 이는 역서를 판각하지 않고 군주의 명령 없이도 저절로 인쇄되어 배포되는 것과 같습니다. 그래서 이슬람 경전에 "세계의 군주는 바로 알라의 그림자이다."라고 명시하고 있습니다.

저들이 천하의 군주가 되어서 백성을 사랑하면서 먹여 살리고, 자연을 보호하고, 현명한 사람을 등용하고, 품행이 바르지 않은 사람을 파면하고, 선한 사람에게 상을 주고, 죄를 지은 사람에게 벌을 줍니다. 이 모두는 일반인이 할 수 없는데, 사실 모두 주재가 판단한 것입니다.

이는 세상 사람들에게 그 심오한 이치를 깨닫게 해서 혼란스럽지 않도록 하려는 것입니다. 비록 조류, 짐승, 곤충, 어류도 모두 군왕이 있습니다. 그러므로 맹자가 “기린이 달리는 동물 중에 뛰어나고, 봉황새는 나는 조류 중에 탁월하다.”[45]라고 하였습니다. 세상 사람 중에 매일 천자를 볼 수 있는 사람은 과연 몇 명이나 될까요? 하지만 천자를 존숭하지 않는 사람이 없고 두려워하지 않는 사람이 없습니다. 당신이 말한 바와 같이 천자를 직접 본 후에만 믿을 수 있다고 한다면, 세상 사람들은 군왕이 결코 상벌에 관한 명령을 내리지 않는다고 말할 것입니다. 자연의 이치에만 맡겨서 그렇게 될 수 있겠습니까?

저희 이슬람 예배에 관한 규정을 보면,[46] 7일에 한번 집단 예배를 드리고 매일 다섯 번 주재에게 예배를 드려야 한다고 정해져 있습니다. 이 규정을 시행하기 위해서 각 지역에 예배 사원을 건립합니다. 교의를 공부하지 못한 무슬림은 이슬람 규범을 알지 못할 뿐만 아니라 (알라를) 체인(體認)할 수도 없습니다. 하지만 우리 이슬람 내부에 학업(學業)에 종사하는 사람들이 있어서 정해진 시간이 되면 의례의 규칙, 일상생활의 다섯 가지 기둥(五常), 그리고 각 의식마다 정해진 방식을 알려줍니다. 그래서 주를 인식하고 주에게 예배하는 학문이 나날이 새로와 집니다. 생산 활동에 종사하는 무슬림 중에는 온종일 바빠서 예배 시간에 예배를 드릴 수도 없고 조용히 학자들의 강의를 들을 수 없을

45 『孟子』「公孫丑」(上), “有若曰 豈惟民哉, 麒麟之於走獸 鳳凰之於飛鳥 泰山之於丘垤, 河海之於行潦, 類也, 聖人之於民 亦類也. 出於其類 拔乎其萃, 自生民以來, 未有盛於孔子也”.

46 예배는 이슬람의 두 번째 기둥이다. 아랍어로 '살라트'라고 알려진 정기 기도이다. 무슬림의 일상에 가장 직접적인 영향을 미치는 의식이 바로 기도이다. 이슬람은 기도를 통해서 정신을 고양시켜 알라를 믿고 따른다. 무슬림은 매일 다섯 차례 정기적으로 기도를 하는데, 여명무렵부터 해뜨기 직전, 정오 직후, 늦은 오후, 해 떨어진 후, 밤중 아무 때 다섯 번 기도를 한다. 게다가 이슬람은 혼자 드리는 기도보다는 여럿이 한데 모여 드리는 기도가 알라가 보기에 더 낫다고 가르치고 매주 금요일 점심때 합동으로 예배한다.

경우에는 몇 일에서 한 달 사이에 한 번 정도 들으면 됩니다. 주재(主宰)를 향해 예배를 드려야 하는 이유는 이슬람 경전에 밝히고 있습니다. 이슬람 경전은 "옛날부터 지금까지 천지만물 모두를 주재가 창조하셨다."라고 명시하고 있는데, 세상 사람들 대부분은 재화와 자녀는 전생에서 이미 결정되었다고 말하면서도 어떤 주재에 의해 결정된 것인지에 대해서는 궁구하지 않는데, 실제로 이슬람 경전에서는 '주재'임을 가리키고 있습니다. (그 주재는) 무극(無極)을 초월해 있으면서도 천지만물과 함께 드러납니다. 모든 사물은 피조물이며, 주재만이 만물의 창조주입니다.

하루에 다섯 번 예배하는 것은 알라를 엄숙하게 공경하기 위한 것입니다. 대개 (알라는) 있지 않은 곳이 없을 뿐만 아니라 형상도 없습니다. 동쪽에 거주한 사람들은 오직 서쪽을 향해서만 예배를 드려야 합니다. 이런 의례가 생긴 원인은 배운 사람이 아니라면 알 수 없습니다. 이 세계에 학문의 대상이 아닌 것이 없지만 스승의 가르침 없이 스스로 깨닫는 자는 없습니다. 주재를 사람의 몸으로 비유할 수 있습니다. 앞에서 말한 바와 같이 사람은 작은 하늘(小天)이고, 작은 하늘의 주재는 사람의 몸 가운데에 있는 정신(命)입니다. 정신은 몸에 존재하지만, 일찍이 누가 자신의 몸에 깃든 정신을 볼 수 있겠습니까? 그것은 도대체 어떤 형상이고 어디에 있습니까? 만약 사람들이 정신을 머리에 있다고 말하면 신체와 발에는 정신이 없는 것이고, 정신이 없는 곳에서는 고통도 느끼지 못하는데 죽은 물체에 불과합니다. 사람의 정신이 하반부에 있다면 상반신 또한 위와 같습니다. 따라서 사람의 정신은 방향이 없고 정해진 위치도 없지만 사람의 전신(全身)에 두루 넓게 퍼져 있으며, 있지 않은 곳이 없고 영향이 미치지 않는 곳이 없습니다. 그렇다면, (정신은) 우리 몸에서 알지 못하거나 느끼지 못할 곳이 없습니다. 이슬람 경전에는 "주재는 천지만물과 함께 있으며, 또한 있지 않은 곳이 없으며 영향이 미치지 않는 곳이 없다. 결코 색과 형상, 방위로써 주재의 위치를 확정할 수는 없다."라고 기록하고 있습니다.

타 종교에서는 설날에 종이를 태우면서 신주를 모시는 위패 위에 "천지인(天地人)의 삼계(三界)[47]의 세계와 십방[48]일체의 생명을 주관하는 주재자"라고 써놓습니다. 이와 같은 말은 그 의미를 참조해서 더 연구해 볼 필요가 있습니다. "천지인(天地人)의 삼계(三界)47)와 십방(十方)(48)에서 생명을 주관하는 주재자"라고 써놓습니다. 이와 같은 말은 그 의미를 참조해서 더 연구해 볼 필요가 있습니다. "하늘, 땅, 사람의 세계가 있고 모든 장소에서 생명이 탄생하는 것은 모두 진재(眞宰)가 주관해야 합니다. 그러나 사람들은 살피지 않고 옛 습관에 근거해서 잘못 생각하고서도 도리어 상대방을 비방합니다. 당신은 저에게 "진재(眞宰)가 선한 사람에게 상을 주고 악한 사람에게 벌을 주는지 어떻게 알 수 있습니까?"라고 질문하셨습니다. 당신 스스로 생각해 보시기 바랍니다. 사람들은 겨울에는 옷을 두껍게 입고 온몸을 가리기 때문에 어느 부분도 볼 수 없습니다. 두 눈이 비록 얼굴에 붙어있지 자신의 피부 모두를 볼 수 없습니다.

그러나 일단 벌레가 있으면 바로 그것이 어느 부위에 있는지 알고서 손을 내밀어 잡을 수 있는데, 몸의 모든 부분을 살필 수 있습니다. 벌레는 매우 작은 생물이고 더욱이 옷에 가려져 있습니다. 그럼에도 사람의 열 손가락에 눈이 달려 있는 것도 아닌데, 어찌해서 손을 내밀어

---

47 '삼계(三界)'는 본래 불교 용어이다. 불교에서는 중생의 세계를 '욕계(欲界)', '색계(色界)', '무색계(無色界)'로 구분한다. 욕계는 식욕과 음욕이 많은 중생의 세계이며, 색계는 욕계의 상위세계이자 저속한 욕망에서 벗어나 단지 정묘한 것을 향유하는 세계이며, 무색계는 색계 위의 세계이며, 물질의 향유를 벗어나 정신이 고요한 상태에 존재하는 세계를 말한다.

48 불교에서는 東, 南, 西, 北, 東南, 西南, 東北, 西北, 上, 下 방위를 '十方'이라 한다.

잡을 수 있을까요? 이는 정신(命)의 신령스러운 빛이 몸 전체를 뒤덮고 있기 때문입니다. 이 비유는 선한 사람에게 상을 주고 악한 사람에게 벌을 줄 수 있다는 분명한 증거인데, 진재가 이렇게 하지 않겠습니까? (진재는) 천지만물의 움직임을 알지 못한 것이 없는데, 어찌 상과 벌을 모르겠습니까? 또한 황폐하고 궁벽한 시골 사람들이라도 평소 군주의 준엄함과 엄격한 법률이 있음을 알지 못한 채 마음대로 행동하다가 발각되면 당연히 추궁해야 합니다. 큰 죄를 지었으면 법에 따라 처벌받아야 합니다. 그들이 법규를 알지 못하고 군왕을 만난 적이 없다고 해서 석방할 수는 없습니다. 상과 벌의 엄함은 반드시 이와 같습니다. 생각이 있는 사람이라면, 마땅히 이 사실에서 추론하여 주를 알고 주를 경배하는 바른 길로 나아가야 합니다. 임종할 무렵에 이르러서 후회하지 마시길 바랍니다. 후회해도 이미 늦습니다.

그러므로 우리 무슬림은 상과 벌의 도리를 깊이 알고서 두려워하는 마음을 지닌 채 이슬람 규칙을 굳게 준수하고 있으며, 이슬람의 이치를 위배한 경우는 매우 드뭅니다. 만일 타 종교인이라도 이슬람의 설교를 진심으로 듣고서 따라 실천하면 자연스럽게 잘못이 줄어들고 형벌에 관한 조치가 필요 없게 됩니다. 이슬람에서 말하는 진재(眞宰)에 관한 이치는 모두 경서에 분명하게 기록하고 있는데, 결코 근거 없는 황당한 이야기는 아닙니다. 어떤 사람이 "이(진재)는 밝고 밝은 하늘이다."라고 표현하였는데, 옳지 않습니다. '(하늘이) 밝고 밝다'는 것은 사람들이 모두 볼 수는 있겠지만 한계가 있습니다. 어찌 이(하늘)를 진재와 서로 비교할 수 있겠습니까? 이(진재) 이치는 매우 미묘합니다. 그래서 세심하게 연구하지 않거나 어렵다고 해서 일시적인 안일함만을 추구하는 습관을 철저히 제거하지 않는다면 결코 이해할 수 없습니다.

『천방성리(天方性理)』[49]에서 말한 '무극(無極)'과 같은데, '無極'은 실제로 무엇을 의미합니까? 이 말(無極)은 이슬람에서 진재를 표현하는 실제 근거가 될 수 있습니다. 대개 유학(儒學) 저서에서 도(道)에 관한 말을 자주 볼 수 있는데, 유학자는 대부분 어려운 것은 피하고 쉬운 것을 구하거나, 혹은 다른 종교(神道)를 가지고 와서 서로 뒤섞어 놓아 어지럽게 만듭니다. 불교와 도교의 거짓말을 믿고서 복을 얻을 수 있다는 황당한 이야기로써 사람을 미혹시키기도 합니다. 그들(불교와 도교)은 진재(眞宰)가 편애하지 않고 오직 덕 있는 사람만을 도와준다는 것을 알지 못합니다. 무릇 한번 신령에게 복을 구하면 모든 것을 잃어버릴 수 있는데, 양심(天良)까지지도 잃어버릴 수 있습니다. 결론적으로 말하면, 진재에 관한 진리를 돈독하게 믿어야 합니다. 만약 진리를 돈독하게 믿지 않는다면, 옳고 그름의 구분이 사라질 수 있습니다.

남녀가 난잡하다는 의혹에 대해서는 더 말할 필요가 없습니다. 이슬람 경전에는 남녀가 7세가 되면 자리를 함께 하지 말라고 명시하고 있습니다. 이 규정은 대략 『예기(禮記)』「곡례(曲禮)」 편과 유사합니다.[50] 이슬람 경전에도 규정이 있는데, 남자는 배꼽에서 무릎까지 타

49 『천방성리(天方性理)』는 청대(淸代) 류지(劉智)의 저서이다. 이 책은 「본경(本經)」과 「도전(圖傳)」 두 편으로 구성되어 있다. 「본경」에서는 6부 아랍어와 페르시아어로 쓰인 이슬람 경전을 편집해서 대세계(우주만물)와 소세계(영혼)의 관계를 설명하고 있다. 「도전」 5권에서는 천지가 형성되고 만물이 시작한 것에서 영성을 배양해 진주로 돌아가는 과정을 서술하고 있다. 이 책은 이슬람의 '진주를 알고 하나로 돌아감'을 신앙의 핵심으로 하고 있으며, 공맹(孔孟), 정주리학(程朱理學) 이슬람철학, 서양 의학과 자연과학 지식을 융합하면서 이슬람의 유일신을 상세하게 논의하고 있다.

50 『禮記』「曲禮篇」에는 "남자와 여자가 섞여 앉지 않으며, 옷걸이를 같이 사용하지 않으며, 수건과 빗을 함께 쓰지 않으며, 친히 주고받지 않는다. 형제의 아내와 남편의 형제(嫂叔) 간에는 서로 통문하지 않으며, 아버지와 같은 항렬이 되는 가까운 친척의 아내(諸母)가 옷을 빨래하지 못하게 한다. 밖의 말이 문지방 안에 들어가지 않으며, 안의 말이 문지방 밖에 나가지 않아야 한다. 여자가 시집가는 것을 허락한 뒤에는 목걸이를 걸게 한다. 여아를 허혼한 뒤에는 큰일이 있는 경우가 아니면 남자는 그 방에 들어가지 않는다. 고모나 자매나 딸이 이

인에게 드러내 보여서는 안 되며, 부녀자는 머리에서 발까지 모두 드러낼 수 없습니다. 부녀자는 일곱 유형의 남자 이외에 다른 남자를 만나지 말아야 합니다. 그렇다면 이 일곱 유형의 남자는 누구일까요? 할아버지, 아버지, 형제, 남편, 자손, 외삼촌, 친삼촌입니다. (경전에) 또한 말하기를, "남녀 집안 간에 약혼했다고 하더라도 서로 볼 수 없다."라고 명시하고 있습니다. 또한 말하기를, "부녀가 외출하면 가마를 타건 차를 타건 모두 비단으로 만든 수건을 사용해서 머리에서 발까지 가리고 다른 사람이 보지 못하도록 해야 한다."라고 합니다. 이렇게 해야 비로소 이슬람의 교리에 부합합니다. 지금 남녀가 난잡하다고 말하는 것은 어디서 무엇을 보고서 위와 같이 말하는지 모르겠습니다.

이슬람의 예배 사원은 무슬림이 거주하는 어느 곳이든 볼 수 있습니다. 어느 지역에서 이런(남녀 혼잡) 풍속을 보았습니까? 하물며 이슬람 경전에는 부녀가 사원에 들어가 예배하는 것을 허용하지 않는다는 금지 조항을 정해 두었습니다. 부모를 장례 지낼 때에도 묘지에 가는 것조차 허락하지 않습니다. 외부 남자와 절대로 서로 보지 못하도록 금지 조항을 정해 둔 것입니다. 오직 자기 집 안에서만 은밀하게 예배하고 진주를 찬양하고 모든 규범을 준수해야 합니다.

간혹 늙고 외롭고 가난하고 의지할 데 없는 부녀자들이 예배 시간에 사원 문 앞에서 구걸하면서 여생을 보내기도 합니다. 그러나 이슬람 규정에 따르면, 이들은 단지 사원 문 밖에서 사람들의 희사를 기다려야지, 사원에 들어가 (남성) 무슬림과 함께 예배하는 것은 허용하지

미 시집갔다가 돌아왔으면 형제가 한자리에 앉지 않으며 같은 그릇에 먹게 하지 않는다.(男女不雜坐, 不同椸枷, 不同巾櫛, 不親授. 嫂叔不通問, 諸母不漱裳. 外言不入於梱, 內言不出於梱. 女子許嫁, 纓非有大故, 不入其門. 姑姊妹女子, 已嫁而反, 兄弟弗與同席而坐, 弗與同器而食. 父子不同席".)라고 기록되어 있다.

않습니다. 이곳 중국에 거주하는 무슬림도 예외 없이 반드시 준수해야 합니다. 아랍 이슬람 국가에서는 그들을 부양하기 위한 별도의 제도가 있기 때문에 절대로 사원에 들어가도록 내버려 두지 않습니다. 게다가 사원(淸眞寺) 내부 준칙에는 원래 마땅히 청결해야 한다는 조항이 있습니다. 대체로 예배를 드리려면 반드시 미리 목욕해야 합니다. 아마 부녀자들이 월경으로 인해서 청결을 유지하기 어렵기 때문에, (사원에 들어가서 예배를 보게 되면) 도리어 (성스러운 곳을) 더럽힐 수 있습니다. 하물며 일단 남녀가 뒤섞이면, 반드시 음란한 행위가 은밀하게 자라나서 본래는 선을 행하려고 했지만 실제로는 악습을 조작할 수 있습니다. 그래서 우리 이슬람에서는 허용하지 않습니다. 남녀 혼잡에 관한 소문은 이슬람에서는 전혀 들을 수 없습니다.

밤에 모였다가 새벽에 헤어진다는 이야기는 더욱 황당합니다. 밤에 모였다가 새벽에 헤어진다고 이야기하는 사람들에게 묻고 싶습니다. 매일 밤에 모였다가 새벽에 헤어집니까? 아니면 혹 가끔 모였다가 헤어집니까? 매일 밤에 모이고 아침에 헤어진다고 말하면, 선비, 농민, 공인, 상인은 각자 직업에 종사하는데, 비록 부지런함과 게으름의 차이는 있겠지만, 위로는 부모를 섬기고 아래로는 처자를 먹여 살리기 위해서는 어떤 경우에도 생업을 그만둘 수 없습니다. 조금이라도 게으르면 비참한 생활을 면치 못할 것입니다. 사람의 기력은 한계가 있는데, 어찌 매일 모일 수 있겠습니까?

게다가 밤에 모였다가 새벽에 헤어진다면 조용할 리가 없습니다. 반드시 말하고 행동할 것입니다. 가령 아무 말도 못하거나 행동하지 못한다면 무엇 때문에 밤늦게 모이겠습니까? 낮에는 한가롭지 않고 밤에는 쉬지 못하고 자신의 일을 처리해야 하는데, 저는 (이와 같이 한다면) 아마 기력이 고갈되어 2~3일도 걸리지 않아 바로 죽을 지 모릅니다. 따라서 그들이 매일 밤에 모였다가 새벽에 헤어질 수 없음이 분명합니다.

만약 가끔씩 밤에 모였다가 새벽에 헤어진다고 말한다면, 세계는 넓은데 어느 누구에게 혼인과 장례와 같은 큰일이 없겠습니까? 혹은 홀로 사는 무슬림이 객지에서 죽으면 반드시 사원으로 옮겨와서 여러 사람들이 유족을 대신해서 장례를 준비하고 그다음 날 안장합니다. 이날 밤 사람들이 사원에서 고인을 위해 장례 준비를 합니다. 외부 사람들은 이런 내막을 모르면서 밤에 모여 새벽에 헤어진다고 비난합니다.

라마단 기간에 사원에 들어가 예배를 보는 사람의 수가 평소보다 10배가 넘는데, 지식인, 농민, 장인, 상인 등 각 업종에 종사하는 무슬림 중에서 예배 시간에 예배 드리지 못한 사람은 태양이 진 이후에 사원에 들어가 낮에 드리지 못한 예배를 드려야 합니다. 등을 켜기 시작할 무렵부터 초경까지 예배를 보고, 예배가 끝난 후 집에 돌아와서 휴식을 취하다가 닭이 울면 다시 일어납니다. 밤에 모여 새벽에 헤어진다는 소문을 퍼뜨린 자들은 헛된 계략을 꾸며서 사람들의 의혹을 조작하고 있습니다. 이슬람 경전에 "만일 자신에게 속하지 않는 것이라면 조금이라도 취할 수 없다. 라마단 기간에 예배는 잘못을 반성하고 뉘우치는 것이 중요하며, 감히 망령되게 생각해서는 안 된다."라고 명시하고 있습니다. 옷과 양식이 풍요롭거나 부족하거나, 또는 그들의 사업이 순조롭거나 어렵거나 늘 높고 아득한 진재에게 복종해야 합니다. 아무튼 무슬림 중에는 몸소 실천하려고 노력하는 사람들이 매우 많습니다. 유가 경전에도 수신(修身)을 말하지 않았습니까? 예를 들면, "예(禮)가 아니면 보지 말고, 예(禮)가 아니면 듣지 말고, 예(禮)가 아니면 말하지 말며, 예(禮)가 아니면 움직이지 말라."[51]라는 구절이 있습니다. 이 구절에서 '말라(勿)'는 것은 실제로 그릇된 행위를 하지 말라는 의미입니다. 그래서 무슬림은 하루에 다섯 번 예배하고, 7일에 한번 함께 예배드리면서 언제나 진재에 대한 경외를 표현합니다. 예배를 드리면서 경건하게 조물주인 진재에게 돌아가기를 생각하는데, 이는 나를 완전히 잊어버리는 경지[52]와 함께 이루어집니다. 그대는 또한 이를 알고 있습니까?

51 『論語』「顔淵」, "非禮勿視 非禮勿聽 非禮勿言 非禮勿動"

52 중국 명말청초(明末淸初) 중국무슬림은 대부분 수피주의를 신봉했다. 김천주도 예외는 아니다. 이슬람 내부에서 수피즘은 정통파인 순나파와는 다른 교리와 교의를 지닌다. 이슬람 정통파는 세상의 종말 또는 심판을 두려워하면서 알라에 귀의한다. 이러한 지배적인 분위기에서는 현세에서 행복을 덧없는 것으로 보고 현세의 즐거움을 절제하면서 신을 경배하고 그에게 완전히 헌신하는 등의 신앙 활동을 강조한다. 이에 반대하면서 등장한 수피즘은 내세의 두려움이나 행복보다는 현실에서 명상과 사랑을 통해서 알라를 만나서 자신과 세계의 존재 비밀을 체득하고자 한다. 김천주가 위의 구절에서 자신을 잊어버리는(無我忘己) 경지는 자신의 존재를 부정함으로써 얻어지는 자기소멸의 단계(fana)이다. 자아에 대한 모든 관념과 그로부터 파생되는 모든 욕구를 버리고 오직 의식 내에 신(神)만 남아 있게 하는, 즉 신의 유일성에 도달하는 단계이다. 그리고 이는 신과 동반(baqa, 공존)하는 신과의 합일 단계, 즉 신과 하나가 되어 신 안으로 들어가 존재하는 단계를 말한다.

09
음 식(飮食)

손님이 물었다.

당신과 오랫동안 이야기를 나누었습니다. 당신은 유가 서적을 대략 이해하고 있는 듯 합니다. 그런데 유학의 서적을 읽고서도 어째서 여전히 이처럼 고집이 세고 융통성이 없으십니까? 풍류는 예절이나 형식에 얽매이지 않게 하고, 술과 시(詩)는 사람의 성정을 도야시켜 주기도 합니다. 저는 일찍이 눈으로 보고 귀로 들은 적도 있지만, 일부 무슬림은 (유가의) 서적을 읽고 성취한 바가 있어서 이슬람의 기풍은 더 이상 찾아볼 수 없었습니다. 그들은 술이 있으면 마시고, 음식이 있으면 먹었습니다. 이들은 과거의 길로 접어들어 합격하면 이전에 숭배해 온 종교를 버리거나 최소한 더 이상 고집스럽고 융통성 없이 행동하지는 않습니다. 오늘날 유명한 사람들이 일하는 모습을 보더라도 또한 이와 같이 전혀 고집스럽지 않습니다. 그들을 세상일을 이해하고 관료가 된 것을 무대를 빌려서 연기하는 것쯤으로 생각하는데, 어찌 그다

지도 진지하십니까? 지금부터는 반드시 삼계(三界)[53]의 밖을 원만하게 두루 통해야 비로소 진정한 영웅이 될 수 있습니다.

내가 대답하였다.

당신의 말은 틀렸습니다. 인간 세상에 가장 숭고한 덕목은 충효입니다. 이런 연유로 효자의 집안에서 충신을 구합니다. 말하자면, 어떤 사람이 부모에게 효도하면서 부모의 마음을 기쁘게 해 드리고, 한결같은 표정으로 부모가 의심하거나 근심하지 않게 하고, 부모의 올바른 행위를 어기지 않고 따라서 행동하면, 이러한 사람은 훗날 군왕에게도 충성을 다할 것입니다. 그에게 어린 고아를 맡길 수 있고, 그에게 마을 사람의 생명을 맡길 만합니다. 국가적으로 큰 위난(危難)을 만나 생사의 갈림길에서도 절개를 버리지 않는 사람은 반드시 이런 사람일 것입니다.

지금 음식과 같은 작은 절목을 가지고서도 사람들의 충과 불충, 효와 불효를 증험해 볼 수 있습니다. 예를 들면, 당신이 말한 어떤 사람이 본래 이슬람을 신봉한 사람이고 그의 조상들이 몇 대부터인지는 몰라도 모두 무슬림이었다고 가정합시다. 사람이 마침내 술이 있으면 마시고, 이슬람에서 금기하는 음식을 기피하지 않습니다. 그가 비록 다른 사람과 함께 음식을 먹더라도, 내가 추측해 보건대, 그의 마음은 반드시 편치 않고 얼굴빛도 반드시 좋지 않을 것이며, 간혹 다른 사람이 자신을 무슬림이라고 칭하는 것을 싫어할 것입니다. 그래서 그는

53 삼계(三界)는 모든 중생이 생사 윤회하는 세 가지 세계(世界). 곧 욕계(欲界), 색계(色界), 무색계(無色界)를 말하기도 하고, 또는 과거(過去), 현재(現在), 미래(未來)를 말하기도 한다.

자신이 무슬림이라는 사실을 감추려고 할 것입니다.

그러나 그 사람은 싫어하는 마음을 드러낼 수도 없고 숨기고자 하나 끝까지 숨길 수도 없어서, 술과 음식을 먹을 때에는 마치 가시방석에 앉은 것과 같을 것입니다. 설사 그는 얼굴로는 억지로 웃고자 하나 마음으로는 오히려 좌우를 경계하면서, 사람들이 자신의 내력을 밝히지는 않을까 두려워할 것입니다. 실제로 어쩔 수 없는 상황이라면, 어찌해서 직접 상황을 설명하면서 당당하게 거절하지 않으십니까?

어떤 사람이 말하기를, "부귀영달을 구하기 위해서 (이슬람에서 금기하는 음식을 먹고 마시면서) 고관 귀인에게 잘 보여서 마침내 경상(卿相)의 반열에 오르게 되면, 그들의 자손들 또한 문무관원의 행렬에 진입할 수 있습니다. 그들은 자신의 선조를 향해 부귀영달을 구하고자 부인을 내쫓고 자식을 버린(出妻見子)[54] 것을 부끄러워하지 않는다고 비난하면서, "나는 한번 마시고 먹으면서 고관 귀인의 환심을 사고자 했을 뿐, 부인을 내쫓고 아이를 버리는 지경에는 이르지 않았다."라고 생각하면서, 어찌 즐거워하지 않겠습니까? 그러나 몇 년 지나 눈앞의 모든 것이 갑자기 사라지고, 그의 자손들도 의기소침해져서 큰일을 할 수 없게 됩니다. 더 이상 술 마시고 음식을 먹는 것만으로는 부귀영달을 도모할 수 없다고 판단되면, 몸을 굽혀 출처현자(出妻見子)하려는지 알 수 없습니다. 이런 일이 출현하지 않는다고 누가 확신할 수 있겠습니까?

54 '출처현자(出妻見子)'는 처자와 아이를 내보내서 손님을 맞이하게 한다는 의미이다. 이는 손님에게 환심을 사기 위해서 어떤 일도 한다는 부정적인 의미로 사용한다.

처음으로 용(俑)을 만든 자(作俑之人)[55]는 비록 죽어 구천(九泉)[56]에 있더라도 그의 자손들이 현실에서 만나는 보응(報應)을 모른다고는 할 수 없습니다. 게다가 그들은 늘 다른 사람이 이 일을 제기하거나 스스로 가릴 수 없는 것을 두려워합니다. 하지만 그들은 마음으로는 자신의 선조가 대대로 이슬람을 신봉했다는 것을 분명하게 알고 있습니다. 그래서 그들은 조상의 종교를 버리고서 조상을 배반한 것에 대해서 죄송스럽게 생각하고, 앞과 뒤를 살피면서 다른 사람이 자신의 속사정을 말할까 두려워합니다. 이런 사람은 여전히 일말의 양심은 남아 있습니다. 그래서 만약 즉시 자신의 잘못을 뉘우친다면 이전과 같은 이슬람의 생활로 돌아갈 수 있을 것입니다.

이런 무슬림을 일반인은 어떻게 볼까요? 사람들은 이들의 선조는 이슬람을 신봉했지만, 이들은 지금 부귀영화를 위해서 그들 선조의 뜻을 거스르고 염치도 없이 효의 도리를 무너뜨렸다고 생각할 것입니다.
만약 그들의 선조가 그들의 그런 행위를 보거나 알게 된다면, 후손의 행위를 흔쾌히 용납할 수 없을 것입니다. 왜냐하면 이는 불효의 큰 죄이기 때문입니다. 이와 같이 근본을 잊어버린 사람에게 어찌 어린 군주를 맡길 것이며, 국가의 정사를 그에게 위탁할 수 있겠습니까? 세상 사람들도 용서하지 않는데, 국가의 사소한 직책이라도 함부로 그런 사람에게 맡길 수는 없습니다. 그들이 오늘 자신의 종친에게 패악(悖惡)하

55 '작용지인(作俑之人)'은 나쁜 폐단을 처음 시작한 사람을 뜻하는 말이다. 《맹자》 〈양혜왕 상(梁惠王 上)〉에 "중니(仲尼)가 말하기를 '처음으로 인형을 만들어 부장(副葬)한 자는 아마 후손이 없을 것이다.'라고 하였으니, 사람의 모습과 흡사하게 만들어서 사용했기 때문이다. 어찌 이 백성들을 굶어 죽게 한단 말인가."라고 하였다. 맹자는 공자가 사람을 형상하여 장례를 치르는 것도 잘못이 있다고 말한 것을 가지고 당시 군주가 백성을 굶주려 죽게 하고도 그 잘못을 모르는 것을 비판하는 구절이다. 김천주는 여기서 말한 "처음으로 인형을 만든 자"는 부귀영화를 구하기 위해 음식을 마음대로 먹은 조상을 비유하고 있다.

56 '구천(九天)'은 불교 용어로 '땅속 깊은 밑바닥'이란 뜻으로, 죽은 뒤에 넋이 돌아가는 곳을 말한다.

였다면, 언젠가 반드시 군왕에게도 패악(悖惡)할 수 있기 때문입니다. 이를 미루어 보면 이런 사람은 충신이 되기 어렵습니다. 그들이 비록 백이(伯夷)의 높은 품격을 본받고자 노력한다 해도 결코 충신이 될 수 없습니다. 여기서 알 수 있습니다. 타 종교인과 더불어 술을 마시고 금지된 음식을 먹으면서도 조금의 거리낌이 없는 사람은, 이슬람에서도 결코 용납할 수 없을 뿐만 아니라 천지 사이에 부끄러움을 모르는 죄인입니다.

그들은 술이 사람에게 미치는 해로운 점을 깊이 인식하지 못하고 있습니다. 중국의 성현들조차도 여러 차례 술을 금지했습니다. 옛날 하(夏)나라 우(禹) 임금은 음주를 싫어하고 충언을 좋아했으며, 주공이 술을 경계하는 문서를 제정해서 무리를 지어 음주하는 자를 사형에 처했습니다. 음주는 작은 죄이지만 사형에 처한 것은 큰 형벌입니다. 주공이 차마 하지 못할 일이라고 생각하면서도 의심하지 않았던 것은, 음주로 인해 재앙이 생기고 살인 사건이 빈번하게 발생했기 때문입니다. 이에 주공은 이와 같이 조치하지 않으면 민심을 통일하여 질서있는 사회 환경을 조성하기 어렵다고 생각했기 때문입니다. 이에 관해서는 중국 선현들이 백성들을 교화(教化)할 목적으로 엄히 금지하는 조항이 있었습니다. 그러나 후세 사람들이 음주를 좋아하는 것에 대해서 나는 감히 많은 말을 해서 비난받고 싶지는 않습니다.

오히려 타 종교인 때문일 수 있습니다. 혹 무슬림이 어린 시절 함께 공부한 동창(同窓) 또는 과거 시험에 함께 참가한 동제(同第)이거나 조정에서 함께 일하는 동조(同朝)가 기회를 틈타 유혹하자 신앙심이 돈독하지 않은 무슬림이 함부로 먹고 마시는 분위기에 휩쓸리면서 술과 고기를 먹었습니다. 헤어진 후 그들은 어떤 무슬림이 전날 술을 마시고 음식을 함부로 먹었다는 것을 화제로 삼아서 거리낌 없이 이야기합니다. 두 사람이 결코 외부에 말하지 않겠다고 약속했지만, 그 약속은 거짓말이 될 뿐입니다. 무슬림이 유혹에 빠졌다면 당연히 비난을 받아야 합니다. 앞에서 언급한 동창(同窓), 동과(同科), 동사(同事)는 무슬림 친구들과의 우정을 위해서라도 먹지 말라고 충고했어야 합니다. 그들은 충고는커녕 도리어 무슬림 친구를 유혹해 선조의 종교를 배반하게 하고, 자신의 신앙을 포기하면서 이슬람의 풍속과 습관을 잊어버리게 합니다. 떠들썩하게 웃은 후에는 자리를 옮겨 도처에 떠벌리고 다닙니다.

그러나 그들이 결코 알지 못한 일이 있습니다. 그들은 한때 떠벌리고 다닐 수는 있겠지만 후일 그들의 자손 또한 타인의 유혹을 받아 조상의 기대를 저버리고 효, 제, 충, 신을 지키지 않을 수 있습니다. 왜 그럴까요? 이전에 내가 다른 사람에게 어떻게 하면, 이후에 그 사람이 나에게 똑같이 되갚습니다. 늘 그랬습니다. 그래서 어떤 사군자(士君子)가 조조(曹操)를 조상(弔喪)하는 시(詩)에서 "옛날 조조(曹操)가 한(漢)나라를 도울 때, 그를 속인 것은 과부와 고아이다. 누가 알았겠는가? 40년 후 과부와 고아 또한 속임을 당할지."라고 했는데, 지혜로운 사람이라면 어찌 깊이 생각해 보지 않겠습니까?

저는 지금 이 기회를 빌려서 우리 무슬림에게 근본 신앙을 돈독하게 하라고 권할 뿐만 아니라 타 종교인에게도 충고하고자 합니다. 만약에 이슬람에 관한 지식이 부족한 무슬림을 만나면, 제발 의도적으로 그들을 유혹해 교의에서 벗어나서 비도덕적인 지경에 빠지게 하지 마십시오. 사실 그렇게 하는 것이 자신에게 무슨 이익이 있겠습니까? 단지 자신의 이름만 불미(不美)스럽게 하고, 심지어 그대의 자손에게 재앙만 초래될 뿐입니다. 만약 당신이 지금 타인의 자손에게 근본을 잊지 않도록 충고한다면, 훗날 어진 인사가 당신의 자손에게 효제충신을 갖춘 사람이 되도록 충고해 줄 것입니다. 지금 이후 당신과 함께 노력하기를 바랍니다. 대저 또한 백성과 사직을 맡은 관리가 나타나서 무슬림의 주정(酒酊) 행태를 보면 더욱 엄하게 징계해서 덕 있는 사람이 될 수 있도록 노력해 주시길 바랍니다.

10
의 용(儀容)

손님이 또 물었다.

사람의 신체와 터럭과 피부는 부모로부터 물려받은 것인데, 어찌 훼손할 수 있겠습니까? 당신네 무슬림은 항상 수염과 하체의 체모를 가위로 잘라 가지런하게 합니다. 오늘 자르고 며칠 지나면 또 자라서 원래 상태가 되는데, 도대체 번거롭지 않습니까? 이는 큰 도리와 직접적인 관계는 없습니다만.

내가 대답하였다.

고대에는 남자도 여자와 마찬가지로 머리카락을 길렀으나 오늘날에는 대부분 조정의 법도(王制)에 따르고 있습니다. 이슬람이 중시한 이발은 이슬람의 규범을 따르는 것일 뿐만 아니라 겉모습을 꾸미고, 몸과 마음을 정결하고 상쾌하게 해 주는 기능도 있습니다. 게다가 모든 일에는 군주와 신하의 관계와 같이 순서가 있으며, 물건에는 버려야 할 것과 보존해야 할 것이 있는데, 순서도 없고 중요한 일과 제거해야 할 일을 구분하지 않는다면 이 세계가 장차 어떻게 되겠습니까? 사람들은 밭에 잡초를 제거해야 좋은 싹이 자랄 수 있고, 임금과 신하의 서열이 정해져야 천하가 태평할 수 있습니다. 지금 사람의 입과 콧수염으로 말하면, 입은 군주와 같고 콧수염은 신하와 같습니다. 모든 음식을 먹을 수 있는 권력은 입으로 귀결됩니다. 어찌 군주가 음식을 맛보는데, 신하가 방해하고 교란할 수 있겠습니까? 그렇다면 사람의 콧수염도 제때 잘라야 하는 이유가 매우 분명하지 않습니까?

콧수염을 자르는 것도 적당하게 잘라야 하는데 너무 짧아서도 안 됩니다. 윗입술의 중간 정도에 이르면 괜찮습니다. 입가 양쪽에는 수염을 온전히 길게 기를 수가 있는데, 이렇게 하면 위엄을 더욱 드러낼 수 있습니다. 구레나룻 수염은 조금이라도 입에 닿지 않게 해야 하는데, 군신의 위치가 정해진 것과 같습니다. 음식을 먹는데, 어찌 방해가 되도록 둘 수 있겠습니까? 설사 끓는 물을 마시더라도 수염에 닿지 않아야만 사람들이 싫어하지 않고 미워하지 않습니다. 만약 다른 사람과 함께 음식을 먹을 때, 그 사람의 수염에 음식이 묻는 것을 보면 증오심이 생길 수 있습니다. 도대체 무엇이 아까워서 수염을 자르지 않으십니까?

만일 수염을 조금이라도 손상하지 말아야 한다면, 지금 (당신네) 사람들이 이발할 때 잘린 것은 머리카락이 아니고 무엇이란 말입니까? 어찌해서 당신들도 자르면서 우리에게는 이러니저러니 말참견하십니까? 대개 이렇게 하는 것이 조정의 법도에도 부합되는데, 법은 완전한 것입니다. 하지만 일반인들은 법이 완전한 이유를 알지 못합니다. 머리카락을 모두 자르는 것이 아니고 여전히 변발[57]을 남기는데, 이는 선을 보존하고 악을 제거하는 도(道)이며, 영원히 변할 수 없습니다.

무슬림이 하체(下體)의 체모를 제거하는 이유는, 목욕할 때 때가 잘 나오도록 하기 위한 것입니다. 신체를 깨끗하게 한 후에야 비로소 주재에게 기도해서 만날 수 있기 때문입니다. 그래서 이슬람에는 체모를 자르라는 규범(良莠之法)을 두고 있습니다. 이 규범은 허위를 제거(除去)하고 진리를 보존하고, 악을 없애고 선을 드러내기 위한 것입니다. 예를 들면, 옛날 수많은 기물 위에 문자가 새겨져 있었습니다. 특히 탕(湯) 임금의 대야[58]가 가장 유명합니다. 탕 임금의 목욕통은 목욕할 때 사용하는 용기에 불과한데, 왜 거기에 문구를 새겨 두었겠습니까? 그 의도는 사람들이 목욕통에 새겨진 문구에 따라서 몸을 닦으면서 온전한 인간이 될 수 있기를 바라고자 한 것인데, 사람들이 몸과 마음을 모두 씻도록 하기 위한 것입니다. 중국의 성인들은 일찍이 탕임금의 목욕통에 새겨진 문구를 빌려와서 사람들이 겉과 속이 같은(表裏一如) 사람이 되도록 노력하였다면, 우리 성인 무함마드는 우리 몸의 터럭을 제거하는 의례로서 겉과 속이 같아야 한다는 가르침을 주셨습니다. 어찌 한층 더 발전된 형태가 아니겠습니까? 『주자어록(朱子語錄)』에, "몸 밖에 도(道)가 없다.(身外無物)"라고 했는데, 바로 이러한 도리입니다.

57 변발은 두발을 길게 땋아 늘인 머리 모양이다. 몽골족이 예로부터 변발을 했는데, 그들이 세운 원나라가 세력이 강대해지자 고려·페르시아·중국에까지 이 풍습이 퍼졌다. 후두부만 남겨놓고 주변의 머리털을 깎아 나머지 모발을 땋아서 등 뒤로 늘어뜨리는 모양이다.

58 은나라 탕왕은 자신의 대야(盤)에 "진실로 하루가 새로워지려면, 나날이 새롭게 하고, 또 날로 새롭게 하라.(苟日新 日日新 又日新)"라는 이 아홉 글자를 새겨놓고 세수할 때마다 마주하면서 자신의 마음을 씻고자 하였다.

11
신령(神靈)

손님이 말하였다.

선생이 말한 바에 따르면, 이슬람의 조항은 모두 깊은 도리가 있는데, 유독 신도(神道)만은 숭배하지 않고 마치 억지를 부리는 것 같습니다.

내가 대답하였다.

하늘에는 두 태양이 없고 백성에게는 두 군주가 없으며, 공경해야 할 것은 둘이 아니라 하나가 되어야 한다는 것은 분명하고 오래된 도리입니다. 결론적으로 말하면, 여러 종교 중에는 입에 발린 말만 하는 종교는 많으나 독실하게 실천하는 종교는 적습니다. 귀신에게 아첨하면서 복을 구하지 않는다고 말하면서도 또한 신을 숭배하는데, 유독 하늘에 죄를 지으면 기도할 곳이 없다는 (공자의) 말씀에 대해서는 생각하지 않으십니까?[59]

한유(韓愈)[60]의 '불골표(佛骨表)'[61]에 상세하게 말하고 있습니다. 그가 맹동야(孟東野)[62]에게 보낸 서신에서 말하기를 "저 부처는 과연 어떤 사람인가? 그가 한 행위는 군자와 유사한가? 소인과 유사한가? 만약 군자와 유사하다면, 도를 지키는 사람에게는 함부로 재앙을 내리지 않을 것이고, 소인과 유사하다면 그의 몸은 이미 죽었고 그 영혼은 신령스럽지 않을 것입니다. 하늘의 신과 땅의 신이 빈틈없이 밝게 살피고 계시니 결코 속일 수 없습니다. 또한, 어찌 귀신이 마음대로 행복하게 하고 불행하게 할 수 있겠습니까? 나아가고 물러나는 데 근거할 바가

---

59 『論語』「八佾」"罪於天 , 無所禱也"에 나온다. 즉 자기 양심을 속이는 것은 곧 하늘을 속이는 것이라는 의미이다.

60 한유(韓愈)는 당(唐)나라 중기 유학자이다. 자(字)는 퇴지(退之)이고 한문공(韓文公)이라고 한다. 그는 당시 유행한 도교와 불교를 배척하고 유학을 부흥시키기 위해서 노력하였다. 그가 처음 과거에 응시했을 때는 인습에 얽매이지 않은 문체 때문에 좋은 평가를 받지 못해 낙방했다. 그 후 25세에 진사에 급제, 여러 관직을 거쳐 이부시랑(吏部侍郞)까지 지냈다. 사후에 예부상서(禮部尙書)로 추증되었고 "문(文)"이라는 시호를 받는 영예를 누렸다. 그는 유학을 옹호하기 위해 그때까지 유학자들이 소홀히 하던 『맹자(孟子)』·『대학(大學)』·『중용(中庸)』·『주역(周易)』을 광범위하게 인용했다. 후대의 성리학자들은 성리학의 기초 개념을 이 책들에서 취하고 있다. 그래서 한유는 성리학의 기초를 다졌다고 평가받고 있다. 한유는 당시에 유행하던 규칙적인 운율과 고사성어로 가득 찬 변려문을 배격했고, 위의 책들을 만든 옛 학자들처럼 자유롭고 간결한 문체의 사용을 주장했다. 그가 쓴 〈원도(原道)〉·〈원성(原性)〉 등은 중국문학의 백미로 알려져 있으며, 그가 주장한 고문체 문장의 대표작이다. 시문학에서도 그는 기존의 문학적 형식을 뛰어넘으려고 했다. 그러나 문학에서 그가 기울인 노력의 많은 부분은 실패로 끝났다.

61 당나라 헌종(憲宗) 원화 14년 한유(韓愈)가 형부시랑으로 있을 때, 헌종은 법문(法文)이 있는 해에는 풍년이 들고 나라가 평안해진다는 이야기를 듣고 불골(佛骨: 석가모니의 손가락뼈)을 궁내에 3일 동안 안치하고 예배하면서 공경 대신들도 이 예식에 참여하게 하였다. 그래서 이에 격분한 한유는 <논불골표(論佛骨表)>를 짓는다. 한유는 이 '논불골표'에서 배불하는 이유를 세 가지로 들고 있다. 첫째, 불교를 신봉한다고 하여 반드시 복을 받는 것이 아니라 오히려 몸을 해치고 경제적 피해를 초래한다. 둘째, 석가모니는 오랑캐이므로 중국의 고유 사상과는 부합되지 않는다. 셋째, 불교에 대응하여 도통을 내세워 유가의 체계를 마련하고자 함이었다. 그러나 한유는 헌종의 노여움을 사서 결국 조주(潮州)로 좌천되는 곤경을 치른다. 그러나 오히려 말년에 불교에 빠졌다.

62 당나라의 맹교(孟郊)를 가리킨다. 동야(東野)는 그의 자(字)이다. 한유(韓愈)는 <송맹동야서(送孟東野序)>에서 "사물은 화평함을 얻지 못하면 소리를 낸다.〔大凡物不得其平則鳴〕"라는 유명한 말로써, 당세에 현달하지 못해 시(詩)로 세상에 소리를 내고 있는 맹교를 위로하였다.

없는데도 그것을 믿고 받든다면 또한 미혹되었다."[63]라고 하였습니다. 이는 유가의 책에 나온 내용이지 이슬람에서 말한 내용이 아닌데도 믿을 수 있는 지극한 이치입니다. 때로는 신앙이 독실하지 않은 일부 사람들이 미신과 이단에 미혹됩니다. 그들은 사사로운 이익을 탐하면서 스스로 함정에 빠지게 됩니다.

이슬람 경전에는 "이 세계의 만물뿐만 아니라 고대의 성현까지도 모두 주재(主宰)의 조화에서 나왔다. 주재는 흔적이 없고 형상이 없으며 단지 숭배할 뿐이다. 이슬람이 정한 예절과 금지 조항 그리고 행하고 금하거나, 크고 작은 기타 행위준칙을 모든 일에서 준수해야 하고 벗어나지 않아야 광명의 높은 도로 나아갈 수 있다."라고 합니다. 맹자는 "사람은 모두 요순이 될 수 있다." 또한 "순 임금은 사람이다."라고 말한 적이 있습니다. 저도 또한 사람입니다. 만일 요순과 같은 행위는 하지 않고 요순의 형상만 묘당 위에 올려놓고 매일 향을 피우고 절만 하면서 효도하지 않고 공경하지 않는다면, 하늘은 그런 사람에게 재앙을 내릴 것입니다. 설사 요순의 신령과 함께 한다 하더라도 어찌 그들을 보호할 수 있겠습니까? 하물며 신령이 있다는 아무런 근거도 없는데, 어떤 일에 도움이 되겠습니까? 만약 저 신령들이 복을 내릴 수 있다고 말한다면, 그 신령을 섬기는 자는 거지가 되어 애걸하는 일이 없어야 합니다. 장차 저 신령들이 재앙을 내릴 수 있다고 말한다면, 그들을 섬기지 않는 무슬림은 마땅히 살아남은 사람이 없어야 합니다. 이러한 이치는 오직 지혜를 지닌 사람만이 알 수 있을 뿐이며, 어리석은

---

63 韓愈,<論佛骨表>,"且彼佛者果何人哉? 其行事類君子邪? 小人邪? 如君子也, 必不妄加禍與守道之人; 如小人也, 其身已死, 其鬼不靈, 天地神祗昭布森列, 非可誣也, 又安肯令其鬼行胸臆作威福於其間哉?" 원문에는"行胸臆作威福"라고 되어 있는데, 여기서는 '作威福'과 '行胸臆'의 순서가 바뀌어 있다.

사람은 부귀영달만 생각하여 불교와 도교의 황당한 도리를 믿을 것입니다. 소문에 따르면, 신령이 복을 내릴 수 있다고 하는데, 어찌 종일 부처를 섬기면서도 조금의 보은도 받지 못합니까? 양무제(梁武帝)[64]와 같은 사람도 태성((台城)에서 굶어 죽었지만 부처는 그를 구해주지 않았습니다. 이로써 미루어 본다면, 부처는 신봉하기에는 부족하다는 것을 알 수 있습니다.

저 불교 신도들은 양무제의 일에 대해 변명하기를, "양무제는 굶어 죽었지만 실제로는 부처가 되었다."고 합니다. 부처가 되었다고 하는데, 실제 근거가 있습니까? 만약 부처가 되었다고 말하면, 중들은 본받고자 하면서도 한편으로는 업신여길 것입니다. 어찌, 그렇게 된 까닭을 밝힐 수 있겠습니까? 그들은 항상 말하기를 "어떤 임금은 어떤 부처가 윤회하여 이 세상에 태어났다. "고 합니다. 이 말을 참고해서 생각해 보면, 성불(成佛)한 후에도 우여곡절을 많이 겪어야만 비로소 제왕으로 다시 태어날 수 있습니다. 이와 같다면, 제왕이 부처보다 귀한 정도가 어찌 10배, 100배뿐이겠습니까? 만약 제왕이 귀하지 않다면, 어떤 이유로 또한 사람들에게 수련해서 성불(成佛)한 후 제왕으로 다시 태

---

64 양무제(梁武帝, 蕭衍:464~549)는 중국 남북조 시대 양나라의 초대 황제이다. 그는 불교를 장려하여 국내를 다스리고 문화를 번영시키면서 약 50년간 태평성대를 유지하면서 남조 최대 전성기를 보냈다. 하지만 520년에 무제는 연호를 바꾼 이후부터는 차츰 정치를 방기하기 시작했다. 이와는 달리 무제 자신이 귀의한 불교 교단에 대해서는 너그러운 태도를 보이면서 불교에 차츰 빠져들었고, 결국 527년 이후부터는 황제 자신이 지은 동태사(同泰寺)에 사신(捨身)이라는 이름으로 막대한 재물을 보시하기에 이른다. 그 결과 양의 재정은 궁핍해졌다. 무제의 불교 신앙은 표면적인 것에 그치지 않고 무제 자신이 불교 경전에 대한 많은 주석서를 집필하기도 하였다. 또한, 황제 자신도 불교의 계율을 따르며 소식(蔬食)하기를 견지했기에, 당시에는 황제를 가리켜 황제보살(皇帝菩薩)로 부를 정도였다. 이는 당시 국가불교 색채가 농후했던 북조에서 사용하던 황제즉여래(皇帝即如来)와 대비되어 남조의 불교를 상징하는 칭호로서 평가받고 있다. 이러한 황제에 대해 당시 양과 교섭이 활발했던 동남아시아나 서역, 백제, 왜국 등 여러 국가에서는 무제에게 보내는 국서에서 무제를 보살로 불렀는데, 당시의 국제사회에서도 양의 황제는 불교 신앙에 있어 고명한 인물의 한 사람으로 꼽히고 있었기 때문이다. 하지만 불교를 진흥시키면서 양나라 제정이 궁핍하게 되었고, 결국 자신의 휘하에 있던 장수 후경에게 유폐되어 굶어 죽었다.

어나라고 독려할 수 있겠습니까? 제왕이 되는 까닭은 그 사람이 아직 성불(成佛)하기 전에 고생했기 때문입니다. 제왕으로 다시 태어날 때에는 과거에 고생한 자신이 하고자 하는 바를 이루고 무한한 복록을 누누리게 됩니다. 그런데, 어찌 복록을 크게 누려야 할 때 굶어 죽을 수 있겠습니까? 이는 저절로 모순되며, 어리석은 사람을 속이는 말에 불과합니다. 이를 미루어보면 아무런 근거도 없습니다.

더욱 웃음거리가 될 만한 일을 꼼꼼히 생각해 보니, 저 관음보살 같은 자는 세상의 모든 사람을 구제할 수 있다고 하지만, 저들이 성불하고 난 후에 비록 평인으로 다시 태어나고자 해도 결국 할 수 있는 일이 없는데, 오히려 제왕은 더 말할 필요가 있겠습니까? 부귀영달을 구하지만 부처는 조금의 은덕도 내려주지 않습니다. (불자가) 자신의 주머니를 털어서 사원을 짓는데, 이는 게으른 사람의 악행만 조작합니다. 나는 선한 행위를 한 적이 없기에 재앙이 두 배나 될까 두렵습니다. 양무제의 일이 명백한 증거가 아니겠습니까? 이 일을 가지고 불교를 궁구(窮究)해 보면, 저들은 장차 "하늘이 정한 것을 피하기는 어렵다." 라고 말할 것입니다. 이 말은 더 이상 변명할 다른 방법이 없고 힘이 부족해서 어떤 말도 할 수 없다는 것을 시인하는 것이며, 오직 그 말을 일찍이 하지 않은 것을 원망할 뿐입니다. 우리 이슬람은 알라만을 공경하되 우상숭배를 하지 않는 것은 바로 이러한 까닭 때문입니다.

12

재 생(宰牲)[65]

손님이 또한 물었다.

신령을 숭배하는 문제는 이미 분명해졌습니다. 그러나 이슬람은 채식만을 주장하지 않고 소와 양고기를 일상 음식으로 먹는데, 주문을 외우고 도살해야 비로소 먹을 수 있다고 합니다. 이미 육식을 허용하면서도, 타 종교의 도살 방식은 모두 같은데, 당신들의 도살 방식이 어찌 기이하지 않겠습니까?

내가 대답하였다.

이슬람 규범에 동물을 도살할 때 경을 암송하는 것은 주문을 외우

65 이슬람 국가에서는 희생절에 도살을 많이 한다. 희생절(아랍어: 에이드 알 아드하(Eid al Adha), 영어: feast of sacrifice)은 아브라함이 그 자식 이스마엘을 희생한 데 대한 감사의 표시를 하기 위한 의식이다. 이슬람에서 아브라함은 성경에 나오는 아브라함과 동일인이며, 이들도 같은 아브라함의 자손들이다. 지금도 이슬람 성인 남자들은 희생절 기간에 소, 양, 염소 등을 도살해 제물로 사용하며, 전문적인 도살업자 대신 자신이 직접 도살해야 한다.

는 것이 아닙니다. 주재(主宰)가 만물의 생명을 좋아하는 덕(德)을 체인(體認)하기 위한 것입니다. 무릇 모든 음식을 먹을 때마다 주재에게 알리는데, 타 종교인은 이 이야기를 듣고서 마치 (무슬림이) 억지를 부리는 것 같다고 생각할 수 있습니다. 저는 일찍이 관부의 〈自勉書〉에서 "형벌을 줄일 수 있으면 줄이고, 초목 또한 하늘이 창조한 것이다."라는 문구를 본 적이 있습니다. 초목 또한 하늘이 창조한 것이기 때문에 함부로 남벌할 수 없는데, 하물며 날짐승과 들짐승은 실제로 생명을 가진 동물이므로 더 말할 필요도 없거늘, 왜 신중하지 않으십니까?

도살을 직업으로 삼아 이익을 추구하는 자는 이슬람에서는 죄인으로 취급합니다. 군자는 이들을 멸시합니다. 만일 혼인과 상례가 있다면 마땅히 도살해야 하는데, 이 경우에는 모두 경을 암송하고 도살해야 합니다. 경을 외우면서 도살하는 이유를 『주례(周禮)』에서도 찾아볼 수 있습니다. 『주례(周禮)』에는 "천자는 까닭 없이 소를 도살할 수 없고, 대부는 양조차도 임의로 도살할 수 없다."[66]라고 기록하고 있습니다. 이렇게 하는 이유는 생명을 귀하게 여기고 불쌍히 여기기 때문인데, 결코 입과 배의 욕구를 만족시키기 위해 도살해서는 안 됩니다. 국가의 예제(禮制) 또한 이와 같으며, 이슬람의 규범 또한 이와 같습니다.

당신은 지금 무슬림이 경을 외우면서 도살하는 이유를 이해했을 것입니다. 그러나 우리 이슬람 내부에서 선별한 사람만이 도살할 수 있다는 규정은 아직 모를 것입니다. 그 선별된 도살자가 반드시 교칙과 행위 규범을 엄숙하게 지켜서 도살해야 하는데, 만일 도살자가 이러한 규칙을 따르지 않으면 그가 도살한 고기는 여전히 먹을 수 없습니다.

66 『周禮』「王制篇」, "國君無故不殺牛, 大夫無故不殺洋"

『주례』에는 "아무런 근거 없이 도살할 수 없다."[67]라고 적혀 있지만, 실제로는 몇 사람이나 『주례(周禮)』의 규정에 따라서 도살하겠습니까? 조항이 명확하지 않은데 누구인들 도살하려 하지 않겠습니까? 그러나 이슬람의 도살 규정에 따르면 도살하기가 어렵습니다. 먹고 마시기를 좋아하는 미식가라도, 가축이 떼 지어 있다고 하더라도 도살자가 없거나 날이 저물어 도살할 수 있는 시간이 지났으면 마음대로 도살할 수 없습니다. 혼인, 상례와 같은 큰 일이 있을 때는 실제 수요에 근거해서 충분할 만큼 도살해야 합니다. 만일 아무런 이유 없이 함부로 도살할 경우, 도살자가 이맘[68]이라고 하더라도 경을 암송하면서 칼자루를 잡고 마음대로 도살할 수 있겠습니까? 이는 비록 작은 일이긴 하지만 반드시 엄격하게 처리해야 합니다.

손님이 말하였다.

선생의 말은 틀렸습니다. 천지가 만물을 길러준 것은 원래 인류를 위한 것입니다. 한 마리의 가축을 먹고자 하는데, 도리어 이행하기 어려운 수많은 계율을 정해 두고 마음대로 도살할 수 없게 합니다. 이는 천지가 만물을 생성하는 본의와 서로 어긋나지 않습니까?

내가 대답하기를

---

67 『周禮』「王制篇」, "無故不殺"

68 이맘은 이슬람의 예배 인도자를 말한다. 모스크의 운영을 맡기도 한다. 정통이슬람에서는 어떤 종류의 성직자도 인정하지 않는다. 무슬림이라면 누구나 이맘의 역할을 할 수 있다. 여자끼리 예배를 볼 때에는 여자도 이맘이 될 수 있다. 모스크에서는 덕망을 갖추고 자질이 있는 사람이 이맘이 되어 집단 예배를 인도한다. 이맘은 일반적으로 신에 대한 헌신과 종교적 수행이 철저할 뿐만 아니라 코란에 대한 지식이 풍부한 사람으로 선임한다.

당신은 천지가 만물을 생성하는 것은 유한하고, 사람의 욕심은 무한하다는 이야기를 듣지 못했습니까? 가령 작은 일이더라도 미리 방지하지 않으면, 인욕의 방종으로 인해 수습할 수 없는 단계에 이를 수 있습니다. 그래서 『논어』에서 말하기를 "예로서 절제하지 않으면 또한 행할 수 없다."[69]라고 하였는데, 당신은 이 말은 믿습니까?

69 『論語』「學而」, "不以禮節之, 亦不可行也"

13

목 욕(沐浴)

손님이 또 말하였다.

당신들 이슬람의 행위 방식은 모두 근거가 있습니다. 하지만 질문 드리고 싶은 일이 있습니다. 무슬림 부부가 밤에 동침하고, 다음 날에는 반드시 목욕한 후 식사를 한다고 들었습니다. 목욕할 때에는 항아리나 단지와 같은 용기를 사용한다고 합니다. 부부의 일이 중요한 인륜이긴 하지만 이러한 생활 방식은 반드시 기피해야 합니다. 무슬림의 이러한 목욕법이 대중들에게 널리 알려지면 사람들의 비웃음을 면할 수 없습니다. 또한, 예배에 참여할 때 단지와 항아리를 사용해 손, 발, 두 눈, 두 귀, 콧구멍, 입(七竅)을 씻은 후에 사원에 들어간다고 합니다.[70] 이렇게 예배를 근행(勤行)하면 힘들고 번거롭지 않습니까?

70 무슬림이 예배를 근행하는 첫 번째 단계가 '우두(부분 세정)'이다. 우두는 종교의식(예배, 성지 순례, 꾸란 암송 등)을 행하기 전에 신체 일부를 깨끗한 물로 씻는 행위를 말한다. 이는 몸과 마음 모두를 청결하게 하는 행위이다. 무슬림은 예배를 통해 알라를 만나기 위해서 먼저 몸을 세정하며, 이 세정을 통해 예배의 의미를 다시 한번 생각하고 준비된 마음으로 알라 앞으로 나아간다.

내가 말하였다.

우리 무슬림의 생활 방식은 크게는 군주와 신하, 부모와 자식의 관계에서 작게는 일상생활의 음식에 이르기까지 모두 경전에 기록하고 있습니다. 설사 게으르고 빈둥거리는 사람이라도 스스로 반성할 수 있고, 그들이 감히 마음대로 할 수는 없습니다. 예배를 드리거나 재계하거나 등의 모든 종교 의례에 참여할 때에는 교리와 규범에 따라 거행합니다. 이런 사람들은 감히 자신의 마음을 어기면서 행동하려 하지 않습니다. 왜 그럴까요? 이슬람의 교의에서는 스스로 속이지 않는 것을 기본 신앙으로 있기 때문입니다. 예컨대, 어떤 사람이 몸을 씻지 않았다면, 사원에 들어가 예배드리지 못합니다. 왜 그렇겠습니까?

신(神)이 마치 바로 위에서 보고 계시는 듯 하기 때문에[71] 사람들은 감히 스스로를 속일 수 없습니다. 몸을 씻지 않고 주재를 대면하려는 사람이 있다면, 지극히 삼가 해야 합니다. 무슬림은 어릴 때부터 이슬람의 의례를 배우고 익혔기 때문에 성인이 되면 신앙이 확고해져서 외부의 어떤 일에도 영향을 받지 않습니다. 인륜과 관련된 중대사에서도 매우 신중합니다. 만일 부모의 명과 중매인의 말을 듣지 않았다면(즉 결혼을 허락하지 않았다면), 설사 남녀가 즐기는 꿈을 꾸었다는 이유만으로도 마음이 불안해 가슴이 두근두근 뛸 것입니다.

71 '상제를 대면하려면(對越乎上帝)'이라는 표현은 주자의 『근사록(近思錄)』과 「경재잠(敬齋箴)」, 『심경부주(心經附註)』 등에 보인다. 『심경부주(心經附註)』는 중국 송(宋)나라 때 학자 서산(西山) 진덕수(眞德秀)의 『심경(心經)』에 명나라의 정민정(程敏政)이 주(註)를 붙인 책이다. 『심경부주』에 "<詩經>에 이르길, 상제께서 너를 굽어보시니 네 마음을 두 가지로 하지 말라. 또 이르길 두 마음을 품지 말고 근심하지 말라. 상제께서 너를 굽어보신다."라는 구절에 대해서 "정자 가로되, 공경하지 않음이 없으면 능히 상제님을 대면할 수 있느니라.(程子曰, 毋不敬可以對越上帝)"라고 해석하고 있다. 그리고 또한 주자의 경재잠을 인용하여 "마음을 고요하게 해서 언제나 상제를 대면할 수 있듯이 하라.(潛心以居 對越上帝)"라고 하였다.

부부는 인륜에서 가장 중요한 관계입니다. 부부가 없으면 자손이 있을 수 없고, 자손이 없으면 누가 제사와 같은 대업을 계승하겠습니까? 하물며 누가 현명하고 어진 자손을 낳아 기르고 싶지 않겠습니까? 자식을 현명하고 어질게 키우고자 한다면, 부모가 정성껏 키워야 할 뿐만 아니라, 조상 대대로 올바르게 살고 반성하면서 수행해야만 비로소 성현과 같은 자손을 얻을 수 있습니다. 유가의 경전에는 태교의 문제를 제기하고 있습니다만, 이 태교는 임신 후의 방법입니다. 이와 관련된 어떤 경험을 한 적이 있습니까?

임신한 후에 태교를 시작한다면, 이는 이슬람의 목욕에 관한 의례보다 못합니다. 목욕은 사람의 성생활을 절제해 주고, 사람의 몸을 깨끗하게 하고, 유쾌하고 기쁘게 해 줍니다. 만약 엄동설한(嚴冬雪寒) 혹독한 날씨라면 몸을 깨끗이 하기 위해서 목욕하는 것은 확실히 귀찮은 일이기 때문에 건장한 남자라도 추워서 하지 않으려고 할 것입니다. 목욕한 후에는 몸이 가볍고 깨끗하고 편안함을 느끼게 되는 것을 누가 모르겠습니까? 신체가 청결하면 마음 또한 깨끗해집니다. 만일 이때 잉태하게 되면, 이는 위에서 제기한 유교의 태교에 비해 더욱 선진적인 방법일 수 있습니다. 이는 바로 일반인들이 말하는 "그 물줄기를 깨끗이 하려면 반드시 그 근원부터 깨끗하게 해야 한다."는 도리입니다. 원천이 깨끗하면 물줄기 또한 깨끗하게 됩니다. 이슬람의 경전에 "부부간의 성생활이나 남녀가 즐기는 꿈을 꾸거나[72] 월경이 지난 뒤나 분만한 지

72 '몽입양태(夢入陽台)'는 남녀 간의 밀회(密會)나 정교(情交)를 이르는 말이다. 전국 시대 초(楚)나라 양왕(襄王)의 선왕(先王)이 어느 날 고당관(高唐館)에서 노닐다가 피곤하여 낮잠을 잤다. 그러자 꿈속에 아름다운 여인이 나타나 고운 목소리로 말했다. "소첩(小妾)은 무산에 사는 여인이온데 전하께오서 고당에 납시었다는 말씀을 듣자옵고 침석(枕席:잠자리)을 받들고자 왔나이다." 왕은 기꺼이 그 여인과 운우지정(雲雨之情: 남녀 간의 육체적 사랑)을 나누었다. 이윽고 그 여인은 이별을 고했다. "소첩은 앞으로도 무산 남쪽의 한 봉우리에 살며, 아침에는 구름이 되고 저녁에는 비가 되어 양대(陽臺) 아래 머물러 있을 것이옵니다." 여인

40일 후에는 반드시 목욕해야 하고, 몸을 깨끗하게 한 후에 비로소 라마단과 예배 등의 종교 의식에 참여할 수 있다."라고 명시하고 있는데, 이는 이슬람의 규범입니다.

또한, 다른 종교를 신봉하는 사람들에게 부부가 동침한 다음 날에 감히 종묘에 들어가 신에게 제사를 지내지 못한 이유를 물어보면, 그들은 "몸이 깨끗하지 못한데 어찌 신에게 제사 지낼 수 있겠는가. 이는 신을 모욕하는 태도이며, 벌을 받을까 두렵다."라고 대답합니다. 어떤 물건이 깨끗하지 않으면 반드시 깨끗한 물로 씻어야 깨끗해질 수 있습니다. 씻지 않고 며칠 시간이 지난다고 해서 저절로 깨끗해질 수 있겠습니까? 오늘 신체가 깨끗하지 않으면 감히 신에게 제사드릴 수 없다고 하면서도 씻는 것을 오히려 부끄러워합니다. 그들은 신체를 씻지 않으면 더러운 이물질이 생긴다는 것을 생각하지 않습니다. 더러운 이물질이 많아지면 반드시 썩어 악취를 풍기지만, 그렇다고 부부의 사이를 끊어놓을 수도 없지 않습니까? 이물질이 또 다른 이물질을 만들면서 결국 깨끗해질 수 없으며, 몸에서 영원히 없어지지 않는데도 제거할 줄을 모릅니다. 그러면서도 "지금 신체가 깨끗하지 않으면 감히 신에게 제사 드리지 못한다."라고 하는데, 이 말 또한 황당하지 않습니까?

더욱 우스운 일은, 타 종교인은 작은 일에는 분명하게 처리하면서도 큰일에는 어둡다는 사실입니다. 천지로 말하면, 이는 거대한 신령인데, 그 위세가 막힘이 없어서 그것을 만들 수 있는 장인이 없고, 그것을 그릴 색깔도 없으며, 푸른 하늘은 우리의 위를 덮고 있고, 높은 산

이 홀연히 사라지자 왕은 꿈에서 깨어났다. 이튿날 아침, 왕이 무산을 바라보니 과연 여인의 말대로 높은 봉우리에는 아침 햇살에 빛나는 아름다운 구름이 걸려 있었다. 왕은 그곳에 사당을 세우고 '조운묘(朝雲廟)'라고 이름 지었다.

은 우리 주변에 경건하게 서 있는데, 깨끗하지 않은 몸으로 이 세계 안에 거주한다면 마땅히 두려운 마음이 생길 것입니다. 타 종교인은 몸에 더러운 이물질을 지닌 채 이 세상에 떳떳하게 살면서 비와 서리의 은혜와 오곡의 축복을 누리고자 합니다. 눈으로 이 모든 것을 보면서도 조금도 두려워하지 않는데, 이는 큰 도리에는 밝지 못한 것입니다.

사원의 신상(神像)을 볼 것 같으면, 이는 나무를 깎고 칠을 한 것에 불과합니다. 비록 파란 얼굴에 거대한 이빨, 붉은 머리에 금빛 몸이라 해도 실제로는 오래된 흙덩이와 썩은 나무토막에 불과합니다. 사람의 힘으로 만든 것인데도 각 종교는 스스로 우매(愚昧)하고 스스로를 기만하면서, 오히려 이 토목(土木)으로 만든 물건을 경외(敬畏)하고 있으니, 이는 작고 가치 없는 물건으로 자신의 눈을 가리는 것입니다. 이전 사람들이 신도(神道)로 가르침을 베풀고 우둔한 교인들을 경각(警覺)시키기 위한 것이지 실제로 신상을 숭배하는 것이 아니라는 것을 전혀 알지 못합니다.

이슬람 의례에 따르면, 부부가 동침한 후에는 음식을 먹거나 밖으로 외출할 수 없습니다. 반드시 목욕한 이후에 음식을 먹을 수 있고 외출도 할 수 있습니다. 무슬림이 목욕할 때 항아리에 물을 담는데, 그 까닭은 항아리 안으로 더러운 물이 들어가는 것을 방지하기 위한 것입니다. 가령 물이 흐르는 강에서 목욕한다면 항아리와 같은 작은 용기는 필요 없습니다. 만약 세숫대야에 물을 담아서 목욕할 경우 대야 안이 쉽게 오염됩니다. 그래서 물을 담아 놓아도 깨끗하지 않기 때문에 감히 마실 수 없고 물의 낭비를 막을 수도 없습니다. 유독 우리 이슬람에서만 항아리를 사용하여 몸을 씻는 구체적 규정이 있는데, 그 까닭은 대개 퍼낸 물은 더럽지만 저장된 물은 깨끗해서 사람들 모두가 마실 수 있기 때문입니다. 사람들은 그 물이 더럽지 않다는 것을 모두 알고 있습니다. 타 종교인은 그런 사실을 알고 있으면서도 무슬림이 항아리를 사용하는 것을 잘못이라고 생각합니다. 이는 도대체 왜 그런가요?

부부가 동침한 후에 목욕하는 것을 부끄럽게 생각하는 것은 마땅하지 않습니다. 만약 결혼하지 않은 처녀가 아이를 낳는다면 사람들은 부끄러운 일로 여기지만, 부인이 아이를 낳으면 사람들은 기쁜 일로 여깁니다. 지금 목욕을 부끄러운 일로 여긴다면, 아이를 낳아 기르는 것도 부끄러운 일인가요? 문제의 핵심은 바른 일인가 바르지 않는 일인가에 있을 뿐이며, 목욕하는 데 무슨 부끄러움이 있겠습니까? 예배는 주재께 제사 드리는 예절입니다. 귀, 눈, 입, 코와 손발 및 신체를 씻지 않고 정신이 흐리멍텅한 상태에서 주재 앞에서 무릎 꿇고 예배해도 괜찮을까요? 그래서 반드시 먼저 칠규(七竅)[73]와 몸을 깨끗하게 잘 씻어 겉과 안을 모두 새롭게 한 후에 비로소 주재를 대면해야 합니다. 이는 맹자가 "비록 품행이 좋지 않은 사람이라도 재계하고 목욕한다면, 또한 상제에게 제사 드릴 수 있다."[74]고 한 것과 같은 도리입니다.

73 '칠규(七竅)'는 사람 얼굴에 있는 귀·눈·코의 각 두 구멍과 입 한 구멍을 합(合)한 일곱 구멍을 이르는 말이다.

74 『孟子』「離婁下」, "雖有惡人, 齋戒沐浴, 則可以祀上帝, 亦此意也."

14
제 사(祭祀)

손님이 말하였다.

무슬림이 목욕하는 이유에 대해서는 분명하게 알았습니다. 그러나 이슬람에서는 부모가 돌아가셔도 해마다 부모의 제삿날 종이 지폐를 태우지 않을 뿐만 아니라 음식도 바치지 않습니다. 어떻게 망령(亡靈)에게 공경(恭敬)의 마음을 표현하십니까? 또 설날에 부적(門神)[75]을 대구(對句)로 2장을 문 입구에 붙이지도 않는데, 왜 붙이지 않습니까?

내가 대답하였다.

천하의 사람 중에 사람의 자식이 아닌 사람이 없으며, 부모가 없는 사람이 있겠습니까? 부모의 수고로움을 대신하고 부모에게 음식을 봉양하고 부모를 존경하는 일을 소홀히 할 수 없습니다. 부모가 죽은

75 문을 지켜 불행(不幸)이 들어오지 못하게 막아 준다는 귀신(鬼神)을 말한다.

후 사시(四時)[76]에 제사 지내는 것은 인지상정(人之常情)입니다. 그러나 당신들 유교에서 종이돈을 태우고 음식을 바치는 의식은 자손이 한 때에만 애도의 마음을 극진히 표현할 뿐입니다. 종이돈을 태우는 제례 방식의 근원을 살펴보면, 불교와 도교의 의식이지 결코 유교의 가르침은 아닙니다. 유교에서 제사를 지내는 방식은 술을 땅바닥에 부어 적시고 비단으로 된 제문을 불태워 귀신이 와서 음식 냄새를 맡게 하는 것입니다.

최근의 유교 제례 방식은 불교와 도교의 의례와 뒤섞이게 되었습니다. 내가 생각건대, 당신들 선조의 혼은 반드시 이런 곳에 와서 흠향(歆饗)하는 것을 원치 않을 것입니다. 현재 재계하고 제사 지내는 사람 10명 중 8~9명은 입으로만 공맹의 도(道)를 말하고 마음으로는 불교와 도교를 따릅니다. 맹자가 "묵자(墨子)와 양주(楊朱)를 막아야 한다고 말할 수 있는 사람이어야 비로소 바로 성인의 제자가 된다."[77]라고 했는데, 진실로 이와 같이 하고 있습니까? 하물며 승려가 일반인과 함께 수양하고 정진하면서 제사 지내는 것(設醮)[78]을 '응부(應付)'라고 하는데, 이 의식에서는 고기 요리와 술을 금하지 않지만 참선하는 승려들은 고기 요리와 술을 사용하지 않습니다. 게다가 자기들끼리 서로 (잘못된 의례라고) 비방하는데, 양측 모두 바른 도가 아닙니다.

이슬람이 중국에 처음 전래될 때 중국 현지의 언어에 능통하지 못했고, 문자 또한 이해하지 못했습니다. 현지 중국인들은 무슬림의 깨끗한 마음을 철저하게 지키려는 도리와 성실하고 기만하지 않는 훌륭

76 여기서 '四時'는 한 달 중의 네 때. 회(晦), 삭(朔), 현(弦), 망(望)을 말한다.

77 『孟子』「滕文公下」, "能言距楊墨者, 聖人之徒也"

78 제사 방식의 일종. 후에 도사나 스님이 패방(牌坊)을 설치하거나 도량(道場)을 만들어 재화를 소멸시키는 행위를 가리킨다. 초(醮)란 제사를 말한다.

한 행동을 지켜보면서, 그들이 신봉하는 이슬람을 '청진교(淸眞教)'라고 불렀습니다. 이후에 어떤 사람들은 무슬림이 여러 망령된 행위를 제거하고 유일신을 공경하며 진리로 돌아가고자 노력하는 모습을 지켜보면서 '회교(回教)'[79]라고 이름 붙였습니다. 우리 이슬람의 종교 의례는 대부분 무슬림이 스스로 반성하게 할 목적으로 수행하고 있습니다. 예배, 라마단, 희사는 잃어버린 마음을 수렴하기 위한 예식입니다. 그러나 이슬람이 중국에 유입될 초기에는 중국 현자들은 붙여준 이름의 깊은 함의(含意)를 알지 못했습니다. 아마 중국 현자들은 중국 무슬림이 경건한 마음으로 상제에 감응해서 훤히 드러내기를 바라면서 특별히 이러한 신성한 명칭을 내려주셨을 것입니다. 그렇지 않다면, 어째서 이 명칭이 긴 역사 동안 사라지지 않고 지금까지 불릴까요?

그래서 이슬람에서는 모든 망령된 행위를 뿌리째 뽑아내고, 부모의 생일과 기일에는 가족의 경제 상황을 고려해 음식을 준비하고, 마을의 빈곤자나 과부, 홀아비와 고아들에게 돈을 나누어 줍니다. 부모가 사용하던 모자나 옷과 같은 물건은 고인 생전에 좋은 관계를 맺었던 사람들에게 나누어 주면서, 그들이 고인을 기억해 주기를 바랍니다. 이러한 의례는 고인이나 살아 있는 사람 모두에게 유익하고, 상제 또한 강림해서 이 모든 것을 살펴 볼 것입니다. 선조는 자손이 선을 즐기고 베푸는 것을 좋아하는데, 어찌 선조의 신령(神靈)이 그들을 좋아하지 않겠습니까? 사람이 죽은 후에는 다른 세계가 있어서 그 세계의 통제를 받는데, 사람이 태어나기 이전 세계와 같습니다. 어찌 어리석게 그 근원

79 회교(回教)는 중국이슬람의 옛 명칭이다. 1956년 6월 2일 자로 공포한 <국무원 이슬람 명칭 문제에 관한 안내문>에서 "이슬람이 세계종교의 명칭이다. 이 규정을 제정한 후에는 예외 없이 회교라고 사용하지 않고 '이슬람교'라고 칭한다."라고 제정한 후에는 '이슬람교'라고 부른다.

이 없다고 하겠습니까?

저들 불교는 황당합니다. 선조가 죽은 후에 몸을 재계하고 제사를 지내면서 '선조를 구제하기' 위해서라고 합니다. 일반인들은 대부분 자세히 살피지 않아서 의리에 어둡습니다. 예컨대, 어떤 사람이 작은 죄를 짓고서 높은 지위에 있는 친구를 찾아가 그 친구에게 관부(官府)에 선처를 베풀어 줄 것을 부탁해 달라고 할 수 있습니다. 그렇게 하면 관부에서 선처해 줄 수도 있습니다. 그러나 근본을 알 수 없는 무리가 관리를 찾아가 죄를 용서해 달라고 부탁한다면, 나는 (그렇게 하는 것이) 도움이 되지 않을 뿐만 아니라 도리어 해가 될 것이라고 생각합니다. 불자가 멋대로 말하기를, "수양하고 재계하면 죄를 면할 수 있다고 하면서, 수양하고 재계하는 일은 바로 '응부(應付)'로써 해야 한다." 고 합니다. (응부는) 돈과 재물을 끌어모으기 위한 그물이며, 어리석은

사람들을 불러 모으는 도구에 불과합니다. 이는 (옳게) 참선(參禪)하는 승려들도 싫어하는 일입니다. 지금 저들이 천륜을 해친 죄를 따진다면 어찌 죄가 없다 하겠습니까? 생전에 죄를 지었다고 하더라도 터무니없이 만회하려고 하지 않는다면, 결국 너그럽게 용서해 주는 것이 이치입니다. 금전을 사용하는 의례는 저들을 속이는 행위입니다. 죽은 선조의 일도 이런 방식으로 하면 안 됩니다. 선조를 위해 종이돈이나 종이집을 태워서 바람에 날려보내면 어느 방향으로 날아갈지 알 수 없습니다. 설령 선조들이 이 종이집에 거주하면서 이 창고를 지키고 그 재물을 사용하고 그 물건을 향유하려고 하지만 이미 잿더미가 되었다면 어떻게 그것을 원래 상태로 회복할 수 있을까요? 사람을 속이는 일이 이보다 심한 일이 없는데, 도대체 어떤 이익이 있단 말입니까?

근원을 거슬러 올라가 보면, 유교의 도리가 아닙니다. 차라리 돈과 재산을 가난한 사람에게 나누어 주는 것이 어떨까요? 이렇게 하는 것

이 선조에게 이익이 될 뿐만 아니라 여러 세대의 자손들에게도 선조가 물려준 덕이 이어져서 자손이 번성하고 가문이 번창하게 될 것입니다. 그런데도 어찌해서 명당을 구하고 풍수를 논하십니까? 어찌 애석하고 어리석지 않겠습니까? 이전에 풍수가가 "염해서 매장하기 위해서는 반드시 특정한 날과 시간을 기다려야 한다."라고 한 말을 들어 본 적이 있는데, 더운 한여름날 2~3일 지나면 시체가 부패해서 악취가 나고 뼈와 살이 분리되는 상황이 자주 발생합니다. 이는 자손과 집안이 번성하기를 기원하는 의례이긴 하지만 결국 사람의 힘으로 자연규율을 어기게 됩니다. 만약 사람이 자연규율을 임의로 바꿀 수 있다면, 임산부가 풍수가를 찾아가 길일(吉日)을 물어서 아이를 낳는 것이 더욱 좋지 않을까요? 그들은 태어나기 전에 미리 좋은 방안을 구하지 않고 사람이 죽은 후에 헛소리만 하니, 이렇게 하는 것은 잘못된 방법입니다.

우리 무슬림은 망자(亡者)를 위해 종이돈을 태우지도 않고 음식을 공양하지 않을 뿐만 아니라 명당을 구하지도 않습니다. 그 이유는 학문과 일에는 정해진 절차가 있기 때문입니다. 사람이 죽은 후에도 여전히 사람의 옷을 입고 음식을 먹는다면 매일 세끼를 공양해야 비로소 자식된 도리를 다했다고 할 수 있습니다. 만약 일 년에 몇 차례만 공양한다면, 고인은 수백 일 동안 옷도 입지 못하고 음식도 먹지 못하게 됩니다. 그들의 후손들이 어찌 모를 리가 있겠습니까? 이런 말은 조금도 이치에 맞지 않습니다. 만일 사람이 죽은 후에도 여전히 옷을 입고 음식을 먹고, 이를 위해서 살아 있는 사람들의 재물을 사용한다면, 태어나기 이전에는 그를 위해 기도하고 제사 지낼 자손이 없는데, 옷이나 음식과 비용은 또한 어디에서 구하겠습니까? 저 불자(佛者)의 논리를 따르면, "사람은 윤회로 인해 태어나기 때문에 태어나기 이전에 사용한 것은 전생(前生)의 자손들이 재계하고 제사 지낸 옷과 음식이며, 그 비용은 그 집의 것이다."라고 말할 것입니다.

나는 눈을 지그시 감고 생각해 봅니다. 공자와 맹자는 인륜의 차례나 순서를 바꿀 수 없다고 가르쳤습니다. 중국의 여러 종교에서는 천지가 생긴 후에 인류가 있음을 알고 있습니다. 『통감강목』[80] 서문에는 "반고씨는 까마득한 시기에 살았기 때문에 그의 출생을 알지 못한다."라고 적혀 있습니다. 하지만 이슬람 경전에서는 "주재가 최초로 부부 두 사람[81]을 창조하였는데, 남녀를 구분하면서 짝을 지어 잉태하였고, 이와 같이 72번을 잉태해 자식을 낳아 길렀으며, 매번 낳을 때마다 쌍둥이를 얻었는데, 합해서 144명이 되었다."라고 합니다. 윤회를 가지고 말하면, 그 두 부부가 어디에서 유전(流轉)해 왔는지 물을 필요가 없습니다. 저 144명의 영혼은 어느 곳에서 시작했을까요? 만약 인류가 윤회를 기다려야 한다면, 갑이 먼저 죽어야 을로 다시 태어나고, 을이 또한 죽어야 병으로 다시 태어날 것입니다. 차례로 윤회하면, 한 사람은 단지 한 사람으로만 다시 태어날 수 있는데, 또한 어째서 현재와

80 남송(南宋) 주희(朱熹)가 찬술한 역사서이다. 전 59권으로 구성되어 있다. 주희와 그 문인 조사연(趙師淵) 등이 사마광(司馬光)의 『자치통감』·『거요력(擧要歷)』, 호안국(胡安國)의 『거요보유(擧要補遺)』 등을 유가(儒家)의 도덕관념인 삼강오륜(三綱五倫)과 명교(名敎)를 바탕으로 간략화하여 『통감강목』을 편찬했다. 강(綱)은 요점을 제시하는 것으로 『춘추(春秋)』를 모방하고, 목(目)은 일의 경과를 서술하는 것으로 『좌전(左傳)』을 모방했다. 그 의도는 『춘추』의 필법으로 명분을 구분짓고 삼강오륜을 바로잡아 유교적 통치체제를 유지하고자 하였다.

81 이슬람 경전에서의 아담(Adam)과 하와(Hawwa)를 말한다. 아담은 알라가 자신의 모습에 따라 흙으로 창조하였고, 아담은 또한 자신의 왼쪽 갈비뼈로 하와를 창조했다. 아담과 하와는 에덴동산에 살았는데, 신의 명령을 거역하고, 금단 나무의 열매를 먹었다. 그러나 이슬람에서는 이 죄의 책임을 인간에게 두지 않고 그를 유혹한 악마, 즉 이블리스(Iblis)에게 책임을 두고 있다. 기독교에서 인간 타락은 예수를 통해서 구원받을 수 있다고 한다. 인간을 위한 예수의 희생과 또 인간이 자신보다 예수를 받아들이려는 희생으로 인해서 그 타락은 속죄되는 것이다. 반면에 이슬람에서의 타락은 유일한 실재인 하나님 대신에 세계와 자아를 실재로 보려는 시각의 잘못에 있다고 해석한다. 그래서 타락에서의 구원은 샤하다(Shahadah, 알라 외에 다른 신, 즉 자율적 실재는 없다는 진실을 깨닫는 것) 안에서 가능하다. 샤하다를 영혼 속에서 완전히 이해하면 인간들은 본래의 상태(즉 타락 이전 아담의 상태)로 되돌아간다고 믿는다.

같이 수많은 사람이 존재할 수 있을까요? 예컨대, 갠지스 강가의 모래와 같이 너무 많아 다 헤아릴 수가 없는데, 이에 관해서는 지금 논하지 않겠습니다. 만약 처음에 72번의 잉태로서 윤회를 시작했다면 당신은 다음과 같이 추론해 볼 수 있습니다. 큰아들 부부가 먼저 죽으면 반드시 동생 아내의 배에서 잉태되고, 분만 이후에는 동생의 아이가 됩니다. 거듭 추론해 보면, 조부가 윤회해서 반드시 손자가 될 것이니, 이는 인륜을 거스르는 일입니다. 하늘이 어찌 이를 용납할 수 있으며, 성현이 어찌 편안하겠습니까? 반고씨를 예로 들면, 반고가 대대로 윤회하면서 지금도 살고 있다고 말할 수 있습니다.

따라서 이슬람 경전에는 "진재(眞宰)가 만물을 창조하였다. 사람의 마음으로는 헤아릴 수는 없다."라고 하였고, 또한 "주재는 만물을 창조한 존재이고, 만물은 창조된 존재이다. 주재가 만물을 창조하는 능력은 큰 것을 창조하고자 하면 크게, 작은 것을 창조하고자 하면 작게, 있어야 하면 있게 하였고, 없어야 하면 없게 하였고, 많이 창조해야 하면 많이 창조했고, 적게 창조해야 하면 적게 창조했다."고 합니다. 현재 우리가 글자를 쓰는 것에 비유하면, 글자는 쓰인 것이며, 사람은 글자를 쓴 주체입니다. 혹 책에 크거나 작거나, 많거나 적거나, 잘 쓰거나 악필이거나, 모두 글자를 쓰는 사람에 의해 결정되는 것이지 글자 자체가 글자를 쓸 수 있는 권능을 지닐 수는 없습니다. 이는 모든 사람이 알고 있는 사실입니다. 모든 일을 이런 이치로 설명할 수 있지만 여기서는 단지 하나의 사례만을 들었습니다. 그러나 이것은 창조에 관한 비유이지 윤회에 관한 비유는 아닙니다. 윤회로 비유를 들면, 어떤 사람이 '天'자를 썼는데(크고 작은 글자에 상관없이), 지금 다른 사람이 다시 '天' 한 글자가 필요하거나 혹은 천만 개의 '天'자를 필요로 한다면, 그 사람은 다시 쓸 필요 없이 '天' 한 글자의 유전을 기다리면

곧 수많은 '天'자가 생길 수 있고, 갠지스 강가의 모래 수만큼이나 많은 '天'자가 늘어날 것 입니다. 당신은 그것을 믿는가요? 혹시 더 논할 필요가 있을까요?

천지가 창조된 이후에 성현과 범인의 몸은 모두 모친의 배 안에서 나왔습니다. 부모는 배 안의 태아가 남자인지 여자인지 알 수 없는데, 그들이 성현인지 범인인지 어떻게 알 수 있겠습니까? 비록 성인이라 하더라도 모친의 배 안에서는 어떤 일도 할 수 없습니다, 이는 바로 주재가 창조한 위대한 능력을 드러내어서 사람들이 상세하게 이해하고 착오(錯誤)가 없도록 하신 것입니다. 그러나 주재의 위대한 능력은 결코 이뿐만이 아닙니다. 천고(千古)의 성인과 현인이 위대한 일을 할 수 있는 나이가 되면 불행하게도 영원히 세상을 떠나야 합니다. 그 누구도 죽음의 시간을 조금이라도 연장해서 그들이 다하지 못한 사업을 완성하도록 도와줄 수 없습니다. 이 또한 주재가 만물을 창조하는 위대한 능력이며, 그 누구도 생명을 주거나 빼앗을 수 있는 힘을 지니지 못합니다.

저 석가모니도 "온 세상에 오직 나만이 존귀하다.(天上天下 唯我獨尊)"라고 말했지만, 그 또한 결국 생과 사의 윤회에서 벗어날 수 없었습니다. 그렇지 않았다면 이 사람이 어째서 지금 세상에 나와 중생들을 구제하지 않습니까? 내 생각에 '유아독존(唯我獨尊)'이란 말은 그(석가모니)가 직접 한 말이 아니라 훗날 그의 제자들이 불교를 널리 알리기 위해 과장해서 한 말일 것입니다. 수행하는 사람은 감히 함부로 말하지 않습니다. 지금 이 말을 했다는 이유로 앉아 있다면 어찌 원통하지 않겠습니까? 만약 말한 적이 있다면 부끄러워하는 마음이 없는데, 어떻게 훈계할 수 있겠습니까? 그리고 그를 낳은 조부는 또한 어느 지위에 두어야 할까요? 저 사람만이 독존(獨尊)이라면 만물은 모두 거론할 가치가 없고, 그 근원을 잊어버리게 되는데, 이에 큰 오류가 없다고 할 수 있을까요? 따라서 이슬람에서는 종이를 태우거나 음식을 바치고, 태아의 윤회와 같은 이야기를 모두 배척합니다.

문 입구에 부적을 대구(對句)로 붙이는 것과 같은 일[82]이라면 앞에서 이미 이야기를 충분히 했습니다. 예배 때 종과 북을 사용하지 않는 이유는 그 소리가 경건한 마음으로 주재를 체험하는 데 방해가 되기 때문입니다. 혼례와 상례에도 음악을 사용하지 않는 이유는 세상의 기풍을 바로잡고 선조를 추모하면서 효심을 다하기 위해서입니다. 이에 대해서도 사람들은 늘 의심하면서 궁금해 합니다.

그러므로 이슬람의 도리는 결국 모든 사사로움을 제거하고 오직 유일한 주재만을 공경하고, 사람들이 만든 우상이 우리의 진실한 마음을 혼란스럽게 하지 않도록 하는 것입니다. 신도는 각자의 권한을 가지고 있으며, 그 누구도 함부로 그 권한을 넘어설 수 없습니다. 예를 들면 바람, 구름, 우레, 비, 해, 달, 별, 서리, 이슬, 눈, 우박, 산, 물, 불, 흙 등은 작용과 운행 그리고 변화 과정에 신도의 권한을 지니고 있지 않은 것이 없지만 모두가 주재의 명령을 따르는 심부름꾼일 뿐입니다. 감히 마음대로 조금이라도 더하거나 덜하면서 주재의 권한을 빼앗을 수는 없습니다. 또한, 관리를 예로 들자면, 백관과 대신은 모두 군주의 명을 듣고 봉록(俸祿)을 받으니, 맡은 바의 일을 반드시 해야 하고 감히 사사로운 정에 얽매여서는 안 됩니다. 사농(司農)[83]의 총애를 위해서 사사롭게 행하면, 본래는 구품(九品)의 봉록을 받아야 하지만 일품의

---

82 음력 정월에 집집마다 좌우 문짝에 붙이는 '神茶'와 '郁垒'(현대에는 '秦琼'과 '尉迟敬德')의 두 신의 상을 말한다. 한 쌍의 대구(對句)의 글귀를 종이나 천에 쓰거나 대나무·나무·기둥 따위에 새긴다. 특히 설날에 쓰이는 것을 '春联(儿)'이라고 한다.

83 중국(中國) 한(漢)나라 때의 관명으로 구경(九卿) 중에 하나이다. 중앙(中央) 정부(政府)의 국가(國家) 제정(制定)을 관장(管掌)했다.

은혜도 얻을 수 있습니다. 반대로 원래 일품의 봉록을 받아야 하는 사람이지만 상관에게 아첨하지 않아서 사농관의 미움을 살 경우에 사농관은 그에게 조금의 은혜도 베풀지 않을 것입니다. 단연코 이런 도리는 없어야 합니다.

자로의 말이 생각납니다. 자로는 "뜻이 같지 않은데, (억지로 영합하여 말하는 자는) 그 얼굴빛을 보면 무안하여 붉어진다. 이는 내 알 바가 아니다."[84]라고 하였습니다. 이 구절에서는 뜻이 같지 않은데 (억지로 영합하려고 말하는 자)에는 여전히 부끄러워하는 기색이 있다는 것을 말하고 있습니다. 저 "뜻이 같지 않다."는 것은 한집에 살면서 여러 사람과 이야기하면서도 오직 한 사람과 대화를 하지 않을 경우에 그에게 억지로 이야기하게 한다면, 이는 도리에 어긋난다는 것을 의미합니다. 그래서 자로는 "내 알 바가 아니다."라고 말한 것입니다. 사실 사람과 신(神)의 관계 또한 같은 이치입니다. 그들이 아무런 근거도 없이 무릎을 꿇고 간절히 기도하는 경우 (주재는) 무엇보다도 번거로운 일을 꺼리고 사소한 일을 싫어하는데, 하물며 사람들이 아무런 근거도 없이 기도하는데, 그 기도를 들어 줄 수는 없습니다. 예를 들면, 사농관(司農官)이 온종일 높은 자리에 앉아 백성들로부터 돈과 곡식을 거두고 관원에게 봉록을 주고 군대에 군량을 주는 것은 모두 문서에 근거해야 합니다. 그러나 호적에도 없는 떠돌이 백성이 한종일 계단 아래에 무릎을 꿇고 절을 한다고 해서 어찌 함부로 더 줄 수 있겠습니까? 하물며, 사농관이 그들을 마음대로 만나서도 안 됩니다. 그렇지 않으

84 『孟子』, 「滕文公下」, "未同而言，觀其色，赧赧然，非由之所知也" 이 구절에서 '未同而言'에 대해서 주자는 남과 뜻이 같지 않은데도 억지로 말하는 것이라고 해석하고, '非由之所知也'를 자로가 심히 그를 미워하는 말이라고 해석하고 있다. 주자의 이 해석은 김천주의 해석과는 다르다.

면 기회를 틈타 이익을 얻고자 하는 자들이 계속해서 만나자고 할 것입니다. 이러한 상황에서 사농관은 (그들을) 전혀 만나려고 하지 않을 것입니다. 왜 그럴까요? 첫째, 군왕의 명령이 없기 때문입니다. 둘째, 힘과 여유가 없기 때문입니다. 만약 그렇게 하지 않으면 밤낮으로 일을 한다고 해도 그런 사람들의 끝없는 요구를 만족시켜줄 수는 없을 것입니다. 신도(神道)의 이치도 마땅히 이와 같습니다. 위의 내용을 참고한다면 아무런 근거도 없이 복을 바라는 기도는 그만두어야 합니다. 무릇 천하의 정책은 모두 군왕의 명령에 따라야 합니다. 수많은 사람이 원한다고 해서 들어줄 수 없습니다. 만약 들어주지 않는다면, 대중은 비록 노하겠지만 자신에게 불리한 일은 없습니다. 만일 군왕의 명령을 위배하면서 대중의 인기를 얻으려고 한다면, 설사 많은 사람을 기쁘게 할 수는 있겠지만 자신에게는 어떤 영예(榮譽)가 있겠습니까?

이슬람은 이러한 이유로 신도를 숭배하지 않습니다. 마음에 견고한 신앙을 지니고 있으면 어떠한 외부의 힘에도 동요되지 않습니다. 그래서 신령이 아무런 근거도 없이 듣기 좋은 말로 우리를 미혹시킬 수 없습니다. 만약 법술을 지니고 있다면, 더욱 이단(異端)으로 간주해야 합니다. 이는 우리 이슬람이 믿지 않을 뿐 아니라 유학자들도 말하지 않은 일입니다.

만약 그들이 실제로 법술을 부릴 수 있다고 한다면, 천신(天神)과 여러 장군을 파견할 수 있고 과거와 미래를 미리 알 수 있을텐데, 국가의 대사(大事)와 국왕의 권위가 막중한데도 어느 시대에 도적들을 막을 수 있었습니까? 만약 법술을 지니고 있다면, 안의 도적이든 밖의 도적이든 그들을 자연스럽게 알 수 있고, 천신(天神)과 장군들을 파견할 수 있는데, 어찌해서 오뢰(五雷)[85]에게 명령을 내려서 그 도적들을 제거하지 않았을까요? 이렇게 했다면, 무수한 재물을 낭비하지 않고 수많은 논의도 할 필요가 없었을 것입니다. 어찌 유쾌하지 않겠습니까?

저들(신선, 도인들)도 생명을 중시하는(好生) 공덕을 충분히 이어갈 수 있으며, 그 장점이 셀 수 없을 정도로 많을 수 있습니다. 위로는 군왕의 사랑을 받고 아래로는 백성이 편안하게 살 수 있도록 할 수 있습니다. 혹 가뭄과 장마로 재앙이 발생해 각종 농작물이 자라지 않아서 백성이 고통을 당할 때, 저들 법술을 지닌 선비는 백성의 고통에 무관심하지 않으면서도 단지 군주가 창고의 재물을 풀어 재앙을 입은 백성을 구제하는 것을 앉아서 지켜보기만 합니다. 많은 재물과 양식을 풀어 구휼하는 일이 자주 발생합니다.

제가 생각하건대, 재앙이 이미 일어났거나 장차 발생하려고 할 때 저들은 저절로 미리 알 수 있습니다. 만약 미리 알지 못하고 재앙이 이미 발생하였다면, 즉시 여러 천신(天神)과 장군들을 파견하여 메마른 땅에 단비를 내려서 새싹이 불쑥 돋아나게 할 수 있습니다. 이와 같이 하면 백성들은 감격하여 반드시 은인으로 추대할 것인데, 왜 이렇게 하지 않습니까? 혹은 수해를 입은 지역에도 또한 천신(天神)과 장군들을 파견하여 신속하게 구름을 제거해서 푸른 하늘이 드러나게 하고, 붉은 해(紅輪)를 들어 올려서 붉은 홍수(赤水)를 줄이면, 농민들은 기뻐하며 관민 모두 북을 치고 춤출 것입니다. 당신이 곰곰이 생각해 보면, 결국 이런 일은 얻어난 적이 없을 것입니다. 그들 또한 일반인과 마찬가지로 속수무책일 뿐입니다. 만일 재앙이 초래된 원인을 묻고, '어찌 구하지

85 수(水), 화(火), 목(木), 금(金), 토(土) 오행의 우레가 가리키는 달이다. 오행의 상생(相生) 상극(相剋)으로 음양이 얇게 움직이고 진동하여 모두 우레가 발생한다.

않는가?'라고 따지면, 그들은 "하늘의 뜻이 이와 같다."라고만 할 것입니다.

저도 또한 하늘의 뜻이라고 답변할 것입니다. 결과적으로 보면, 법술로써는 천의(天意)를 빼앗을 수 없음이 분명합니다. 천의를 빼앗을 수 없는 것이 이와 같은데, 어째서 각 종교인들은 하늘을 믿지 않고 법술을 믿으며, 주재의 명을 듣지 않고 사람의 말을 듣습니까? 오히려 우리 이슬람은 신도를 숭배하지 않고 법술을 믿지 않습니다. 왜냐하면 그들은 사람을 비난하거나 속이는 것에 익숙한 사람들과 어떠한 차이도 없기 때문입니다. 신선을 숭배하고 시대에 뒤떨어진 행위 규범을 준수하는 사람은 황당한 환상에 사로잡혀서 현실에는 어두운 선비에 불과합니다. 매우 슬픈 일입니다.

또한 세간에는 원래 신선이 있어서 돌을 금으로 바꿀 수 있고 비바람이 불도록 주문할 수도 있지만 세상과는 더 이상 접촉하려고 하지 않는다고 말합니다. 만약 그 신선이 여전히 세속과 왕래하면서 일반인의 옷을 입고 음식을 먹는다면, 분명히 사람들을 속여서 금전과 재물을 취하고자 할 것입니다. 이는 가짜 신선을 가려내는 중요한 방법이 될 수 있습니다. 혹은 불에 익힌 음식을 먹지 않고 매일 몇 사발의 맑은 물만 마시며, 이는 소뼈를 물에 담가 염주를 만들고자 한 것이라고 말합니다. 만약 이런 사람들을 만나면, 그의 옷과 물건을 다른 곳에 봉해두고 한 가지라도 휴대하지 못하게 하면 그의 실제 모습이 드러나서 더 이상 속이는 말을 하지 못할 것입니다.

출가수행으로 말한다면, 우리 이슬람 경전에 그 내용이 논리정연하며 각 조항마다 모두 일정한 제한이 있습니다. 이슬람의 출가(出家)는 불교나 도가(道家)의 무리와는 다릅니다. 그들은 세속에 있을 때와 같이 여전히 여름에는 여름옷 겨울엔 겨울옷을 입고, 목마르면 물 마시고 배고프면 먹습니다. 생계를 위한 일은 하지 않고 높고 큰 집에서 생활하며, 산림(山林)에서 들새들과 놉니다. 의식(衣食)의 어려움은 교인들에게 맡기고 조용히 수도(修道)하며 유유자적(悠悠自適)합니다. 그래서 옛말에 "해는 높이 솟았는데 중은 아직 일어나지도 않았네. 명리(名利)를 구하는 것이 한가함만 못하구나."라고 하였습니다. 이 말은 세상에서 초탈하였음을 말하고 있지만, 제가 의심컨대, 사람들이 군신(君臣)과 부자(父子)의 의리에 어긋나도록 가르친 것은 반드시 이 말에서 시작했을 것입니다. 아마도 재난과 근심으로부터 도피하기 위해 세간 밖에 의지해서 숨었지만, 세상 사람들이 편의를 좋아하는 것은 예나 지금이나 똑같습니다. 누구도 이에 대해 이견이 없을 것입니다. 마치 식탁 위에 진수성찬을 차려놓고 방에는 온갖 비단을 펼쳐놓고서 으레 그런 것으로 생각하는 것처럼 군주의 은혜와 하늘의 덕을 조금도 알지 못합니다. 그들은 결국 그것의 출처를 잊어버리고, 진수성찬 모두 다른 사람이 차려 놓은 음식이라는 것을 알지 못합니다. 저 신도(神道)의 신선들이 구한 것은 결코 아닙니다. 그들은 천하 사민(四民)[86] 중에 나라의 은혜를 입은 사람이 열에 서너 사람도 안 된다는 사실을 전혀 모릅니다. 예를 들면 문(文)과 무(武)의 두 분야에서 나라를 위해 힘써서 보효(報效)[87]하지만 사실은 모두 몸과 집안을 버리고, 그들처럼 안녕(安寧)을 누릴 수도 없습니다. 하지만 책임감도 없고 업무의 성과를 고려하지 않은 채 저들의 황당한 말만 듣고 복을 탐(貪)내다가 쉽게 속게 됩니다. 오직 달인(達人)[88]만이 그것을 압니다. 그래서 "해는 높이 솟았는데 중은 아직 일어나지도 않았네."라는 말이 있습니다. 나아가

86 '사민(四民)'은 사, 농, 공, 상 등 모든 백성을 말한다.
87 은혜(恩惠)를 갚고자 노력함을 말한다.
88 달인(達人)은 사물의 도리에 통하거나 인생을 달관한 사람을 말한다.

생각해 보면 이 또한 불평하는 말에 불과합니다.

나는 늘 역사 서적을 읽습니다. 예로부터 여러 제왕이 방사(方士)[89]에게 속아 불로장생의 약을 복용한 후에는 금속으로 만든 약 속의 독을 감당하지 못해서 갈증이 나고 몸이 상하게 되는데, 그때 고통이 매우 심합니다. 이 약을 먹고 성공한 사람이 거의 없습니다. 만일 있다면 '진시황(秦始皇)'이나 '한무제(漢武帝)' 정도인데, 그들이 성공했다면 죽지 않고 지금도 당상에 위엄 있는 자세로 앉아 있어야 합니다. 어찌하여 묘연(杳然)[90]하여 숨소리도 들을 수 없을까요? 지금 저의 말은 모두 이전 사람들이 먹다 토해낸 과일의 씨이지, 결코 저의 생각은 아닙니다. 이해해 주시기 바랍니다.

89 방사(方士)는 신선(神仙)의 술법(術法)을 닦는 사람을 말한다.
90 '묘연(杳然)'은 소식이 없어 행방을 알 수 없음을 말한다.

15

수 행(修行)

출가해서 수행하려는 무슬림이 있다면, 우선 그의 부모가 죽을 때까지 기다려야 합니다. 자신을 낳아 길러준 부모가 걱정하지 않도록

해야 합니다.[91] 다음에는 자녀가 결혼해서 자신을 대신해 가문을 지킬 수 있어야 합니다. 다음에는 채무(債務)를 모두 갚고 몸 밖의 근심이 없어야 합니다. 만일 어떤 사람이 자신의 채무를 갚지 않았다면, 채무 계약서를 찾아 그 사람에게 돌려주면서 자신과 관련된 일을 깨끗하게 정리해서 조금도 구애(拘礙)받지 않아야 합니다. 그런 후에 출가해서 수행할 수 있습니다. 출가수행은 속세와 관계를 단절하고 오직 자신과 진주 사이의 계약만이 남는다는 것을 의미합니다. 또한 (이슬람의

91 하디스에 기록하기를, 압둘라 이븐 암린 븐 알-아시가 전하는 바에 따르면, 한 남자가 선지자께 다가가서 물었다. "저는 사도님께 맹세컨대, 히즈라(악과 불의를 떠나 선과 정의를 찾아가는 것)와 지하드에 나갈 준비가 되어 있습니다. (그것으로 인해) 알라로부터 보상받기를 원합니다." 그분이 말씀하시길, "너의 부모 중 살아 계시는 분이 한 분이라도 있느냐?" 그가 말하기를 "예, 두 분 모두 살아 계십니다." 그분이 말씀하시길, "그러면 알라의 보상을 받기를 바라는가?" 그가 말하기를, "예." 그분이 말씀하시길, "그러면 너의 부모님께 돌아가라. 그리고 그분들과 같이 살면서 그분들께 효도하도록 하라."고 하였다.

출가는) 대낮에 하늘을 나는 술법이나 심오한 담론(玄談)[92]과 적멸(寂滅)[93]을 이야기하는 유파(流派)와는 다릅니다.

우리 이슬람의 성인(聖人)은 일이 미미할 때나 발생하기 전에 예방합니다. 사람들이 무리를 지어서 은둔하거나 현실의 실정에 맞지 않은 행위를 흉내 내는 것을 방지하기 위해서 위의 여러 조건을 갖춘 후에 비로소 출가해서 수행하도록 하고 있습니다. 그렇게 하지 않으면 절대 출가할 수 없습니다. 또한 말하기를, 사람은 군왕에게 충성해야 하고, 부모에게 효도해야 하며, 친구를 사귐에 신의를 지켜야 하며, 처자와 하인을 잘 돌보고, 과부나 고아같이 약한 사람들을 잘 돌봐 줄 수 있어야 하고, 재계와 예배를 빠뜨려서는 안 되며, 좋은 일은 급히 실천해야 합니다. 하지만, 이런 일들은 출가수행의 공덕(功德)과 비교하면 어찌 하늘과 땅 차이뿐이겠습니까? 결론적으로 말하면, 우리 이슬람의 경전에는 모두 인륜을 중요시하고 은둔하지 않는 것을 무엇보다도 중시합니다.

무슬림이 출가에 대해서 조금이라도 생각한다면, 무엇보다도 음식을 점차 줄이고, 1년여 후에는 한 달에 한 끼 먹어도 될 정도에 도달해야만 비로소 출가할 수 있습니다. 자신의 몸과 관련된 일을 반드시 예방한 후에 세상과 이별하고 산속으로 들어가야 합니다. 아침에는 사슴을 보고, 저녁에는 원숭이와 학의 울음소리를 듣고, 샘물을 마시고, 과일과 채소를 먹고, 누워서 석양을 보고 향기로운 풀 위에 잠을 잡니다. 날씨가 화창하거나 흐리거나, 바람이 불거나 비가 내리거나, 구름이 모

---

92 '현담(玄談)'은 깊고 오묘한 이치에 관한 이야기이다. 대표적인 현담으로 중국 위진시대 현학자의 철학 담론을 들 수 있다. 그들은 현실의 정치적인 문제에 관심보다는 세계의 본질을 논하거나 자연을 즐기고 미신에 관심을 가졌다.

93 적멸(寂滅)은 불교(佛敎)에서 번뇌(煩惱)의 경지(境地)를 벗어나 생사(生死)의 괴로움을 끊음, 죽음, 입적(入寂), 열반(涅槃)을 의미한다.

이거나 흩어지거나, 낮이 길고 밤이 짧거나 등에 초연하면서 세속인에게 끊임없이 일어나는 생각을 단절해야 합니다. 그는 산 정상과 강변을 자유롭게 산책할 수 있고, 동굴이나 절벽 위에서 편하게 쉴 수 있습니다. 이러한 경지에 도달하면, 마음이 초연(超然)해지고 만물의 소리가 고요해집니다. 한순간이 속세의 수천 년이 됩니다. 그 사이를 오르고 내리고, 우러러보고 내려보고, 얻고 잃고, 흥하고 쇠하고, 천지와 혼연히 하나가 되며, 조물주와 함께 노닐 수 있습니다. 홀로 얻은 재미를 누가 느낄 수 있겠습니까?

우리 이슬람에서의 출가는 대략 이와 같습니다. 무릇 말하거나 침묵하거나, 움직이거나 고요하거나 등 일상의 일을 지키면서 세상을 살아가는데, 조금도 예외가 없습니다. 이슬람이 다른 종교와는 분명히 다릅니다. 제가 어찌 감히 (이슬람을) 다른 종교와 비교하면서 논하겠습니까? 마침 당신의 질문에 회답해야 하기에 부득이하게 상세히 살피고서 사실대로 말씀드렸으며, 이 기회를 빌려서 우리 이슬람의 진리를 알려드렸을 뿐입니다.

16
결 어(結語)

손님은 '예', '예'하고 고마워하면서 말하였다.

선생의 이슬람이 중국에 유입된 이래로 교리와 교의를 공개적으로 밝힌 적이 없었습니다. 선조가 부모에게 전하고, 부모가 자식에게 전해지면서 종교 의례를 수행하였을 뿐이며, 그 자손들이 함부로 바꾸려고 하지 않았습니다. 이슬람이 이처럼 근본이 있는 종교라는 것을 그 누구에게서도 들어 본 적이 없습니다. (선생과 대화를 통해서 이슬람이) 근본을 지닌 학문이라는 것을 알게 되었습니다. 오늘 이후로 정중하게 가르침을 청할 것이며, 반드시 얕은 지식으로 바다와 같이 넓고 심오한 이슬람을 억측(臆測)하지 않겠습니다. 비록 그러하나, 여러 학파의 저술을 공부하지 않으면 분명하게 알 수 없고, 의문을 깊이 있게 연구하지 않으면 풀리지 않습니다. 지금 내가 하루 동안 선생과 대화를 나눈 것이 어찌 수많은 말뿐이겠습니까? 나는 의문이 확연히 풀렸습니다. 하지만 저 이외에도 이슬람의 행위 방식을 이해하지 못한 사람이 많습니다. 선생은 어찌 이 문답을 정리해서 책으로 출판하지 않으십니까?

이슬람을 의심하는 사람이나 토론하려는 사람들이 (이 책을) 읽고 분명하게 이해하도록 하지 않으십니까? 이렇게 하면 모두에게 이로울 것입니다. 이 책은 사람들이 이슬람의 교의를 본받도록 할 수 있고, 사람들에게 교리를 전할 수도 있을 것입니다. 내년에 저는 선생에게 문답한 서적을 요청할 것입니다. 부디 잊지 마시고 기억해 주시기 바랍니다.

손님은 이야기를 마치고 바람처럼 떠났다.

나는 후학으로서 자질이 부족하고 번잡한 공무를 맡으면서 바빴고, 글의 문채가 부족해서 (이 책이) 널리 알려지지 않을 것을 늘 걱정했습니다. 손님의 요구가 매우 정성스러워 거절할 수도 없고, 또한 손님과의 대화의 목적이 좋은 문장을 얻기 위한 것이 아니라 이슬람의 교리와 규범을 밝히는 데 있었습니다. 비록 나의 말과 뜻이 화려하지는 않지만 타 종교인이 품고 있던 이슬람에 대한 의문을 풀고 그들의 비난을 해소하고자 할 뿐입니다. 다시 말하면, 사람들의 이슬람에 대한 의혹은 문장이나 언어적인 문제는 아닙니다. 어찌 자신이 살 집을 지으면서 길 가는 사람에게 물을 필요가 있겠습니까? 훗날 후회하지 않기 위해서라도 독자의 비판을 두려워하지 않고, 동료들에게 가르침을 청하고자 인쇄해서 책으로 출판하고자 합니다. 이후에 어진 사람이 잘못된 부분을 가르쳐 준다면 보완하는 데 도움이 될 것입니다. 혹시 먼 곳에 있는 동지들이 이 책을 보고 혹 취할 내용이 있거나, 이 책이 널리 읽힐 수 없다면 새롭게 저술하여 넓은 지식으로 이슬람을 전달하는 것도 괜찮습니다. 이것이 나의 소원(素願)이며, 이것이 내가 『청진석의』를 지은 의도입니다.

〈진대소(陳大韶)의 평론〉

회음후열전(淮陰侯列傳)[94]에서 한신(韓信)이 병사를 통솔하면서 많으면 많을수록 좋다고 한 적이 있다. 이는 이치에 밝고 군법을 갖추어서, 나아갈 때 나아가고 그쳐야 할 때 그쳤기 때문이다. 김천주 선생은 손님과 주고받으면서 대화했는데, 그의 말은 마치 천층(千層)의 누대(樓臺)처럼 그리고 상산(常山)의 뱀[95]과 같은 기세로 상세하게 말하면서 그 뜻을 드러내었고, 말의 조리와 변화는 논거가 충분하고 구조가 엄밀하였다. 다른 것을 교차시키는 방식(遙接法)을 사용해서 (이슬람과 유학의)의 같은 점을 밝히고, 유형에 따라 배열하는 방식(類敘法)을 사용해서 정밀하지 못한 것을 드러내었으니, 논변에 능한 사람이라고 하더라도 그와 논하기에는 부족할 것이다. (그의 재주와 학문은) 마치 바닷물과 조류를 겸하고 있는 것과 같으며, 그가 창려(昌黎)[96]와 미산(眉山)[97]에서 공부한 시간이 오래되었음을 알게 해 준다.[98] 그가 논

---

94 진대소(陳大韶)는 『사기(史記)』「회음후열전(淮陰侯列傳)」에 등장하는 한신(韓信)에 관한 기록을 언급하면서 김천주의 『청진석의』를 평가하고 있다.

95 상산의 뱀은 『孫子』「九地」, "산의 뱀이라는 머리를 공격하여 꼬리에 이르고, 꼬리를 공격하여 머리에 이르고, 중간을 공격하여 머리와 꼬리 모두에 이른다(常山之蛇也, 擊其首則尾至. 擊其尾則首至, 擊其中則首尾俱至)"에서 나온 말이다. 이는 머리와 꼬리가 서로 호응하는 진법을 비유한 것이다.

96 한유(韓愈)는 당나라의 문인이자 사상가이다. 자(字)는 퇴지(退之)이며 선조가 창려(昌黎) 출신이므로 한창려(韓昌黎)라고도 불린다. 관료 집안에서 태어났으나 3세에 고아가 되어 형수의 손에서 자랐으며 어려운 환경에서 학문에 정진하여 유가를 비롯한 제자백가의 학문을 두루 섭렵했다.

97 소식(蘇軾)은 미산(眉山) 출신이기 때문에 '미산선생(尾山先生)'으로 불린다. 중국 송(宋)나라의 대문호이다. 자(字)는 자첨(子瞻), 호(號)는 동파(東坡), 시호(諡號)는 문충(文忠)이다. 아버지 소순(蘇洵), 동생 소철(蘇轍)과 함께 삼소(三蘇)라 불리며, 3부자(父子)가 모두 당송팔대가(唐宋八大家)에 속(屬)한다. 그의 문학(文學)은 송(宋)나라 뿐만 아니라 고려(高麗)에도 큰 영향을 미쳤다.

98 김천주가 이슬람을 가학으로 오랫동안 공부한 것을 비유하고 있다.

한 조리는 사람들의 일상적인 정서를 근본으로 하고, 사물의 이치에 의거하고, 선조가 전해준 규범에 따라 일을 행하였는데, 이는 결코 어긋난 행위가 아니다.

공자는 마면(麻冕)[99]이 변했으되 검소(儉素)하게 생활했고, 증점(曾點)[100]은 아버지가 좋아했던 검은 대추(羊枣)[101]를 차마 먹지 못했다. 사람들은 그 까닭을 알지 못하면서, 어찌 함부로 비난할 수 있겠는가? 모든 일은 오직 진리만을 따라야 한다는 것을 알아야 한다. 여러 이치와 인정을 고려해서 사물의 맥락을 추적해 보면 최후에는 공평함과 바름으로 돌아가는데, 이를 '진리'이라 말한다. 진리인 이상, 어찌 '이렇다', '저렇다'고 말할 수 있겠는가? 하물며 김천주 선생은 이슬람을 믿었을 뿐만 아니라 유가 학설에도 조예가 깊었으며, 시문에 능통하였고 재주가 뛰어난데, 어찌 다 헤아릴 수 있겠는가? 그의 두 아들은 관서(官署)에서 가학(家學)을 공부하고 있는데, 재주가 탁월하다. 장차 과거 시험에 참여하여 관료로 진출하기를 바란다. 나는 이전부터 김 선생을 흠모해 왔는데, 고루함을 헤아리지 않고 외람되게 비평하였다.

99 『論語』'子罕', "子曰, 麻冕 禮也 今也純 儉 吾從衆"에 나오는 용어이다. 공자는 "삼으로 만든 치포관(緇布冠)을 쓰는 것이 예에 맞지만, 지금은 생사로 만드니 검소하다. 나는 대중들을 따르리라."라고 하였다.

100 김천주는 '증삼'의 이름을 직접 언급하지 않고, 그와 관련된 공자와 맹자의 말에 근거해서 표현하고 있다. 『論語』先進, (曾點(曾晳)) "曰 暮春 春服旣成, 冠者五六人 童子六七人 浴乎沂, 風乎舞雩 詠而歸", 『孟子』盡心下, "萬章問, 敢問如何斯可謂狂也? 孟子曰, 琴張 曾晳, 牧皮者, 孔子之所謂狂也".

101 『孟子』「盡心下」에 나온다. "증석(曾晳)이 양조(羊棗, 검은 대추)를 좋아했으므로 증자(曾子)는 그 양조를 차마 먹지 못했다. 공손추가 물었다. "회자(膾炙, 회와 구운 고기)와 양조 중에 어느 것이 맛이 있습니까?" 孟子께서 말씀하셨다. "회자겠지.", "그렇다면 증자는 어찌 회자는 잡수시고 양조는 잡수시지 않았습니까?" "회자는 다 같이 좋아하는 것이지만, 양조는 아버지 홀로 좋아하셨던 음식이기 때문이다." (曾晳, 嗜羊棗, 而曾子不忍羊棗. 公孫丑問曰, 膾炙與羊棗孰美. 孟子曰膾炙哉. 公孫丑曰然則曾子, 何食膾炙而不食羊棗. 曰膾炙, 所同也. 洋棗, 所獨也) 증자는 그의 아버지 증석이 좋아한 검은 대추를 차마 먹을 수 없었다고 하였다.

교습 간용(教習揀用) 지현(知縣) 초북송자(楚北松滋) 동년 진대소(陳大韶)가 머리를 조아리며 삼가 짓다.

17
서서(書敍)

예로부터 큰 도(大道)가 밝게 전해지는 것은 마치 일월이 하늘에서 운행하고 강이 대지에 흐르는 것과 같이 분명한데, 어찌 의심할 수 있겠는가? 또한, 어찌 일일이 논박할 필요가 있겠는가? 우주는 끝없이 넓지만, 중국과 외국은 구분된다. 사람이 진리를 체득하는 데 각자가 입문하는 방법과 쉽고 빠른 비결이 있다. 그 일을 학습하지 않는 자들은 그 일을 이단의 단서로 여기고, 마침내 그것을 비난한다. 그 일의 미언대의(微言大義)[102]를 숨기고 가리니, 그 진리를 드러낼 수가 없다. 이 진리를 지닌 사람들은 그 학술을 널리 알려야 하는데, 통속적이고 쉬운 방식으로 사람들이 마음으로 깨닫게 해야만 저들의 의심이 얼음과 눈이 녹듯이 자연스럽게 해소될 것이다. 예컨대 이슬람의 경전은 서역 천방국(天方國)에서 유래하였고, 지극한 성인인 무함마드가 시조(始祖)를 계승해서 마음으로 전했다. 그 근원은 멀고 그 흐름은 오래되었고, 그 도(道)는 광대하다.

---

102 '미언대의(微言大義)'는 '말은 간단하지만 심오한 뜻을 지니고 있음'을 의미한다.

문헌에 상세하게 기록되어 있다. 당(唐) 태종(太宗, 627~649) 때 무함마드의 수제자인 사드 빈 아부와카스(Sad Bin Abu Wakkas 塞尔德·宛噶思)가 명을 받고 중국에 이슬람을 전파한 이래로 지금까지 천여 년의 역사를 지니게 되었다.[103] (중국 무슬림은) '신앙의 증언(Shahadah 認), 예배(Salah, Salat 禮), 종교적 희사금(Zakah, Zakat 齋), 금욕적 단식(Sawm 課), 메카 순례(Hajj 遊)'를 신앙의 기본강령으로 삼고, 효제(孝悌), 충신(忠信), 예의(禮儀), 염치(廉恥)를 신앙의 조목으로 삼고 있다. 이슬람의 큰 가르침에는 오륜(五倫)과 다섯 가지 일(五事)을 반드시 준수하도록 요구하는데, 이는 유학과 다르지 않다. 그러나 음식과 복장에 관한 제도와 관혼상재(冠婚喪祭)의 전례(典禮)는 소박한 풍속을 따라서 이슬람(淸眞)만의 함의(含意)를 취하고 있다. 수백 년 동안 (이슬람 교의와 법규를) 준수하면서 마음대로 바꾸지는 않았다.

그러나 일부 무슬림은 (이슬람 교의와 법규를) 준수하면서도 그 진의(眞義)를 드러내지 못하였거나 상세하게 학습하지 않은 자들이 반신반의하면서 (이슬람은) 구속이 많고 행하기가 어렵다고 생각한다. 심지어 일부 사람들은 냉정하게 이슬람을 버리면서, 선조가 물려준 좋은 규범을 훼손시키고 다른 길로 나아간 자들도 있었다. 이러한 의혹은 반드시 해소되어야 한다.

또한, 일부 타 종교인은 (무슬림이) 규범을 엄격하게 준수하는 것

103 이에 관한 역사적 기록은 없고 중국 무슬림 사회에서 구전으로 전해지고 있을 뿐이다. 구전에 따르면, 무함마드의 외숙부이자 카디사아 전투의 사령관인 사드 빈 아부 와카스(Sad Bin Abu Wakkas)가 중국에 이슬람을 전했다고 한다. 명말청초(明末淸朝) 무슬림 학자인 유지(劉智)는 그의 저서인 『지성실록연보(至聖實錄年譜)』에서 와카스가 아랍에서 중국을 방문해서 이슬람을 전파하였으며, 장안(長安)에 도착한 후 당 태종을 알현하고 '청진사(淸眞寺)'를 건립하였고, 그 후에는 광주(廣州)에서 이슬람을 선교하다가 죽었다고 기록하고 있다.

만 보고 그 깊은 경위는 고찰(考察)하지 않고서 여러 측면에서 비난한다. 이러한 의혹 또한 해소해야 한다. 나의 바람을 실현하지 못하다가 다행스럽게도 을묘년(乙卯, 1735) 지방에서 거행된 과거 시험에 합격하였고, 을축년(乙丑, 1745)에 북경에서 시행된 시험에 참여하기 위해 북경으로 올라왔는데, 봄 시험이 끝난 후 사역관에 머물면서 존경하는 나의 친구에게 『청진석의』 서문을 부탁했다.

무릇 선비와 군자가 독서를 통해서 진리를 밝히려는 목적은 후세에 전해서 오랜 세월이 지나도 사라지지 않고 여러 세대를 지도하여 미혹되지 않도록 하는 데 있다. 그렇다면, 그 진리(道)가 어찌 둘이겠는가? 진리는 모르는 것을 알게 해 주고 의혹을 해소해 준다. 의혹을 해소해야만 전해질 수 있다. 진리를 전하는 학설이 비록 같지는 않지만, 그 목적은 같다. 바로 삼강오상(三剛五常)[104]과 하늘(天)과 사람(人)의 일이 서로 다하도록 하는데 있다. 그 유형을 보면, 하나는 도덕 인륜을 세상에 전하는 것이고, 다른 하나는 공리적인 지식을 세상에 전하는 것이다. 그중에서 가장 오랫동안 전해지고 가장 완전하게 드러낸 사람들로는 공자의 후학을 능가할 사람들이 없다. 왜 그런가?

유학의 도통(道統)을 제창하기 전에는 천하 사람들은 저 요순(堯舜)과 삼대 임금(하(夏)나라의 우(禹), 상(商)나라의 탕(湯), 주(周)나라의 문(文)과 무(武))의 도(道)가 온 세상을 다스리고 영원할 것이라고는 생각하지 않았는데, 어찌 마음에 의혹이 없고 입으로 비난하지 않았겠는가? 그러나 한번 분명하게 강론하자 의혹이 해소되었다. 그래서 지금 사람들은 요순과 삼대 임금의 도(道)를 따를 줄 알고, 동시에

104 三綱은 『白虎通』, 「三綱六記」에서는 "三綱者 何謂也? 君臣, 父子, 夫婦也"라고 하며, 孔穎達의 『禮緯含文嘉』에서는 "君爲臣綱, 父爲子綱, 夫爲妻綱"으로 설명한다. 五常은 仁義禮智信을 말한다.

유학자들을 앙모(仰慕)할 줄 알게 되었다. 그래서 맹자는 "나는 공자의 문도(門徒)가 될 기회가 없었다. 그러나 나는 묵묵히 그를 사숙하였다."[105]라고 하였는데, 맹자 또한 의혹이 사라진 후에 도를 깨달았음을 말하고 있다. 혼자서 곰곰이 생각해 보건대, 공자가 산동 곡부에서 제자들을 가르칠 때 수 많은 문도(門徒)가 그를 따랐다. 공자는 평민의 신분으로서 제자를 가르치고 누추한 형문(衡門)[106]을 지키면서 사수(泗洙)에서 배고픔을 즐기고 있었을 뿐이다. 당시 사람들은 그가 높은 사회적 지위에 있었거나 말 사천 필(千駟)[107]을 소유할 정도의 부자라고 말하지는 않았다. 그런데 왜 그를 따른 사람들이 그렇게도 많았는가? 이는 공자가 오랜 세월 동안 백성들을 가르치기를 바랐기 때문이며, 그의 가르침은 오랫동안 끊어지지 않았다.

그러나 눈 깜짝할 사이에 긴 세월이 흘렀다. 마침내 얻기 어려운 행운을 얻게 되었다. (나는 운이 좋아 교습이 되었다.) 그러나 몇 마디 말로 도(道)를 밝혀 사람들의 의혹을 충분히 해소할 수 없다면 행운을 얻지 못한 것과 같으며, 이 행운은 헛되게 될 것이다. 성인의 가르침 모두 몸소 실천하는 것(躬行)을 숭상하고 경박하게 잘난 척 하지는 않았다. 공자는 일찍이 제자들을 가르치면서 "말은 뜻을 전달하는 데 있을 뿐이다."[108]라고 하였고, 또한 "학문에 대해서라면 아마도 내가 남보다 못하지 않겠지만, 군자의 도리를 몸소 실천하는 단계에는 내가 아직 도달하지 못했다."라고 말하였는데, 이는 몸소 실천하는 것을 바랬

105 『孟子』「離婁」(下), "予未得爲孔子徒也, 予私淑諸人也"

106 두 개의 기둥에다 한 개의 횡목을 가로질러서 만든 허술한 대문(大門)이라는 뜻으로, 은자(隱者)가 사는 곳을 이르는 말이다.

107 '駟'은 하나의 수레를 끄는 네 필의 말 또는 네 필의 말이 끄는 수레를 말한다.

108 『論語』「衛靈公」, "辭達而已矣"

던 것이 아니겠는가?[109]

옹정(雍正) 4년(1726) 나는 선친의 묘에 성묘하기 위해 북경에 들어갔었는데, 한림원 사역관의 전임 관장이 과거 시험을 공지하는 것을 우연히 보고 응시해서 등과(登科)하고 현재까지 이 직위에서 19년을 역임하였다. 사역관의 업무는 이미 익숙하고 깊이 알고 있었지만 하급 관료로서 생각한 만큼 국가에 보은할 수 없음을 부끄럽게 여기면서, 조심스럽게 맡은 직무만을 수행하며 방종(放縱)한 자들에 속아 임금에게 실망을 주지 않기 위해 노력하였다. 나의 행위가 세상의 도리에 어긋나면 세상 사람들이 이단이라고 비방할 수 있기 때문에 직책을 맡은 초기에는 아첨하면서 비위를 맞추려고 하지 않았고, 마칠 무렵에는 정도(正道)의 취지를 변경해서 옛 방식을 바꾸려고 하지 않았다. 만일 겉과 속이 다르고 언행이 일치하지 않는다면, 소인배들도 그것이 잘못된 것임을 아는데, 하물며 품행이 고상한 군자가 모르겠는가?

예컨대, 황제가 사역관의 오래 누적된 폐단을 물으신 후에 지극한 정성으로 훈도해 주셨다. 다음과 같이 말씀하셨다.

> "우리가 헌신할 각오로 조정의 관원이 되었다면, 이 몸은 자신의 것이 아니다. 그대들은, 남의 밥을 먹는 자는 남의 걱정도 나누어야 한다는 말을 듣지 못했는가? 사역관에 근무하는 백여 명의 관리를 보라! 매년 개인의 봉록으로 천여 량의 은자(銀子)를 받는데, 이것은 모두 백성이 국가 대사를 위해 기탁한 돈이다. 여러분 또한 교습(敎習)을 담당하고 있는 이상 백성을 위해

---

109 공자는 『論語』 「述而」에서 "文莫吾猶人也, 躬行君子, 則吾未之有得"라고만 하였다. 이 문장 뒤에 "是非, 望于躬行乎" 는 출처가 어디인지 분명하지 않으며, 김천주가 잘못 기록한 것 같다.

일할 책임이 있다. 조정에서 해야 할 일이 있는데, 어찌 하나하나 상세하게 의론하지 않을 수 있겠는가? 아쉽게도 많은 사람이 이러한 의무를 다하지 않는다. 지금 알기만 하고 말하지 않는다면 그 안에 잠재해 있는 우환은 점점 더 커질 것이다. 또한 한(漢)족과 소수민족을 구별하고, 단아한 해서체(楷書體)[110]는 진(秦)이 최고라는 등의 이야기를 하지 말아야 당신들의 직무를 다할 수 있다. 설사 문학과 예술에 밝고 글자를 깔끔하게 쓴다고 하더라도 이런 능력은 단지 인생에 있어 하나의 미학적 기능에 불과하다. 그래서 성인과 현인은 평소 이런 능력을 중시하지 않았다. (성인과 현인은) 격물치지(格物致知), 성의정심(誠意正心), 수신(修身), 제가(齊家), 치국(治國), 평천하(平天下)의 도리를 분명하게 말하면서 사람들이 사심과 잡념을 극복해서 천리(天理)를 회복하고 진실한 마음으로 행동하도록 가르쳤다. 이렇게 하는 것이 진정한 학문(學文)이며, 이러한 마음으로 문장을 써야 비로소 몸과 마음의 성명(性命)에 도움이 될 것이다. 덕을 밝히고(明德) 백성을 새롭게 하는 것(新民) 또한 여기에 있다. 우리는 성인과 현인을 스승으로 삼아야 할 것이며, 한 가지만 할 수 있는 선비는 학문이 부족하다."

당시 황제의 가르침을 들은 후에 우리들의 염려와 의혹은 모두 해소되었고, 황급하게 황제에게 몇 가지 문제를 상주(上奏)하고 우리의

---

110 해서체(楷書體)는 당나라 때는 예서(隸書)라고 불렀으며, 현재는 해서(楷書)라고 한다. 주로 공문서에 이용된 양식이며, 글자의 모서리가 깔끔하고 다양한 두께의 곧은 획이 특징이다. 당나라 때에 최대의 전성기를 맞아 가장 중요한 서체가 되었다. 해서는 현재 사용하는 표준서체와 인쇄체의 전형으로 남아 있다.

잘못을 용서해 주시기를 청하였다. 얼마 후 조금씩 개혁하자 곧 활기가 돌았다. 항목마다 비용을 절감(節減)하기 위해서 살피고 논의하니 많은 이익이 생겼으며, 허가증이 발급되지 않는 것을 바로잡으니, 권력을 남용하는 일이 완전히 사라졌다. 그 이외에도 결정권을 상급 관료에게 돌려주자 모리배(謀利輩)들이 감히 다시 전횡할 수 없었고 조정의 법규를 존중하였다. 어떤 사람은 하층민을 돕고 유약한 사람들이 자립할 수 있도록 도와주니 인재를 배양하는 교육이 저절로 발전하였다. 시험 관련 조항에서는 시문(詩文)으로 고지(告知)하고 유능한 인재를 선발하자 시골의 가난한 선비들이 잠시나마 의지할 수 있었다.

스승을 배알하는 과정에서 그 시를 짓고 읊은 멋을 볼 수 있었다. 오래지 않아 스승을 모시던 일부 벗들은 옛 동창을 그리워했는데, 문하생이 된 지 얼마 되지 않아 공부하러 멀리 떠났다는 탄식을 자주 들었다. 그들의 찬란한 시문이 널리 알려지자 과제를 매월 수합해서 그 중에 아름다운 시문(詩文)을 뽑아서 책으로 출판하였다. 따라서 책을 구하려는 사람들이 문을 가득 메웠고, 시장의 종이 가격은 두 배로 올랐으며, 글을 배우려 찾아온 사람들이 정원에 가득 찼고, 그중에는 준재(俊才)들이 참으로 많았다. 이때 온갖 행운과 복이 모여들었으니 경사스러운 일이 아니겠는가?

일부 사람들이 중첩된 일들을 나눈다는 논리로 패거리를 연이어 임용하면서 감독관이 문제 삼지 않기를 바랐다. "땅을 빼앗아 깨끗하게 돌려준다"는 이 말은 표면적으로는 좋게 이야기하는 것처럼 보이지만 실제로는 비난하는 말이다. 다른 사람의 중상 비방을 어찌 피할 수 있겠는가? 군자(君子)의 언행은 백 대를 지나도 새로운데, 성품이 악한 사람의 모략을 어찌 두려워하겠는가? 당신은 나의 말을 경청(敬聽)하고 피하지 말라. 그들은 주재(天)의 존재가 있음을 알지 못하고 날마다 사람들을 재앙과 복으로 속이는데, 이런 사람의 태도는 일반인들이 (자신을) 섬기고 따르게 하고 몰래 두렵게 하여 자신의 목적을 달성하기 위한 것이다. 그러나 맑고 지조 있는 선비는 권세에 영합하지 않는다. 그래서 이전의 선조를 생각해 본다.

회교(回教)는 원래 '청진(淸眞)'이라 불렀다. '淸'은 무슬림의 행위가 그 탁한 일을 멀리 피한다는 의미이다. 청진(이슬람교)에 귀의하려는 사람은 여러 사악함과 결탁해서 복을 얻고자 해서는 안 된다. 단지 진재(眞宰)만을 섬기면서 그 명을 따라서 참된 것을 보존하고 거짓을 제거해야 하는데, 이는 천도(天道)를 밝힌다는 의미이다. 이슬람은 수당(隋唐) 때 중국에 유입된 이래로 대대로 국가의 법을 지키면서 살아가는 평민었으며, 결코 딴 마음을 먹지 않았다. 국가를 분열시키려 하지 않았고 부모에게 효도하고 연장자를 공경하였다. 살아 계실 때에는 돌보아 주고 죽으면 장례를 치르는 등 각종 사회의 예속(禮俗)을 분명하게 이해하고 준수하면서 사람의 도리(人道)를 다하고자 했다. 무슬림이 독서하고 관직에 나아가는 방식 또한 일반인과 같았다.

이슬람 경전을 한자음으로 번역하지 않는 이유는 음조의 원형이 변해서 원래의 교리와 규범을 잃어버릴 수 있기 때문이다. 이는 마치 한문을 읽는 사람이 반드시 한자를 알아야 하고 통일된 성조를 파악하면, 그 원래의 의미를 더욱 분명하게 알 수 있는 것과 같다. 이슬람의 재계, 예배, 수신, 제가, 치국, 평천하의 이치와 존심양성(存心養性)의 학문을 외부(外部) 사람들에게 강론(講論)하지 않으면, (외부 사람들이) 어떻게 깊이 이해할 수 있겠는가?

지금 세계는 넓은데 어찌 만국에 그치겠는가? 사역관(四譯館)[111]에

111 서역관을 처음 설치하면서 韃靼(몽골), 女眞(女眞), 回回(위구르), 西番(西藏), 西天(印度),

는 여덟 나라의 책이 소장되어 있다. 각 관의 글자는 4천 자를 넘지 않는다. 유독 서천관(西天館)에서 수집한 인도 문자는 이상하게도 단지 800여 글자뿐이다. 각 국가가 보존하고 있는 글자를 비교해 보면, 짐작컨대 대략 100에서 1000개의 차이에 불과하다. 이들 문자를 편리한 한자와 비교해 보면, 널리 사용하기에 수량이 부족하다. 그러나 대국(大國)의 전적 문헌은 상세히 대조해서 확인하지 않는 것이 없다. 대략 생각해 보면, 군주가 있으면 저절로 제도가 생기기 마련이다. 문자는 한 사람이 제정한 것이 아니다. 그러므로 각 국가에는 그 나라의 자획(字畫)이 있고, 반드시 각 국가에는 그 나라의 전례(典禮)가 있어야 한다.

지엽적인 부분에서는 비록 차이가 있지만, 강상윤리는 모두 같다. 그렇지 않다면, 결국 귀하고 천함, 어른과 아이, 예악과 형벌이 없게 되는데, 그렇다면 어떻게 국가를 다스릴 것인가? 어떻게 가정을 다스릴 것이며, 어떻게 백성을 편안하게 해 줄 수 있겠는가? 어떻게 사직(社稷)이 오래갈 수 있도록 하겠는가? 이것으로 생각해 보면, 각 국가에 서적과 문자가 없다면 동물 세계와 다를 바가 없다.

무릇 일에는 모두 마땅한 이치가 있다. 『대학(大學)』 첫 장에 치지격물(致知格物)을 언급하고 있다. '치지(致知)'는 그 신심(身心), 성명(性命), 국가, 천하의 이치를 아는 것이며, '격물(格物)'은 공과 사, 옳음과 그름, 거절과 수용, 취함과 베풂의 의미를 궁구하는 것이다. 그렇게 하면 자신과 남의 일이 혼란스럽지 않게 되는데, 이를 '치지(致知)'라 하고, 이를 '격물(格物)'이라 한다. 가령 사람들이 그 이치를 알지 못하면 마침내 그 일에 의혹을 품는다. 그 일에 의혹을 품으면 그 마

百夷(傣族), 高昌(維吾爾) 緬甸(미얀마) 등 8개 관을 두었다.

음이 어지럽게 된다. 그래서 매번 잘못된 의론이 더해져서 함부로 행동한다. 비록 중국 무슬림 선배들이 서적을 많이 저술하였지만, 모두 이슬람의 위대한 교리와 제도(大經大法)를 밝히고 문장이 심오하고 의미가 두터웠지만, 현실의 의혹을 해소하기 위해서는 노력하지 않았다. 이를 오랫동안 유감으로 생각해 왔다.

그러나 평소 이슬람 교의를 공부하면서 늘 한문을 사용해 이슬람의 의미를 밝히고자 하였지만, 문사(文辭)가 평범하고 행실이 돈독하지 못해서 당대의 지식인들로부터 비웃음이나 받지 않을까 매우 걱정하였다. 건륭(乾隆) 2년(1737)에 외람되게도 황제가 베푼 은덕을 입어서 번역 장교(掌教)의 직책을 맡으며 회회관(回回館)의 교사를 겸직하였다. 교과서에 주석을 달고 글자를 교정하면서, 풍속, 인정, 일상 예절에 관해서 하나하나 분명하게 밝히고자 노력하였다. 위로는 조정이 베풀어 준 은덕에 보답하고, 다음으로는 선조의 가르침을 밝게 드러내어서 세상 사람들의 미혹을 없애고자 하였다. 사람들이 책을 읽을 때 마주 보면서 대화하듯이 쉽게 표현하여, (이슬람이) 강상윤리에서 벗어나지 않는다는 것을 알게 해서 무슬림의 행위 방식에 관한 의혹이 저절로 사라지게 하였다. 의심이 한번 풀리면 인류는 공존할 수 있다. 이 책은 바로 이때에 맞추어 편찬한 것이다. 이에 신의 도움으로 한 달도 채 되지 않은 기간에 책을 완성하고, 1년 동안 수정과 윤문을 거친 후에 『청진석의(淸眞釋義)』로 서명을 붙였다. 서명을 이렇게 붙인 이유는 사람들이 청진(淸眞)의 의리에 관한 의혹이 오랫동안 해소되지 않았고, 그 의혹을 해소하기 위해서는 책을 집필할 필요가 있다고 생각했기 때문이다. 말로써 답변하는 것은 한때만 할 수 있지만 책으로 답변하면 백세 만대에 전할 수 있고 온 천하에 알릴 수 있다. 위대하도다! 옛 성현이 책을 쓰신 교훈(教訓)은 사람들이 끊임없이 그것을 따르도록 하는 데 있다.

『청진석의』를 탈고한 지 이미 오래되었지만, 보관하면서 감히 세상에 내놓지 않았다. 호북성(湖北省) 송자현(松滋縣) 출신으로 공생(貢生)[112] 시험에 선발되어 관학 교습(敎習)을 맡은 이가 있었는데, 성은 진(陳)씨이고 이름은 대소(大韶)이다. 평소 친구로 친하게 지냈다. 그는 이 책을 우연히 발견해서 한 달 동안 읽고 졸저에 대해서 평가를 해 주었는데, 크게 감동받고서 자신의 의견을 다음과 같이 말하였다.

> "나는 일찍이 이슬람이 불교에 가깝다고 의심했는데, 복을 구하기 위해 귀신에게 제사 지내지는 않는다고 말한다. 또한, 도교에 가깝다고 생각하였는데, 대낮에 하늘을 날아다니려 하지는 않는다고 말한다. 그 교리를 보니, 또한 군신, 부자, 부부, 형제, 친구와 같은 가르침이고, (무슬림 집단을 살펴보니 모두) 선비, 농민, 공인, 상인과 같은 보통사람인데, 유가와 다르지 않았다. 나도 또한 그들의 종교를 흠모하기 시작했는데, 이슬람은 사람의 마음을 견실하게 해주었다. (그들이) 불교와 도교에 빠졌다는 이야기를 들어본 적이 없다. 이슬람은 그들(불교와 도교)의 폐단을 깊이 이해하고서, 실제로 그들의 학문이 이단이라는 것

---

112 동양 전통 사회의 최고의 학위는 진사(進士)이다. 그들은 수도(修道)해서 회시(會試)와 전시(殿試)를 통하여 진사가 될 수 있었다. 그들은 자동적으로 중급의 관리에 임명되고, 관직 임용에 우선권을 부여하였다. 거인(擧人)은 향시(鄕試)에 합격한 사람을 말한다. 그들은 하급관리에 임명될 수 있는 자격을 지니고 있었다. 진사로 진입하는 수가 제한되어 있었기 때문에 거인 중 진사시험에 합격한 자들은 부(府), 주(州), 현학(縣學)의 교관(敎官)이 되는 경우가 많았으며, 회시에 합격하기 위해 국자감에 입학하려는 자들도 있었다. 이들은 학문적 측면에서나 관리의 직무 측면에서나 능력을 인정받았다. 공생(貢生)은 예비관료와 民을 구분하는 지위로서, 국자감에서 공부를 더 하게 하고 하급관리에 임명하기 위하여 선발한 초급 학위소지자를 말한다. 그들 중에 시험을 통해 뽑힌 정규 공생은 세공생(歲貢生), 은공생(恩貢生), 발공생(拔貢生), 우공생(優貢生), 부공생(副貢生) 등이 있었다.

을 알고 있었다.

우리 유학자 중 일부는 날마다 불교와 도교에 흘러 들어가 그들을 위해 책을 쓰고 이론을 세웠다. 또한, 그들을 부추기면서 "유교, 불교, 도교 세 종교(三敎)는 원래 한 학파이다."라고 말하는데, 그들 또한 알지 못하고 있다. 공자는 "이단을 전문적으로 공부하면 해로울 뿐이다."라고 하였고, 맹자는 "양주(楊朱)와 묵적(墨翟)을 막아야 한다고 말할 수 있는 자라야 성인의 제자가 될 수 있다."라고 하였으며, 한유는 "불교와 도교의 해로움이 양주와 묵자보다 심하다."라고 하였다. 나도 삼교(三敎)가 한 집안(一家)이라는 말을 들어서 알고 있다. 과연 한 집안인가? 성현은 이렇게 말하지 않았다. 만약 이렇게 말했다면, 반드시 한 집안(一家)은 아닐 것이다.

그대가 지금 한 집안(一家)의 말을 해석해 보면, 세상 사람들의 미혹을 해소할 수 있다. 저 불교와 도교는 먼저 부부가 없다. 그렇다면 어찌 자식을 낳아 기를 수 있겠는가? 자식을 생육할 수 없다면, 그 도(道)는 반드시 사라지게 된다. 두 종교(불교와 도교)를 숭상하는 사람에게 물어보자. 누가 우리 유학의 자손이 아닌가? 지금은 오히려 두 종교로 흘러 들어갔지만, 세상 사람들 또한 마음이 밝을 때도 있다. 만약 그들이 정신을 집중해 스스로 생각해 보면, 그 근원을 깊이 알 수 있을 것이다.

그러므로 "세 종교는 원래 한 집안이다."라고 말하는데, 사실은 "모두 유가의 사람이다."라는 말이다. "한 집안"이라는 것은 도(道)를 말한 것이 아니라 사람을 말한 것이다. 선생의 저서를 읽은 후에 나는 의혹이 해소되었다. 선생은 빨리 책을 만들어 천하의 의혹을 해소해 주시기 바란다."

하지만 끝내 감히 급히 인쇄하지는 않았다. 몇 년을 보관하다 보니 하마터면 소실할 뻔 했다. 그러다가 최근 진대소가 다시 와서 재촉하고, 이슬람 경전과 유학 서적을 공부한 이슬람 학자가 이 책을 보고 매우 기뻐하면서 인쇄하는 데에 도움을 주겠다고 하였다. 당시 마음이 조금 움직이기도 했지만 여전히 인쇄하지는 않았다. 그러나 왜 이 책을 필사해서 그들에게 보내 질정을 부탁드리지 못하겠는가? 아울러 서문을 청하여 책 앞에 실어 사람들에게 보여주고, 세상 사람들이 오랫동안 품고 있던 이슬람에 대한 의심과 비난을 시원하게 해소할 수도 있었을 것이다. 공경하고 사모하는 생각이 어찌 나뿐이겠는가?

또한, 일찍이 가르침을 들었는데, "천하에 물러나지 않을 자리는 없다."라고 한다. 지금 물러나기 전에 물러난 후의 일을 준비해야 한다. 그래서 나는 특별히 관의 사생들에게 13경 한 부를 나누어 베껴 쓰도록 명하고, 고향으로 돌아간 후에 읽고자 그것을 나의 사무실 책상 위에 두었다. 기분이 좋고 한적할 때에 펴서 읽다가 마지막 한 장을 넘기니 끝부분 낙관에 "어떤 사람이 삼가 글을 썼다."는 문구가 있었다. 정신을 집중해서 보니, 그 사람이 마치 보이는 것과 같았다. 생각해 보니 비애와 기쁨이 교차하면서 그리운 마음이 끝이 없었다. 앞으로 지금과 같이 함께 모일 수 없다고 생각하니 매우 슬펐다. 그렇다면, 왜 미래의 슬픔을 미리 예방하지 않는가? 옛사람이 "문자는 사람과 같다."고 말한 적이 있다. 맑은 마음으로 책을 보니 그날의 기개가 눈앞에 생생한 것 같았다. 이 또한 퇴임 후에 오래도록 누릴 수 있는 가장 좋은 방법이라고 생각했다. 설사 후일 홀로 앉아 있더라도 또한 여러분들과 함께 한 날들과 같을 것이니, 이 어찌 즐거운 일이 아니겠는가?

지금 황제가 이전에 볼 수 없었던 의식을 거행하였는데, 친히 한림원을 방문하여, 각 분야의 학자들을 불러 운(韻)을 주어 시를 짓게 하고, 돌에 새겨서 관내에 비(碑)를 세워서 영원히 이 일을 기억하게 하였다. 이는 황제가 인재 육성을 즐거움으로 삼았다는 사실을 영원히 기억해 주기를 바랐지만, 황제의 후손들이 그것을 감상할지는 모르겠다. 하지만 그들 또한 자신의 공적이 영원하기를 바랄 것이다. 진실로 『난정집서(蘭亭集序)』에서 말한 "미래의 사람들이 현재를 보는 것은 현재의 사람들이 과거를 보는 것과 같다."[113]는 의미이다.

황제의 고상한 도덕과 풍부한 학식이 겸해져 천 년 간 한 번 일어날 태평성대를 맞이하게 되었습니다. 지금 제가 우매(愚昧)함을 무릅쓰고 책을 당신에게 보내드리니, 오류를 수정해 주고 아울러 당신이 서문을 써 주시기를 간절히 바랍니다. 이는 또한 사임 후 고향으로 돌아가 즐기면서 어느 날 옛 생각이 날 때를 대비하기 위한 것입니다. 비록 환경은 다르겠지만 유유자적하는 즐거움은 같을 것이니, 만일 소홀히 해서 청하지 않으면 훗날 후회한들 무슨 소용이 있겠습니까? 다행히 이전에 팔관(八館)이 완공되던 날, 제가 기념시를 한 편 짓고 그 시를 설명하는 문자를 더해서 당신에게 보내드렸는데, 그때 당신의 가르침을 받은 적이 있습니다. 그 시(詩)가 사역관에 새겨져 있고, 사람들이 그것을 보면서 흠모한다고 들었습니다. 이 책을 널리 전하여 후인들이 항상 그것을 펴보면서, 우리가 남긴 정신적 양식을 모두가 사모하고 공적을 보기를 바랍니다.

왜, 이와 같이 말씀드리는 걸까요? (사람들의) 의혹을 해소하고 도(道)를 밝히기 위해서는 그대의 한 마디 중요한 가르침이 필

113 왕희지(王羲之)의 저서인 『난정집서(蘭亭集序)』 서문에 나오는 구절이다.

요합니다. 그대가 말씀을 아껴서 부탁을 들어주시지 않을 수도 있지만, 제 부탁은 여기에 적어 두었습니다. 더욱이 그대가 신분 지위를 고려해서 사소한 일에 관심을 두시지 않는다면, 이 또한 천하의 미혹을 풀 수 있는 일입니다. 그러므로 앞에서 말씀드린 바와 같이 학자들이 책을 읽고 도를 밝히고자 노력하는 것은 진리를 후세에 전하기 위한 것입니다. 오랜 세월이 지나도 사라지지 않고 백세(百世)를 바르게 해서 미혹되지 않게 하려면, 바로 지금의 의혹을 풀어주어야 합니다. 사람들의 의혹을 풀어주는 것은 오랜 세월 동안 천하의 백성을 가르치려는 마음이 있다는 것을 의미합니다. 천하의 백성을 가르치고자 하는 마음을 지니고 있다면, 누가 성인의 제자가 아니라고 말할 수 있겠습니까? 이는 저(天柱)의 비루(鄙陋)한 생각이니, 오직 대인의 넓은 아량으로 나를 가르쳐 주신다면 영광입니다.

부록1

중국이슬람과 김천주(金天柱)의 유학적 이슬람

1. 중국이슬람

1) 이슬람의 중국 유입과 전개

이슬람은 7세기 바그다드에서 시작해서 동쪽으로 실크로드를 따라서 이란, 중앙아시아를 걸쳐 중국에 전해졌다. 중국의 이슬람은 당나라 때 처음 유입되면서부터 지금까지 오랜 역사를 지니고 있다. 중국이슬람은 오랜 역사만큼 회회교(回回教), 청진교(清眞教), 대식교(大食教), 천방교(天方教), 천당교(天當教), 목교(穆教) 등 다양한 명칭으로 불렸다. 현재 중국의 무슬림 수는 3천만 명으로 추산한다. 하지만 홍콩이슬람연합회에서는 중국의 무슬림 수를 대략 5천만 정도로 추산하고 있다.[114] 그리고 중국의 55개 소수민족 가운데 회족, 위구르, 카자

114 위의 통계는 10개 소수민족만으로 추산한 것이며, 중국 최대 민족인 한족(漢族)과 나머지 45개 소수민족의 이슬람교도 수는 집계되지 않은 수치이다. 따라서 한족과 나머지 이민족

흐, 키르기스, 타지크, 우즈베크, 타타르, 사라, 바오안 등 10개의 민족이 이슬람을 믿고 있으며, 대표적인 무슬림 집단으로는 위구르족과 회족을 들 수 있다.

14세기 위구르족을 비롯하여 중앙아시아 일대에서 이슬람을 신봉하는 사람들을 '회족(回族)', '회회(回回)' 혹은 '회회족(回回族)'으로 불렀고, 回族이 믿는 종교라 해서 이슬람을 '回教[115]'라고 칭하였다. 그때만 하더라도 위구르족과 회족은 동일한 무슬림 집단의 다른 이름에 불과했다. 하지만 1884년 청나라가 신장(新疆) 위구르 지역을 중국에 복속시키면서 위구르족과 회족을 구분하기 시작했다. 청 왕조는 신장 인근 지역에 거주하면서 중국어를 구사하고 한족 문화에 동화된 무슬림을 군사로 선발하고, 그들을 그 지역의 관리로 발탁하였다. 중국 정부는 이들 무슬림을 회족이라고 칭하면서 위구르족과 구분하였다. 그리고 1949년 중국공산당 정권이 수립되고 신장 지역에 한족 문화를 정착시키기 위해서 본격적으로 위구르족과 회족을 구분하기 시작했다.

위구르족은 현재 중국의 서북쪽 변방에 거주한다. 이러한 지리적 이유로 인해서 위구르족은 중국의 한족 문화의 영향을 적게 받았다. 그들은 중앙아시아 투르크계의 민족으로서 중앙아시아 문화권에 속하면서 위구르어를 사용하는 등 중국과는 다른 독자적인 이슬람 문화를 형성해 왔다. 하지만 중국 정부는 자신들과는 다른 위구르족의 고유한 이슬람 문화를 분리주의 또는 테러주의로 간주하면서 탄압하고 있

들까지 합하면 대략 7천만 명에 이를 것으로 추산된다.

115 중국이슬람을 회교(回教)라고 부르는데, 여기서 '回'는 이슬람의 5대 의무, 즉 '신앙의 증언, 예배, 종교적 희사금, 금욕적 단식, 메카 순례'를 엄격하게 수행해야만 보다 좋은 내세로 돌아갈 수 있고, 그렇지 않으면 자기가 지은 죄만큼 내세로 돌아간다는 의미를 지닌다. 또는 이슬람 성지 메카에 있는 정사각형 카바 주위를 돈다는 의미로, 또는 알라에게 돌아간다(回)는 의미로 사용하기도 한다.

다. 중국 정부는 대규모의 한족을 이 지역으로 이주시키고 경제 발전을 추진하면서 위구르족을 한족 문화에 동화시키고자 한다. 이런 동화 정책의 일환으로 중국공산당은 위구르족에게 '중국공산당 종교 방침'을 따르도록 강요하고 있다. 중국공산당의 종교 정책에 따르면, 중국 무슬림은 일반 중국인과 마찬가지로 중국의 법과 문화를 준수해야 한다. 만약 중국무슬림이 일상생활에서 법적인 문제가 발생한다면 샤리아(이슬람 율법)를 적용하지 않고 중국법이 적용된다. 예를 들면, 가족 내부에 어떤 문제가 발생하면 이슬람의 가족법을 적용하지 않고 중국 가족법이 적용된다. 하지만 무슬림 공동체 내부 사안에 대해서는 이슬람법에 따라서 처리할 수 있다. 중국 정부는 법을 통해서 그들의 삶을 억압하고 있을 뿐만 아니라 종교 활동까지도 통제하고 있다. 중국 정부는 이맘(모스크의 지도자)이 자신들의 명령을 따를 경우에만 종교 집회와 설교를 허가하고 그들의 설교 내용도 철저히 감시한다. 이러한 종교 정책은 중국 정부가 위구르족의 종교 활동을 제한하고 통제하기 위한 조치이며, 위구르족은 중국 정부의 이러한 한족 동화 정책에 강력하게 저항하면서 중국에서 분리되어 독립 국가를 세우려고 한다.

회족은 주로 베이징(北京), 시닝(西寧), 칭하이(青海) 등을 비롯해 중국 전역에 거주하고 있다. 위구르족이 위구르 지역과 중앙아시아에 거주하는 투르크계 계열의 민족이라면, 회족은 이슬람이 중국에 유입될 초기 아랍이나 페르시아 등에서 중앙아시아를 통해 중국으로 들어와서 중국 현지인과 통혼하면서 중국에 정착한 무슬림 집단의 후손들이다. 14.15세기 회족은 중국 북서부의 간쑤성(甘肅省)과 산시성(陝西省)의 일부 지역 및 닝샤성(寧夏省)에서 이슬람 공동체를 형성하면서 거주하다가 명청(明清) 시기에 중국 정부로부터 억압과 탄압을 받게 되자 한족 문화를 수용하면서 혼종 문화를 형성하였다. 회족이 한족 문화를 받아들였다는 이유로 위구르족이나 아랍의 이슬람국가에서는 회족을 이슬람 민족으로 인정하지 않고 있다. 하지만 중국 정부는 회족을 우호적으로 대하면서 적극적으로 지원하고 있다. 이러한 정치적인 이유로 인해서 중국에서 사회적 지위는 회족이 위구르족보다 높다. 그렇다고 중국에서 회족(回族)과 한족(漢族) 간의 충돌이 없었던 것은 아니다.

19세기 중국 서남부의 중심도시인 쿤밍(昆明)에서 회족과 한족이 충돌하였다. 당시 이 지역에는 회족이 거주하고 있었는데 한족이 이 지역으로 이주하면서 한족과 회족 간에 분쟁이 발생하였다. 이들 분쟁에서 그 지역의 관리는 늘 한족에게 유리한 판결을 내렸다. 이렇게 되자 이 지역 회족은 한족에게 불만을 품고 저항하면서 무력 충돌를 일으켰다. 그 후엔 회족은 이 지역에서 이슬람 독립 국가를 건설해서 이슬람을 부흥시키고자 한 적도 있었다.

위구르족과 회족은 모두 이슬람을 믿고 있지만, 중국의 한족 문화 정책에 대한 태도는 다르다. 위구르족이 한족 문화의 동화 정책을 거부하면서 독자적인 이슬람 문화를 고수하였다면, 회족은 한족 문화를 수용하면서 중국의 고유한 이슬람 문화를 형성하였다. 위구르족과 한족은 모스크와 언어에서도 그 차이를 찾아볼 수 있다. 위구르족의 모스크는 중앙아시아 모스크 형태를 취하면서 전통적인 이슬람 모스크와 유사하다. 이에 비해 회족의 모스크는 중국 전통 사원의 형태를 띠고 있다. 모스크의 외관은 아랍식 형태를 띠면서도 내관은 중국 전통 양식을 갖추고 있다. 회족은 위구르족의 모스크를 방문하지 않고, 위구르족도 회족의 모스크를 방문하지 않는다. 위구르족은 회족을 무슬림이 아니라 중국인으로 간주하며, 회족은 위구르족을 후진적이고 미개한 사람들로 간주한다. 그리고 언어적인 측면에서도 다르다. 위구르족은 중국어를 사용하는 사람들이 최근에 증가하고 있지만, 20세기 이전까지 위구르족은 중국어를 식민지 언어로 간주하면서 위구르어만을 사용했다. 이에 반해 회족은 중국어를 사용하고 위구르어, 페르시아와 아랍어를 알지 못한다. 오늘날 중국에는 위구르족과 회족 모두 이슬람을 신봉하지만, 민족적 이질감은 적지 않다.

2) 중국 신장(新疆) 위구르족의 이슬람 유입 과정

위구르족은 중앙아시아의 투르크계 부족으로 현재 중앙아시아와 중국 신장 지역에 거주하는 민족이다. 위구르(Uyguri. Uigur)는 투르크어로 '연합', '결합' 또는 '연맹'의 의미를 지니고 있다. '위구르'라는 명칭은 남북조시대에는 유목 민족을 상징하는 용어인 고차(高車: 천막을 옮기기 위해 소를 끄는 수레), 당나라의 '회흘(回紇)' 또는 '회골(回鶻)', 송(宋)나라의 회회(回回)와 원(元)나라의 '웨이우얼(畏兀尔)'에 기원을 두고 있다. 중국 역사서에 따르면, 그들은 흉노족의 후손으로서 투르크계 고차(高車) 부족 연맹 중의 한 부족이었다. 그들은 8세기 중반 돌궐 제국이 혼란한 틈을 타서 중앙아시아 스텝 지역과 외몽골 지역을 정복하고 744년에 몽골 중앙부에 카라 발가순(Kara Balgasun)의 오르두 발리크(Ordu Baliq)를 수도로 정하면서 위구르 제국을 세웠다. 위구르 제국은 당나라가 압바스 왕조와 전쟁을 치를 때 당나라를 지원하기도 하고, 안록산의 난이 나자 당 왕실의 지원 요청을 받고 반란을 진압하는 등 당나라와 우호적인 관계를 맺었다.

위구르 조상에 관한 설화에 따르면, 위구르의 조상은 빛에 잉태되어 나무 아래에서 탄생했다고 전해진다. 그들은 수조(樹祖)설화 이외에도 스텝 지역 유목민들 사이에 널리 공유되었던 고대의 샤머니즘과 정령신앙을 비롯한 다양한 신앙체계를 지니고 있었다.[116] 그들은 태양, 달, 별, 하늘, 땅, 바다 등 자연 대상을 숭배하면서 천신 텡그리(Tengri)[117]를 믿었다. 그들은 왕을 하늘, 태양, 달에서 내려온 신성한 존재로 생각하면서, 왕을 '텡그리에서 태어나고 나라를 세운 현명한 카칸'으로 부르기도 했다.

하지만 위구르 칸 보귀(Bogu)는 페르시아계 소그드인으로부터 마니교를 수용해서 국교로 삼으면서 유목 민족 최초로 유목 생활을 청산하고 농경 생활을 시작하였다. 그들은 정착 생활을 시작하면서 음악, 춤, 그림, 수공예품 등 유목민이 이전에 남길 수 없었던 문화유산을 남겼을 뿐 아니라 아랍 문자에서 기원한 소그드 문자를 수용하여 위구르 문자를 만들어서 중앙아시아 유목 민족에게 전하였고, 중국으로부터 종이 제조법을 배워서 아랍과 유럽에 전수하기도 하는 등 문화적 발전을 이룩하였다. 하지만 위구르족이 정착 생활을 하면서 내부적으로 반목을 겪었고 군사력이 약해지면서 840년 알타이산맥 북쪽의 스텝 지역에 거주하던 투르크계 다른 유목 민족인 키르기스족(Kyrgyz, Qirghiz)에게 멸망하였다.

위구르 제국이 멸망한 후에는 두 분류로 갈리어 신장 지역으로 이동했다. 한 분류는 준가르와 타림 분지에 살던 다른 투르크 부족들과 함께 신장의 동쪽인 고창 지역으로 내려와서 투르판(吐魯番)[118] 지

116 『돌궐어 대사전』에는 '고대 위구르족과 돌궐족은 주술로써 병을 치료하는 사람을 칸(喀木, Kam)이라고 불렀다'라고 기록하고 있다. 이슬람을 수용한 후에는 '파합서(巴合西, bahxi)', 피얼홍(皮尔洪, perhon), 따한(達罕, dahan)으로 칭하기도 했다. 돌궐어계의 위구르족은 여자 무당을 우다위(烏答有, Udayu)로, 남자 무당을 칸으로 불렀다.

117 '텡그리(Tengri)'는 고대 유목 사회에서 유목 민족의 하늘의 위대한 신을 의미한다. 유목 민족은 텡그리를 절대신으로 숭배하였다. 유목 민족으로서 역사상 최초로 기록을 남긴 돌궐족의 비문에서도 "돌궐족이 텡그리를 숭배했다."라고 기록하고 있다.

118 투르판(吐魯番, Turfan)은 투르판 분지 북부 지역 비옥한 오아시스의 중심부에 위치하며, 훠옌산(火焰山) 남쪽 기슭에 있다. 투르판은 신장 지역의 남북을 잇는 중요한 교통 중심지

역에 회흘고창국(回紇高昌國)을 세웠고, 다른 한 분류는 서쪽으로 이주해서 카스(喀什)[119] 수도로 삼고 카라한 왕조(Qarakhanid dynasty, 840~1230)를 세웠다. 그들이 고창 지역으로 이주할 당시에 이 지역에는 이미 인도-유럽어족의 토하라인[120]이 살고 있었는데, 이 민족을 통합하여 왕조를 세웠다. 오늘날 위구르족은 위구르 제국에 기원하지만, 남강에 거주했던 일부 인도-유럽어계 언어를 사용하는 부족과 그들보다 앞서 이 지역에 정착한 한족, 강족, 철륵 유민, 그리고 나중에 이 땅에 이주해 온 거란, 몽골인이 결합해서 형성한 다인종 민족이다.

위구르족이 신장 지역에 이주할 당시 이 지역에는 불교가 성행하였다. 현장법사는 『대당서역기(大唐西域記)』에서 신장 지역을 '서역(西域)'으로 기록하였는데, 이 서역이라는 지명은 우리에게 그리 낯설지 않다. 서역(西域)은 중국에 인접한 서쪽 지역, 즉 신장 지역을 총칭하는 용어이다. 불교가 인도에서 서역으로 유입되면서 이 지역 국가들은 불

이다. 실크로드 북쪽의 중요한 중간 기착지 역할을 하면서 북쪽으로 우루무치를 통과해서 중앙아시아로 진입하는 분기점이기도 하다. 기원전부터 이 비단길을 오가던 상인들이 물과 휴식을 취하기 위해 투르판에서 발길을 멈추었다. 또 진리를 구하기 위해 나선 입축승(入竺僧)들이 이곳을 지나갔다. 차사왕국(車師王國)은 현재 투르판 북서쪽 5km에 떨어져 있는 교하성(交河城)에 수도를 정했다. 450년 고창국(高昌國)이 이곳을 합병시키고, 고창성(현재 투르판 남동쪽)에 수도를 정했다. 고창국이 번성할 시기에 중국에는 요나라, 금나라, 송나라가 세워졌는데, 고창국은 이들 국가에 사절을 파견하는 등 왕래가 빈번했을 뿐만 아니라 중원 지역 국가 이외의 주변 국가와도 활발하게 교류했다. 그래서 이 지역은 중국 내륙 문화의 영향도 많이 받았다.

119 카스(喀什, Kashgar)는 신장 위구르 맨 서쪽에 위치하며 중앙아시아에 인접해 있는 도시이다. 인구의 80%가 현지 토착민인 위구르족 등이다. 고대 소륵국의 수도였으며, 실크로드의 요충지로 이슬람의 거점 도시로 발전하였다. 이 지역은 천산(天山) 산맥과 쿤룬(崑崙)산맥이 만나는 파미르 산맥 기슭에 위치하며, 서쪽으로 타지키스탄, 우즈베키스탄, 키르기스스탄에 인접해 있는 페르가나 계곡, 남쪽으로 인도의 잠무(Jammu), 북쪽으로는 우루무치(烏魯木齊)와 이리강(伊梨河)으로 이어지는 지역에 접해 있다. 당나라 현장법사는 이 지역에 불교가 번성하였다고 기록하고 있다. 위구르족은 북방의 몽골고원을 다스리다가 키르기즈족에 망하면서 이 지역에 남하해서 카라한 왕조를 세웠다. 이슬람을 국교로 삼으면서 이슬람을 신장 전 지역으로 전파하기도 했다. 신장은 19세기부터 중국 정부에 대항하는 이슬람교도의 중심지이다.

120 토하라인 또는 토카라인(Τόχαροι, Tocharian, Tokharian)은 타림 분지에 거주하던 인도유럽어족 켄툼어군에 속한다. 기원전 2세기 흉노로 인해 타림분지에서 인도로 이동하였다. 스키타이족을 비롯한 이란계 민족과는 다른 독자적인 계열에 속한다.

교를 적극적으로 수용하였는데, 당시 고창회흘국은 서역 불교의 중심지이었다. 고창 지역으로 이주해온 위구르족도 점차 불교로 개종하였다. 카라한 왕조를 세운 위구르족도 마니교를 신봉하였지만 이 지역으로 이주한 후에는 불교 문화의 영향을 받았고, 10세기에는 이슬람을 수용하였다. 그들이 이 지역에 이슬람을 전파하는 과정에서 기존의 주류 세력이었던 불교와 충돌을 피할 수가 없었다. 이슬람이 신장 지역에서 확장해 가는 과정은 불교도와의 전쟁의 역사라고 해도 과언은 아니다.

카라한 왕조를 세운 빌게 퀼 카디르(Bilge Kül Kadir Khan, 840~927)가 죽자 그의 두 아들이 왕위를 계승했다. 카라한 왕조는 초기에 중앙아사아의 발라사군과 카스 두 지역을 정치적 중심지로 삼았다. 큰 아들 아리실란한(Arsilan Han)이 중앙아시아의 발라사군을 통치하고, 둘째 아들 오굴착(Oghulchaq)이 카스를 다스렸다. 아리실란한이 죽은 후에는 그의 아들 쑤툭(Sutug)이 왕위를 계승했지만, 당시 그가 어렸기 때문에 그의 삼촌인 오굴착이 쑤툭이 성인이 되면 왕위를 이양하기로 약속하고 발라사군을 통치했다. 하지만 쑤툭이 성장한 후에도 오굴착은 왕위를 돌려주지 않았다. 마침 그때 오굴착이 통치하던 카라한 왕조는 사만 왕조와 전쟁을 치르고 있었다.

오굴착은 사만 왕조의 영토를 점령하기 위해서 전쟁을 치렀지만 종교 전쟁의 의미도 있었다. 사만 왕조는 이슬람 국가이었지만, 오굴착 본인은 불교 신도이었다. 당시 사만 왕조 내부에는 파벌 간의 다툼이 심했다. 이런 정치적 상황 때문에 사만 왕조의 왕자가 상인 신분으로 변장해서 카스에 망명해서 거주하고 있었다. 오굴착은 사만 왕자를 정치적으로 이용하기 위해서 그를 카스 북부 지역인 아투스에 머물게 하였다. 이때 아투스에 머물고 있던 쑤툭은 사만 왕자와 교류하면서 이슬람으로 개종한 후에 사만 왕조의 도움을 받아서 불교를 신앙하는 삼촌 오굴착를 공격하여 정권을 탈취하고 신장 지역에 이슬람을 전파하기 위해서 노력하였다.

쑤뚝의 아들 무싸 아르스란(Musa Arslan Khan)은 960년에 이슬람을 카라한 왕조의 국교로 선포하고 이슬람 제도를 수용해서 통치 제도를 확립하였다. 하지만 카라한 왕조는 당시 아랍의 이슬람 국가의 정교합일(政教合一)과는 달랐다. 아랍의 정치형태는 정권과 교권이 하나로 연결되며 종교가 정치를 통제하는 구조였지만 카즈한 왕조는 오히려 세속적 통치자가 최고의 권력을 지니면서 종교를 통제하는 정치형태를 지녔다.

카라한 왕조가 이슬람을 국교로 삼으면서, 이슬람은 정치적인 영역뿐만 아니라 그들의 다양한 영역에도 영향을 미쳤다. 카라한 왕조는 모스크, 마드라사(학교), 카라반 등 이슬람 건물과 시설을 건축하였고, 아랍 문자가 유입되면서 위구르 전통 문자인 회골문(回紇문)을 대체하면서 지역 이슬람 학자들은 아랍어로 책을 출판하기도 했다. 당시에 아랍어로 출판된 『복락지혜(福樂智慧)』[121]와 『돌궐어대사전(突厥語

121 『복락지혜』는 유수프 하스 아집(Yusuf Khass Hajib)이 회흘문으로 쓴 총 85장 13,290행의 장편 철학시이다. 저자 유수프는 1019년에 발리사군(지금의 키르키즈스탄공화국)에서 태어났고, 어른이 되어서는 신장 카스에서 생활하였다. 이 책의 서명인 '복락지혜'는 '축복을 가져다주는 지식', 또는 '지식을 알면 복이 온다'라는 의미를 담고 있다. 이 책은 위구르족이 이슬람을 수용한 지 1백 년 후에 쓴 작품이다. 유수프는 이 책에서 위구르족이 이슬람을 신앙하면서 어떻게 나라를 잘 다스릴 수 있는지를 밝히고자 했다. 그는 군주를 비롯한 사회 각 계층에서 반드시 준수해야 할 도리를 이슬람 교리에 근거해서 詩로 표현하고 있다. 이슬람의 알라를 텡그리(Tengri)로 표현하고 있다. 이 책과 비슷한 시기에 저술된 『돌궐어 대사전』에도 같은 표현을 찾아볼 수 있다. 그들은 알라의 의미를 원시 신앙인 하늘 숭배 사상과 연관해서 이해하고 있다. 이 책에는 이슬람, 천신사상 이외에도 마니교와 불교 사상의 흔적도 찾아볼 수 있다. 이를 통해서 카리한 왕조는 이전의 전통사상에 근거해서 이슬람을 수용하면서 다문화적 특징을 지닌다. 유숩 하스 하집, 郝關中 · 張宏超 · 劉賓 譯, 『福樂智慧』, 民族出版社, 1986 참고

事典)』[122]은 오늘날까지 전해지고 있다. 두 책에서는 알라를 그들의 전통 종교인 텡그리(Tengri)로 표현하고 있는데, 이를 통해서 카라한 왕조가 자신들의 고유한 종교, 즉 텡그리즘의 종교적 토대에서 이슬람을 수용해서 위구르족의 독특한 이슬람을 형성하였음을 알 수 있다.[123] 오늘날 신장 지역 이슬람에서도 이러한 미신적인 요소를 찾아볼 수 있다. 신장 남쪽 위구르족 농촌에서는 성인 무덤 참배의 풍속이 행해진다. 이를 '마찰조방(麻札朝邦)'이라 한다. '마찰'은 묘지라는 의미를 지니며, '조방'은 성지 순례를 의미한다. 위구르족 무슬림은 오늘날에도 여전히 이슬람의 칸, 성현, 전교사의 무덤을 참배한다. 그들의 이러한 풍속은 정통적인 이슬람과는 분명히 다르다. 정통적인 이슬람에서는 알라를 제외하고 그 어떤 신령이나 인물(알라의 사자인 무함마드도 예외는 아니다), 동물, 그리고 형태를 지닌 물건 등 그 어떤 대상도 숭배하지 않는다. 하지만 위구르족 무슬림은 이슬람을 신봉하면서도 특정 인물을 숭배한다. 이는 그들이 이슬람을 수용했지만 그들의 삶에는 여전히 샤먼 전통이 영향을 미치고 있음을 알 수 있다.

카라한 왕조는 신장 남부 지역에 이슬람을 전파하기 위해서 당시 불교 국가인 위텐(于窴)[124]을 공격했지만 불교 세력의 저항으로 쉽게 멸

---

122 『돌궐어대사전』은 마흐무드 이븐 알-후사인 이븐 무함마드 알-카슈가리(Maḥmūd ibn al-Ḥusayn ibn Muḥammad al-Kāšγarī)가 쓴 책이다. 이 책은 아랍인에게 투르크어를 사용하는 민족의 역사, 언어와 문자를 전달하기 위해서 돌궐어로 쓰고 아랍어로 주석한 거작이다. 이 책에는 총 8권에 약 7,500여 개의 어휘를 수록하고 있으며 세계 최초의 완전하고 체계적인 돌궐어(투르크어) 사전으로 알려져 있다. 이 책은 사전에 그치지 않고 음성학과 형태론에 도움을 주는 문법서, 인명·종족명 출처, 민속학, 지리학, 사회학 등 다양한 영역에서 중요한 가치를 지닌다. 이 사전은 1072년 1월 25일에 저술이 시작되었고 몇 차례의 정정을 거친 후 1074년 2월 10일 바그다드에서 완성되었다. 그리고 1077년에 당시의 칼리프에게 헌정하였다.

123 이슬람과 샤먼이 결합한 종교적 특징은 위구르족만이 아니라 오스만 투르크 계통의 터키 이슬람에서 나타난다.

124 위텐(于窴)은 지금의 허텐(위구르어 호탄, 중국어로는 和田)의 옛 지명이며 신장 남부에 위치한다. 오아시스 도시이다. 쿤룬 산맥 북쪽의 타림분지에 위치하며, 옥이 유명하다. 위텐

망시키지 못하고 100여 년간 전쟁을 치렀다. 하지만 1024년에 위쑤부카더얼(玉素甫, 卡德爾)이 위텐을 멸망시키면서 신장 남부 지역을 완전히 이슬람화시켰다. 그 후 카라한 왕조는 999년에 사만 왕조의 내란을 이용해서 사만 왕조를 멸망시키고 거대한 이슬람 국가로 성장하였지만 1042년에 동서로 분열되었다. 서카라한은 사마르칸트를 중심으로 활동하면서 페르시아계통의 이슬람 문화를 수용했지만, 동카라한은 카스를 중심으로 하면서 위구르 전통 문화와 이슬람을 결합시켰다. 동카라한은 불교가 성행한 동쪽 지역으로 이슬람을 전파하고자 했지만 쿠처(庫車)에서 활동하던 불교 세력이 강렬하게 대항하자 더 나아갈 수 없었다.

카스를 중심으로 활동하던 카라한 왕조와 고창과 쿠처[125]를 중심으로 한 고창회흘국은 동일한 언어를 사용하는 민족이긴 하지만 종교 신앙은 달랐다. 카라한 왕조가 이슬람을 수용하고 동쪽 지역으로 전파할 당시에 고창회흘국은 불교의 중심지이었다. 그래서 두 왕조는 자주 충돌할 수밖에 없었다.[126] 카라한 왕조는 고창 지역을 공략하면서 불교도를 참살하고 사원을 파괴하였지만, 결국에는 불교도들의 완강

은 중국과 인도-티벳, 중국과 중앙아시아를 잇는 교통의 요충지이다. 위텐은 중국 최초로 불교를 받아들인 도시이지만 10세기 이후부터 이 도시 주민 대부분은 이슬람으로 개종하였다.

125 쿠처(庫車)는 신장의 성도(省都)인 우루무치에서 남서쪽으로 750km에 떨어진 곳에 위치한 도시이다. 쿠처는 옛 쿠처계 돌궐어의 음역으로 '후통(胡洞)'이라고 불렸는데, 이는 신장 남쪽으로 가는 길목에 있다 하여 붙여진 지명이다. 북쪽의 천산 산맥과 남쪽의 타클라마칸 사막 경계에 위치한다. 오아시스 도시이기 때문에 실크로드를 오가던 상인들이 반드시 통과해야 하는 길목에 위치한다. 쿠처는 중국 당나라 때 가장 번성했던 서역 35개국 중 하나였다. 구자왕국(龜玆王國)의 수도였으며, 당나라 현장(삼장법사)은 『대당서역기(大唐西域記)』에서 인도로 가면서 이 도시에 들렀다고 기록하고 있다. 이 도시 근처 중국의 석굴 중 가장 오래 된 것으로 알려진 키질천불동(克孫尔天佛洞), 쿠수투라천불동(枯木圖拉天佛洞), 수마스성유적(蘇巴什古城遺址)이 있다. 이 유적에는 초기 불교의 조각 및 미술 건축양식이 있다.

126 李興華 外, 『中國伊斯蘭敎史』, 『中國社會科學出版社』, 1998, p.p.137-140.

한 저항 때문에 이슬람을 전파하는 데 실패하였다. 카라한 왕조는 고창회흘국과의 전쟁에 이어서 탕구트(西夏)와 성전(聖戰)을 치렀지만 역시 실패하였다. 이때부터 카라한 왕조는 무력을 통해서 이슬람을 전파하는 기존의 방식을 포기하고 종교에 대한 자유 정책을 시행하면서 이슬람을 평화적인 방법으로 전파하려고 했었지만, 여전히 실패했다.

카라한 왕국이 몽골계 거란족에게 복속되면서 몽골 제국의 속국이 되었다. 1218년 칭키스칸의 출정으로 카스 지역을 포함한 신장의 여러 지역은 몽골인의 통치를 받았다. 몽골인들도 종교와 신앙의 자유 정책을 펼쳤기 때문에 이슬람은 이 지역에서 지속적으로 발전할 수 있었다. 칭키스칸은 타림분지의 불교 국가들과 오아시스 지역을 통일시키면서 이 지역에 이슬람을 전파하였다. 14세기 중엽 차가타이 칸에 오른 티무르(Tughluq Temur: 1347~1362 재위)는 차가타이 칸 국을 통일하고 중앙아시아에서 통치권을 확보하기 위해서 무슬림의 지지를 얻어야만 했다. 그래서 그는 몽골 왕으로는 처음으로 이슬람을 신봉하였고, 이슬람을 국교로 삼았다. 그도 또한 카라한 왕조와 같이 종교적인 목적이 아니라 정치적 목적으로 이슬람을 수용하고 전파하였다.

티무르는 이슬람을 전파하기 위해서 이슬람 선교사를 대거 파견하였다. 불교 중심지인 쿠처에 "쿠처이슬람사단"이라는 이슬람 선교 단체를 파견했다. 쿠처이슬람사단은 50명으로 구성되었고, 칸의 지원을 받아 동쪽 지역으로 파견되어 선교 활동을 하였다. 이들 대부분은 종교인 신분으로 참여하였고 쿠처에 진입해서는 대규모의 선교 활동을 벌였다. 예배사원을 세우고, 종교 법정을 건립하였으며, 경문학교를 설립하였다. 경문학교에서는 주민들에게 꾸란을 배급하는 등 다양한 선교 활동을 하면서 신장 남쪽의 명문 학교로 성장하였다. 쿠처이슬람사단은 거리에서 사람을 만나면 강제적으로 이슬람 용어를 외우게 하거나,

불교 사원을 부수고 그 자리에 서원을 짓기도 하고, 불상과 기타 유물을 훼손시키고 불교 경전을 불태웠다. 그들의 이러한 강압적인 선교 활동에 조금이라도 대항하는 승려나 불교도가 있다면, 그들을 비참하게 학살하였다. 반면에 이슬람으로 개종한 사람에게는 다양한 혜택을 주기도 하면서 이 지역을 이슬람화하였다.

원나라 쿠발라이(Kublai Khan)는 무슬림의 도움을 받아서 이 지역에 통일된 왕조를 세울 수 있었다. 그래서 원나라는 이슬람의 발전을 위해서 무슬림에게 편의를 제공해 주었다. 1514년~1533년에 신장의 동쪽에 위치한 하미(哈密)와 투르판(吐魯番) 지역의 위구르인도 점차 이슬람을 믿게 되면서 16세기 초에는 신장 지역 위구르인 대부분이 이슬람을 신봉하게 되었다. 청조(淸朝)에 이르러서는 신장 지역에 거주하는 타직크, 카자크족, 키르키즈족, 우즈베트족, 타타얼족 등이 이슬람을 신봉하면서 이슬람 문화가 위구르족의 일상 생활에 깊이 스며들게 되었다.

1759년대 청나라가 신장 지역을 정복하면서 이 지역은 중국의 영향권에 속하게 되었다. 청나라는 신장을 정복한 후 이 지역에 부대를 주둔시키면서 신장을 통제하고자 했다. 청나라는 이 지역 무슬림 지도자들에게 저항하지 않는다는 조건으로 이 지역의 통치권을 위탁하였다. 하지만 위구르인들은 청나라와 이들과 결탁한 무슬림 지도자에 저항하면서 국권 회복 운동을 일으켰다. 마침내 1863년에 위구르인은 마침내 청나라 군대를 몰아내고 1864년 동투르키스탄왕국을 수립하였다.

동투르키스탄은 오스만 터키와 영국 그리고 러시아로부터 독립 국가로 인정받았다. 하지만 러시아의 팽창을 우려했던 영국은 청나라를 설득시켜서 동투르키스탄왕국을 침공하도록 권하였다. 이에 1876년 청나라는 동투르키스탄왕국을 정복하면서 이 지역을 청나라의 새로운 영토이라는 사실을 알리기 위해서 '신장(新疆)'이라 불렀으며, 1884년 청나라 영토로 합병시켰다.

1911년 청나라가 국민당과 공산당이 합작 정부에 멸망하자 위구르인들도 청나라의 지배에서 벗어나기 위한 2차 독립운동을 전개하였고 1944년 동투르키스탄공화국(Eastern Turkistan Republic: ETR)을 수립하였다. 하지만 1949년 중국공산당 혁명 이후 중국에 의해 완전히 편입되었고, 1950년대 이후 중국 정부는 한족들을 신장으로 이주시키면서 신장 지역을 한족 문화에 동화시키고자 한다.

3) 중국 내륙에서 회족의 형성과 전개 과정

중국 내륙의 이슬람은 대략 1300여 년의 오랜 역사를 지니고 있다.

이슬람과 중국의 공식적인 접촉은 당(唐)나라 영휘(永徽) 2년(651)에 있었던 것으로 알려져 있다. 물론 그 이전에도 중국과 아라비아 간에는 실크로드를 통한 소규모의 육로 교역뿐만 아니라 해상 교류도 상당히 활발하였다. 그러나 공식적인 기록에는 대략 7세기로 알려져 있다.

중국에 온 최초의 아랍 사절단은 정통 칼리프 시대(632~661)의 제3대 칼리프 오스만(Uthmān ibn Affān, 재위 644~656)의 명령을 받아 당의 수도인 장안에 도착했다는 기록이 있다. 당시 아랍 지역에서는 이슬람이 등장하여 인접 지역으로 그 세력을 확장하고 있던 시기였다. 아랍이 동쪽으로 진출하면서 페르시아와 전투를 벌였다. 이 전투에서 아랍이 우세하자 궁지에 몰린 페르시아가 당나라에 원군을 요청하였으나 당나라는 이를 거절했다. 그러면서 당나라는 아랍의 강성함을 인지하고서 아랍에 사신을 보내 그쪽 상황을 알아보고자 하였고, 그 이후에 아랍 사신이 중국을 방문하면서 아랍 이슬람과 중국이 교류하기 시작했다. 중국 역사서에 따르면, 651~798년 사이에 39회 이상 아랍 사절이 중국을 방문했다는 기록이 있다. 그 이외에도 중국과 이슬람의 교류는 해상과 육로를 통해서 빈번하게 이루어졌다. 이 시기에 이슬람이 중국에 정착하는 데 커다란 영향을 준 두 사건이 있었다. 그것은 751년의 탈라스 전투와 755~757년의 안록산(安祿山)의 난이다.

탈라스 전투는 당시 세계 최강을 다투던 중국의 당과 이슬람권의 압바스 왕조(Abbasid dynasty, 750년~1258)간에 발생한 전쟁이다. 당나라가 신장 지역의 길목을 차지하자 당나라에 의해 서쪽으로 도망간 유목 민족들이 이슬람 제국에 도움을 청했다. 이슬람 제국은 이를 구실로 당나라를 공격하자 고구려 출신의 중국 장수 고선지(高仙芝)가 이에 맞섰다. 양군은 탈라스 강에서 5일간 치열한 싸움을 벌였다. 당나라는 군사 수가 이슬람군의 절반도 채 되지 않았고, 당나라 군대에 속해 있던 돌궐이 갑자기 당나라를 배신하면서 당나라는 참패를 당하였다. 중국은 이 전쟁 이후에 서역 지역에서 영향력을 상실하게 되자 중앙아시아는 빠른 속도로 이슬람 영향권에 속하게 되었다. 이 전쟁으로 아랍과 중국의 공식적인 관계는 단절되었지만, 양국 간의 상호 교류는 더욱 촉진되었다.

중국에 포로로 잡힌 아랍계 무슬림은 장안으로 압송되어 그곳에 안착하면서 이슬람 문화를 중국에 전파하였다. 그리고 이슬람 제국에 포로로 잡힌 중국인 중에는 종이 생산 기술자가 포함되어 있었다. 이들을 통해 종이 제조법이 아랍 세계로 전해졌다. 제지 공장이 처음으로 세워진 곳은 757년 사마르칸트였다. 당시 아랍 세계에서는 주로 양피지를 사용하고 있었으며, 이집트의 파피루스와 중국에서 수입된 종이도 함께 사용하였다. 795년에는 페르시아의 바그다드에 제지 공장이 설치되었다. 사마르칸트의 종이가 명성을 얻게 되자 이에 대항하여 페르시아의 왕이 중국의 제지공을 초청하여 제지 공장을 세웠다. 그 뒤에 다마스쿠스에도 제지 공장이 세워졌으며, 10세기에는 이집트에, 11세기에는 아프리카의 북부와 지중해 연안에까지 제지술이 전해졌다. 유럽에서도 스페인을 시작으로 종이를 제조하기 시작했다. 이러한 제지법의 확산은 이슬람권의 문화 발달 및 유럽의 인쇄술 발달에 영향을 미쳤다.

탈라스 전투 이후 무슬림이 중국에 정착할 수 있었던 또 다른 사건은 안록산의 난이다. 안록산의 어머니는 돌궐인이었고, 그의 아버지는 소그드인으로 알려져 있다. 안록산이 난을 일으키자 당나라 속종은 이슬람을 진압하기 위해 위구르족과 압바스 왕조에 원병을 요청했고, 위그르족이 원병을 지원하면서 안녹산의 난을 평정하였다. 이후에도 당과 위구르족은 좋은 관계를 유지하였는데, 위구르족이 안록산의 난을 진압한 대가로 한 필의 말을 평균 40필의 비단과 교환하는 등 불공정한 견마(絹馬)무역을 약속했다. 그리고 숙종은 장안을 회복한 후에 이슬람 군인이 중국에 머물면서 중국 여인과 결혼하는 것을 허용하였다. 이들이 오늘날 회족 무슬림의 선조이다. 이들이 이슬람 문화와 종교의식을 중국 전역에 널리 전파하였다.

이슬람은 원(元)나라가 중원을 지배하면서 더욱 안정적으로 정착하였다. 당시 원나라는 경제 발전과 행정 지원을 강화하기 위해서 중앙아시아와 서남아시아의 무슬림을 중국에 이주시키고 율법, 제정, 조세 분야를 담당하게 하였으며, 그들의 종교인 이슬람에 대해서도 매우 호의적이었다. 무슬림의 신분 또한 한족보다 높았다. 그 당시 중국이슬람 사회에는 원나라 이전에 상업과 무역을 하기 위해서 중국에 이주했던 사람들 그리고 몽골이 이슬람권은 침략해서 포로로 잡혀 온 사람들, 그리고 원나라 이후에 중국에 이주한 사람들이 활동하고 있었다. 그들은 수 세기 동안 중국에 거주하면서 무슬림 공동체를 유지하였다. 그들의 공동체에서는 이슬람 지도자가 통치하였고, 모스크를 세우고, 아랍어나 페르시아어를 사용하였고, 이슬람법에 따라서 할례, 단식, 돼지고기 금기, 도살 등의 종교 생활을 하였다.

원나라가 멸망하고 명(明)나라가 들어서자 중국 무슬림의 상황도 변했다. 원나라는 주지하다시피 몽골족이 지배하는 이민족 제국이었지만 명나라는 원나라로부터 홀대받던 한족이 세운 나라이다. 무슬림들이 조세제도와 토지 관리 업무를 맡아보면서 한족에게 강압적인 행정을 펼치고 횡포를 부렸다. 당시 하층 민족이었던 한족들은 무슬림에 대한 불만과 불평이 더욱 커졌다. 한족이 정권을 장악하자 무슬림이 오히려 한족에게서 비난과 탄압을 받게 되었다. 명나라는 무슬림을 비롯한 외국인에게 법적 규제와 강제 조치를 가하면서 외국인에게 중국 전통 복장을 착용하도록 하고, 중국식 이름으로 개명하게 하고[127], 중국어를 구사하게 하는 등 무슬림을 중국문화에 동화시켰다. 그렇다고 해서 명나라가 모든 무슬림을 탄압한 것은 아니다. 원나라에 저항하면서 명나라 건국에 협력한 무슬림은 오히려 명 왕조의 지지를 받기도 하였다.

중국 무슬림이 이슬람 공동체에서 벗어나 중국 전역에 거주하면서

127 회교의 성(姓)은 대부분 이슬람의 중국화 과정에서 파생되었다. 무슬림의 이름은 주로 아랍어 <M>으로 시작한 경우가 많다. 그래서 이들이 중국 성(姓)을 취하는 과정에서 원래 이름의 흔적을 보존하고자 馬<M>라는 성을 선호하였다. 물론 馬씨가 무슬림의 중국화 과정에서 생긴 것만은 아니다. 이슬람이 중국에 유입되기 이전에도 있었다. 하지만 9세기 이후에 생겨난 중국 남부 해안 지역에 근거를 두고 있는 마씨의 대부분은 무슬림의 후손이거나, 현재도 이슬람 신앙을 유지하고 있다고 한다. 마씨 이외에도 무슬림 이전 이름의 흔적을 남긴 姓으로는 滿(만): Mansur. 沙(사): Shah, Shamsuddin. 鐵(철): Timur. 海(해): Haida. 薩(살): Sad. 喇(라): Abdullah. 巴(파): Badruddin. 丁(정): din. 那(나): Nasaruddin. 艾(애): Isa. 등이 있다.

이슬람의 원칙에 벗어나지 않는 범위 내에서 한화(漢化)되었다. 그들은 한족 여성과 결혼하기도 하고, 한족의 아이를 입양시키기도 했는데, 이와 같이 하면서 무슬림 수는 급증하였다. 하지만 그들의 신앙심은 약해졌고 교리에 대한 이해는 이전보다 낮았고, 무슬림의 외모나 문화는 점차 한족과 비슷하게 되었다. 무슬림이 한화되자 한족은 무슬림을 더 이상 '아랍인', '야만인' '외국인'으로 부르지 않고 '회족(回族)'으로 불렀으며, 그들이 신봉하는 이슬람을 '청진교(淸眞教)'라고 불렀다. '淸'은 '알라의 종교는 맑고 깨끗하며 더러움과 혼합이 없다'는 의미를 지니고, '眞'은 '알라는 유일하고 지존하다'는 의미를 지니는데, 두 글자를 합해서 '청진(淸眞)'이라고 했다. 그리고 청나라 무슬림 학자인 마덕신(馬德新, 1794~1874)은 주자학의 존천리(存天理) 거인욕(去人慾)을 차용해서 청(淸)을 '극기복례(克己復禮)'로, '진(眞)'을 '복리(復理)'로 해석하였다. 즉 '청진'을 자신의 사욕을 극복해서 천리(天理)를 회복한다는 의미로 해석하였다. 이때부터 중국 무슬림 학자들은 이슬람과 유학을 결합하고자 하였다.

4) 유학-이슬람의 탄생

중국 명나라 시기에 아랍과 페르시아에서 중국으로 들어온 무슬림과 그들의 후손들은 그 이전에 들어와 정착하고 있던 이슬람 후손 또는 중국 현지인과 혼인하고, 중국 현지인도 이슬람을 신봉하면서 무슬림 수가 급증하였다. 하지만 그들을 인도할 이슬람 교사와 종교 지도자는 절대적으로 부족했다. 이전에는 이들 인력을 중국 밖에서 들어온 무슬림으로 충당할 수 있었다. 하지만 명(明)나라가 쇄국정책을 시행하면서 중국 밖의 무슬림 지도자가 중국에 들어올 수 없었을 뿐 아니라 중국 내의 무슬림 또한 중국 밖으로 나가서 이슬람을 공부할 수 없게 되면서 이슬람 교사와 지도자는 부족하였다. 그래서 중국이슬람 내부에서는 청진사(淸眞寺)에서 경당교육(經堂教育)을 통해서 이슬람 교사와 지도자를 배양하고자 했다.

경당교육은 위구르족의 이슬람 교육 기관인 경원교육과는 달랐다. 경당교육은 아랍의 이슬람 전문학교와 유사한 방식으로 운영하면서도 중국 전통의 서원 교육의 방식도 일정 부분을 수용하면서 중국이슬람의 독특한 교육 체제와 교육 방식을 갖추었다. 회족의 경당교육이 모스크를 중심으로 이슬람 교육을 실시하였다면, 위구르족의 경원교육은 꾸란학원을 중심으로 진행되었다. 경당교육은 종교 연구와 교육만을 담당한 기관이었지만, 경원교육에서는 종교 교육적 기능뿐만 아니라 정치적인 기능도 담당하였다. 경원교육에서는 이슬람 경전을 연구하면서 통치이념과 제도를 제정하고 백성들에게 교육을 통해서 통치이념을 내면화시켰다. 그 외에도 수학, 화학, 의학, 지리학, 천문학, 철학, 역사학, 아랍어와 페르시아어를 가르쳤다. 하지만 경당교육에서는 무슬림 지도자와 교사를 배양하기 위해서 설립된 교육 기관인 만큼 아랍형태학, 어법학, 수사학, 논리학, 법정학, 인주학(認主學), 이학(理學) 등의 과목을 개설하였다. 경당교육에서 배양된 무슬림 지도자와 교사는 중국 각 지역에 파견되어 이전의 외국 무슬림 지도자들을 대신해서 무슬림을 교육시키고 종교 의식을 주관하였다.

그들은 경당교육을 통해서 이슬람 지도자 교육을 받았지만 이슬람에 대해 깊은 이해를 지니고 있지는 않았다. 그들은 아랍어와 페르시아어에 능통하지 않았을 뿐 아니라 이슬람 교리와 교의도 정확하게 이해하지 못하였다. 그들은 단지 중국이슬람 내부에서 입으로 전해 내려온 교리 정도만을 무슬림 대중에게 가르쳤다. 일반 무슬림의 상황은 더욱 나빴다. 그들은 중국 문화에 동화되면서 이슬람 관례에는 익숙하지 않았고, 평소 중국어를 사용하였기 때문에 아랍어 경전을 읽을 수도 없었다. 그래서 이슬람 내부에서는 무슬림이 이슬람 경전을 쉽게 접할 수 있도록 이슬람 경전을 번역하고자 했다.

정통이슬람 교리에는 경전을 아랍어 이외의 언어로 번역하는 것을 금지하였다. 하지만 당시 중국적 상황을 고려하면 이슬람 경전을 한문으로 번역하지 않을 수 없었다. 그래서 중국이슬람 내부에서는 이슬람 경전을 한문으로 번역해야 하는지에 관해서 열띤 토론이 벌어졌다. 중국이슬람 내부에서는 이슬람 경전을 한문으로 번역하는 것에 반대하는 무슬림 지식인 집단을 '경전파(經典派)'라고 불렀고, 번역의 필요성을 주장하는 집단을 '한학파(漢學派)'[128]라고 불렀다. 경전파에서는 알라의 계시를 아랍어로 기록하고 있기 때문에 아랍어 경전을 한문으로 번역한다면 『꾸란』의 진의를 훼손할 수 있다고 주장하였다. 그들은 불경을 한문으로 번역하면서 불교 경전의 진의를 상실하였다고 하였다. 하지만 이슬람 경전은 학문으로 번역하지 않았기 때문에 경전의 원래 의미를 보존할 수 있었다고 하였다. 하지만 그들은 중국이슬람이 당시 직면한 현실적인 문제를 어떻게 해결할 것인지에 대해서는 구체적인 대안을 제시하지는 못했다. 중국무슬림이 읽을 수 없는 이슬람 경전이 그들에게 무슨 소용이 있겠는가? 한학파가 "이슬람의 진의가 중요하지만, 그 진의는 과연 누구를 위한 진의인가?"라고 반론하고, 반대파에서는 오히려 "이슬람의 진의를 찾아볼 수 없는 한문 번역본을 이슬람 경전이라고 할 수 있는가?"라고 반문하기도 했다.

128 그 당시 중국에서 배양된 이슬람 종교 지도자들은 종교 활동과 포교 활동에서도 일반적으로 한어를 사용하고 있었다. 한어를 통해 종교 활동을 하는 종교인을 '한학파'라고는 하지 않는다. 한학파는 한어를 사용해 이슬람 경전을 번역하거나 특히 당시 주도적인 사상인 유학에 근거해 이슬람을 해석하는 무슬림 학자만을 한학파라고 하였다.

한학파 학자인 왕대유(王岱輿)는 경전파의 주장을 이슬람의 대도(大道)에 어긋난 천박한 주장이라고 비판하면서, 『꾸란』의 한문 번역 작업이 이슬람 전통에 어긋나지 않는다고 주장했다. 그는 『꾸란』의 번역에서 발생하는 문제는 언어와 문자에 있는 것이 아니라 번역자의 사상, 관점 혹은 주장에 있다고 하면서, 『꾸란』의 한역본은 비록 원본의 문자와는 다르겠지만 그 이치는 같다고 주장했다. 그는 아랍에서 경전이 만들어진 과정을 설명하면서 『꾸란』을 한문으로 번역한다고 해서 이슬람의 진의를 왜곡시키는 것이 아니라고 했다. 그는, 무함마드 제자가 그의 말씀을 쉽게 암송하기 위해서 석판, 도자기 등에 다양한 문체로 기록해 두었다가 무함마드 사후에 『꾸란』을 집대성하면서 아랍어로 통일시켰다고 하였다. 그래서 『꾸란』을 집대성하기 전에 여러 판본이 있었고, 세계의 이슬람 종파 중에는 아랍어를 사용하지 않는 종파도 있다. 그래서 김천주는 이슬람 경전에는 다양한 언어와 문체가 있기 때문에 이슬람 경전을 한문으로 번역하더라도 경전의 진의를 상실하는 것은 아니라고 주장했다.

한학파는 알라가 7세기 아랍권을 비롯해 전 인류에게 계시하면서 각 지역의 언어로 전달했다고 주장한다. 그래서 왕대여는 아랍어 『꾸란』만이 진정한 경전이라고 고집부리는 것은 이슬람의 본의에 어긋날 뿐 아니라 무슬림의 신앙생활에도 도움이 되지 않는다고 비판한다. 앞서 언급한 바와 같이 당시 중국에서는 이슬람 지도자조차 아랍어나 페르시아어를 구사할 수 없었고 이슬람의 교의에 대해서도 이해하지 못했다. 이런 상황에서 아랍 경전만 고수할 경우에는 한문으로 번역하는 것보다 더욱 자의적으로 해석할 수 있다고 보았다.

한학파는 중국 무슬림이 쉽게 읽을 수 있도록 이슬람 경전을 한문으로 번역해야 한다고 주장한다. 그래서 한학파는 당시의 통치 사상인 유학에 근거해서 번역하고자 했다. 만약 유학에 근거해서 이슬람 경전을 번역한다면, 이슬람의 진의를 이슬람 내. 외부에 쉽고 분명하게 전달할 수 있을 뿐만 아니라 이슬람의 중국화를 이룰 수 있다고 보았다.

이슬람 경전을 유학의 용어와 사상을 차용(借用)하여 한문으로 번역한다면, 경전파가 우려한 바와 같이 이슬람 경전의 원래 의미를 왜곡시킬 수도 있다. 이슬람 진의를 한문으로 드러내기 위해서는 유학과 이슬람 모두에 관한 소양이 필요하다. 하지만 당시 중국의 지식인 중에는 이슬람 경전에 능통한 학자들은 한문에 능통하지 않았고, 한문을 익힌 학자는 이슬람에 무지하였다.

중국이슬람 학자 중에 일부는 어릴 때부터 이슬람 분위기에서 성장하면서 아랍어와 페르시아어를 익혔고, 성장한 후에 유학을 공부하면서 이슬람과 유학 두 분야에 능통하였다. 특히 마덕신(馬德新)과 같은 무슬림 학자는 중동 지역과 북아프리카에서 10여 년 동안 머물면서 이슬람을 직접 체험하고, 서구에 관한 광범위한 지식을 바탕으로 아랍어로 이슬람 관련 서적을 출판하기도 하였다. 그리고 귀국한 후에는 유학의 개념과 술어로서 이슬람 경전을 번역하면서 양자의 사상을 융합하고자 했다. 우리는 이런 이슬람을 '유학적 이슬람'으로 칭할 수 있다. 유학적 이슬람은 신장 지역에서 위구르인이 자신들의 신앙 전통인 텡그리즘의 문화적 토대에서 이슬람을 수용한 것과 다른 형태의 이슬람이다.

유학과 이슬람을 결합해서 새로운 종교 체계를 정립하는 과정은 쉽지 않다. 이슬람이 알라에 대한 신앙에 의해 종교 생활을 영위하는 종교이라면, 유학은 인류 사회를 건설하기 위한 도덕철학이다. 그렇다면 서로 다른 체계를 지닌 이슬람과 유학을 어떻게 결합할 수 있는가? 이를 위해 중국무슬림 출신 학자들은 유학과 이슬람의 유사성에 근거하면서 서로의 단점을 보완하고자 하였다.

이슬람과 유학은 서로 다른 이론 체계를 지니고 있지만 유사성 또한 찾아볼 수 있다. 이슬람의 한 종파인 수피즘과 유학 양자 간에는 유사한 내용이 있다.[129] 수피즘의 '사람과 알라의 합일'과 유학의 '하늘과 사람의 합일(天人合一)'은 유사하다. 수피즘에서는 하디스에 기록된 "나의 빈곤은 나의 자랑이다.", "나의 눈은 감겨 있지만 가슴은 깨어있다."라는 말씀에 따라서 가난을 추구하면서 영성을 기르고, 알라를 공경하고 사랑하면서 알라를 만날 수 있다고 보았다. 이는 유학의 현실을 중시하면서 내면의 수행을 통해 천리(天理)와 합일하고자 하는 이론 체계와 유사하다. 그래서 유학자들은 "이슬람이 심성을 말하는 것은 유학의 말과 다르지 않다."[130]라고 했다. 무슬림 한학파는 양자 간의 유사성을 두 종교가 대화할 수 있는 지평으로 삼았다. 하지만 양자를 결합하기 위해서는 양자 간의 유사성보다는 차이성을 어떻게 해소할 것인지가 더욱 중요하다.

이슬람에서는 신과 인간의 관계를 매우 중요하게 여긴다. 하지만 유학은 신과 인간의 관계보다 인간과 인간의 관계를 중시하고, 그 이론적 근거를 인간 본성과 자연 법칙에서 찾는다. 주변 사람과 바람직한 관계를 맺기 위해서 인간의 도덕 본성을 실현해야 하고, 자연의 법칙에 부합해야 한다고 본다. 그러나 현실적인 인간은 도덕 본성보다는 기질의 지배를 받기 때문에 개인 수양을 통해서 도덕 본성을 실현

---

129 페르시아의 유명한 수피주의자인 할리즈(858~922)가 신장 투르판 지역을 방문한 적이 있을 뿐만 아니라 수피 고행자와 선교사가 중국으로 들어왔다. 그들의 포교 활동은 각 지역 민간에도 영향을 주었다. 경당교육을 담당하던 종교 지도자들은 수피 전교사와 밀접한 교류가 있었다. 일부 종교 지도자는 그들로부터 가르침을 받기도 했다. 경당에는 수피즘 관련 저작이 많았을 뿐 아니라 일부 경사와 학생은 수피즘의 영향을 받고서 신비주의 수련을 하기도 했다.

130 劉智, 『天方性理』 喬序, "言心性, 無異于儒家言."

할 수 있도록 노력해야 한다. 하지만 이슬람에서는 현실에서의 문제를 알라에 대한 신앙을 통해 해결하고자 한다. 유학은 인간 내면을 수양하고자 하고, 이슬람은 신을 숭배한다. 한학파는 이런 차이를 극복하기 위해서 양자를 상호보완하면서 결합하고자 하였다.

위에서 언급한 바와 같이 유학은 인륜 도덕을 중시하면서 종교성을 중시하지 않는다면, 이슬람은 반대로 인간과 신의 관계를 중시하면서 인륜 도덕을 경시하였다. 일부 한학파가 이슬람에 근거해 유학을 해석하면서 유학의 한계성을 극복하고자 했다면, 또 다른 일부 한학파는 유학에 근거해 이슬람을 해석하면서 이슬람의 한계를 극복하고자 하였다. 하지만 전자와 같이 해석하면 이슬람의 진의를 상실할 수 있고, 후자와 같이 해석하면 유학의 고유성을 드러내지 못할 수 있다. 그래서 양자를 변증법적으로 해석할 필요가 있다. 즉 유학에서 이슬람을 해석하고 이슬람에서 유학을 해석하는 과정을 통해서 유학과 이슬람의 특성을 보존하면서도 양자가 융합할 수 있는 해석 방법을 모색할 필요가 있다.

중국 무슬림 한학파의 이슬람 번역 과정은 세 단계로 구분할 수 있다.[131] 1단계(대략 1570~1670)는 명말(明末)시기 이슬람을 한문으로 번역하면서부터 오준계(俉遵契)가 『귀진요도(歸眞要道)』를 완성하기까지의 단계이다. 이 단계의 학문적 특징은 다음과 같다. (1) 유학의 개념과 술어로써 이슬람 경전을 번역하였다. (2) 한학파가 활동한 지역은 남경(南京)과 소주(蘇州) 일대였다. (3) 그들의 번역 내용은 대부분 경당 교육을 위한 교과서와 강의록 혹은 이론체계를 갖춘 전문적 내용이었으며, 알라신에 대한 이해와 밀접한 관련이 있다. (4) 그들은 경당

131 李興華 외 4인, 『中國伊斯蘭敎史』, 中國社會科學出版社, 1998, p.p. 555-601.

교육에서 무슬림 내부의 지도자를 배양할 목적으로 유학에 근거해 이슬람 경전을 번역하였다. (5) 이들 번역서에서는 유가 혹은 불교의 색채가 있었지만, 이슬람의 기본적 특징을 분명하게 드러났다. (6) 이슬람 교리에 위배된 유학의 가치관과 이론체계에 대해서는 비판하면서도, 송명이학에 근거해 이슬람 경전을 해석하였다. (7) 이 단계에서 활동한 대표적인 학자는 왕대여(王垈輿, 대략 1570~1660), 장중(張中, 대략 1584~1670), 오준계(俉遵契, 대략 1598~1698) 등이 있다.

2단계(대략 1673~1738)는 마주(馬注)의 『청진지남(淸眞指南)』(1673년)에서 김천주(金天柱)가 『청진석의(淸眞釋疑)』를 완성한 시기(1738년)까지의 단계이다. (1) 이 단계에서는 유학과 이슬람의 회통(會通)을 번역 목적으로 하였다. (2) 이슬람 경전이 남경(南京)지역에서 뿐만 아니라 중국 전 지역에서 번역되고 해석된 시기이다. (3) 그들은 경당을 중심으로 활동하였으며, 이슬람과 유학의 결합 가능성을 모색하였다. (4) 그들은 중국무슬림뿐만 아니라 황실과 유학자들에게 이슬람의 합리성을 알릴 목적으로 저술 활동에 종사했다. 하지만 (5) 김천주의 『청진석의』를 제외한 다른 번역서와 해석서는 난해해서 일반 무슬림이 접근하기가 어려웠다. (6) 그들은 유학에 대해서는 긍정적으로 평가하면서도 불교와 도교에 대해서는 비판적이었다. (7) 이 단계의 특징은 유학과 이슬람이 통할 수 있다는 유회겸통(儒回兼通)에서 찾아 볼 수 있다. (8) 2단계의 대표적인 학자로는 마주(馬柱, 1640-1711), 유지(劉智, 대략 1660~1730), 김천주(金天柱, 1690~1765)를 들 수 있다.

3단계(대략 1848-1900)는 마덕신(馬德信)이 메디아를 순례하고 돌아와서 『사전요회(四典要會)』,『대화총귀(大化總歸)』,『천방정학(天方正學)』등의 저서를 출판한 시기부터 마연원(馬聯元)이 저술 활동을 한 시기까지이다. (1) 3단계에서는 한족이 이슬람을 탄압하고 억압하는 단계이었다. (2) 이때 마덕신이 메디아 순례를 마치고 돌아와서 운남(雲南) 지역에 거주하면서 한학파가 저술 활동을 재기하기 시작하였다 (4) 이 단계의 특징은 종교적인 측면에서 찾아볼 수 있다. 이 시기에 활동한 한학파는 유학과 이슬람의 유사성을 인정하면서도 이슬람의 종교성으로써 유학의 부족한 점을 보완하고자 하였다. 그래서 그들은 진정한 무슬림(眞回)이 되어야만 진정한 유학자(眞儒)가 될 수 있다고 주장하기도 했다. 그리고 (5) 유학의 天 개념을 이슬람의 진주(眞主, 알라)로 이해하면서 天을 따르고, 天을 섬기며, 天을 경외하고, 天을 두려워해야 한다고 강조한다 (6) 그들은 서양의 기독교가 중국에 본격적으로 유입되자 전통사상인 불가와 도가에 대해서는 우호적인 입장을 취하면서도 기독교에 대해서는 매우 비판적이었다. (7) 3단계의 대표적인 학자로는 마덕신(馬德新, 1794~1874), 마연원(馬聯元, 1841~1903) 등이 있다.

2. 김천주(金天柱)의 유학적 이슬람

1) 유학 출신 관료의 이슬람에 대한 비난

김천주(金天柱, 1690~1765)의 자는 북고(北高)이며, 강소성(江蘇省) 강녕(江寧, 지금의 남경(南京)) 사람이다.[132] 그는 무슬림 지식인 집안에서 태어났다. 그의 조상은 명(明)나라 때 중국에 들어온 무슬림인 것으로 알려져 있다. 명나라 주원장(朱元璋)은 번역 인재를 배양하기

132 김천주는 『청진석의』의 「序文」과 「書敍」에서 자신의 경력을 간단하게 소개하고 있다.

위해서 한림원(翰林院)과 예부회동관(禮部會同館)에 사이관(四夷館)을 설치하였다. 사이관은 사재(四齋)로 구성되어 있었는데, 그 중에서도 회회재(回回齋, 이슬람 관련 기관)의 규모가 가장 큰 것으로 알려져 있다. 김천주는 이 '회회재'에서 근무한 관료 집안 출신이다.[133] 그는 과거시험에 급제한 후에 사역관(四譯館) 교습으로 20여 년간 근무하다가 47세에 번역 장교(掌教)로 승진하였다. 이때 그는 중국과 이슬람의 풍습과 인정(人情)을 공부하면서 『청진석의(淸眞釋義)』를 집필하였다.

그는 무슬림 가문에서 태어나서 어릴 때부터 이슬람 경전과 교의를 배웠을 뿐만 아니라 성장한 후에는 유교의 의례와 경전을 공부하면서 이슬람과 유학 두 분야에 해박한 지식을 지니고 있었다. 그는 『청진석의』에서 당시 이슬람 한학파의 대표적인 학자로 알려진 왕대여(王岱輿)[134], 유지(劉智)[135] 등의 저서를 읽었을 뿐만 아니라 아랍어와 페르시아어 서적을 연구한 적이 있으며, 이슬람과 중국의 역사서를 읽었는데, 특히 역대 군주의 생애에 관심이 많았다고 밝히고 있다. 이뿐만 아니라 유학의 사서오경(四書五經)과 그리고 한유(韓愈), 유종원(柳宗元), 주자(朱子)의 저서 등을 읽으면서 유학적 소양을 쌓았다. 실제로 그는 『청진석의』에서 유학자들의 저서를 인용하면서 이슬람과 유학의 풍습이 다르지 않음을 밝히고자 했다. 이외에도 불교와 도교, 그리고 기독교에 대해서도 공부한 적이 있다. 김천주는 중국 전통 학문인 유교, 불교, 도교뿐만 아니라 아랍의 이슬람, 서구의 기독교에 이르기까지 폭넓

133 海正忠, 「中國伊塔一柱-金天柱思想研究」, 『淸眞釋疑』, 寧夏人民出版社, 2002, p.68 참조.

134 왕대여(王岱輿: 대략 1579-1660)는, 명청 시기 무슬림 출신의 저명한 학자이며, 당시에 스스로 '진회노인(眞回老人)이라고 칭했다. 그는 주자학의 우주론에 근거해 이슬람 교의를 해석하고자 하였다.

135 유지(劉智: 1660~1730)는 자는 개렴(介廉), 호는 일재(一齋)이다. 유학과 이슬람의 회통(會通)을 추구하였다. 그의 『천방성리(天方性理)』는 이슬람의 한문 번역에 있어서 최고작으로 알려져 있다.

은 이해를 바탕으로 『청진석의』를 집필하였다.

김천주가 활동했던 청나라는 만주족이 건립한 왕조이다. 청나라 초기에는 정치를 안정시키기 위해서 민족 정책을 시행하면서, 청(淸) 정부의 법률 제도를 준수하는 조건으로 각 종교의 활동을 인정해 주었다. 중국무슬림도 그 당시 비교적 자유로운 분위기에서 그들의 종교 활동을 할 수 있었다. 그들은 이슬람을 신봉하지 않는 사람과 함께 생활하지 않았고, 술을 마시지 않았을 뿐만 아니라 개·돼지·낙타 고기를 먹지 않았고, 무슬림이 아닌 사람과는 통혼하지 않았으며, 장례 절차도 이슬람 방식으로 거행하였다. 하지만 그들의 이러한 독자적인 종교 활동을 중화주의 부활을 꿈꾸던 한족 출신 유학자들이 결코 묵인할 수 없었다. 당시 한족 유학자들은 황제에게 이슬람 풍속을 금지하도록 상소문을 올리기도 하였다. 그들의 상소문 일부 내용을 소개하면 다음과 같다.

> 무슬림이 중국에 거주하면서도 여러 지역에서 그들 자체 시험을 치고 사업을 운영하고 있습니다. 그들은 중국의 역법(曆法)을 사용하지 않고 자신의 역법을 버젓하게 사용하고 있습니다. 그들은 큰 달 작은 달을 구분하지 않고 윤달을 논하지 않으면서 360일을 1년으로 봅니다. 특정한 하루를 새해 첫날로 정하고서 무리를 지어 서로 축하하면서 새해를 맞습니다. 또한, 평일에는 아침저녁으로 하얀 두건을 쓰고, '청진사(淸眞寺)'라는 이름의 사원(모스크)을 세우고 예배를 보는데, 어떤 신을 숭배하는지 모르겠습니다. 그들은 정기적으로 특정한 달(이슬람역 9월)에 단식을 거행합니다.
>
> 그들은 성군(聖君)의 백성이 된 이상, 통일된 달력을 사용해야

> 하고 조정에서 정한 의관을 입어야 합니다. 어찌 달력을 마음대로 만들고, 하얀 두건을 쓰며, 제도를 어기고, 이상한 옷을 입는 것을 용납할 수 있겠습니까? 그래서 회족에게 공식적인 달력을 사용하고, 의복을 입도록 하고, 모스크를 철폐하고 예배를 금지하도록 명령하시기 바랍니다. 혹시 끝내 고치지 않고 이슬람을 믿으며, 연월을 사사로이 기록하는 자는 이단으로 간주하여 여러 법률을 적용해 처벌해야 합니다. 흰 모자를 쓰는 자는 제도와 법률을 어긴 것과 같이 다루어야 합니다.[136]

위의 상소문에서 유학 출신 관료는 이슬람의 역법, 신, 예배 방식, 무슬림의 복장 등에 의혹을 제기하면서, 무슬림도 중국의 백성인 이상 중국의 법과 풍속을 따라야 한다고 하면서, 그렇게 하지 않을 경우에는 반드시 처벌받아야 한다고 강조한다. 이는 앞 장에서 언급한 바 있는 중국 정부가 위구르족 무슬림에게 중국공산당 종교 정책을 강요한 조치와 크게 다르지 않다. 중국 정부와 한족의 이러한 요구는 무슬림에게 이슬람을 믿지 말라고 강요한 것과 다를 바 없다. 김천주는 당시 유학자들의 이슬람에 대한 반감과 의혹은 그들의 민족적 편견에 기인한다고 본다. 한족 출신 유학자들의 이슬람에 대한 편견은 『청진석의』에서도 찾아볼 수 있다.

---

136 傳統先,『中國回敎史』, 銀川 : 寧夏人民出版社, 2002, p..75 “回民居住内地, 随處皆有考試營業, 與居民无异, 自宜凛遵历度. 乃伊不分大小建, 不論閏月, 以三百六十天爲一年. 始記某日爲歲首, 群相慶贺, 名曰拜年. 又平日早晚戴白帽, 設立禮拜, 清眞等寺名色, 不知供奉何神. 每立把斋明目, 伊等既爲聖世之民, 應遵一統之正朔, 服朝廷之衣冠. 岂容私記歲月, 混戴白帽, 作此違制異服之事. 請令回民遵奉正朔服制, 一應禮拜等寺, 盡行禁革. 倘怙終不悛, 將私記年月者, 照左道惑衆律治罪律治罪. 戴白帽者, 以違制律定拟, 如地方官容隐, 督撫绚庇, 亦一并照律議处.”

그대의 종교가 중국에서 성행하려면 음식과 옷차림도 그 시대의 규범과 제도를 따라야 합니다. 그런데 일부 무슬림은 여전히 걸핏하면 이것저것 까다롭게 가리는데, 음식만 하더라도 이렇게 논의합니다. 일찍이 "개와 돼지는 더러운 것을 잘 먹으며 움푹 파진 낮은 아래를 좋아한다."라고 하였고, 또한 "개와 돼지의 습성은 가장 탁하고 그 기운이 매우 혼미하다."라고 했습니다. 그래서 무슬림은 혼탁한 것을 피해서 그 고기를 먹지 않는다고 하였는데, 당신네 말이 옳다면, 어찌해서 요(堯)·순(舜)·우(禹)·탕(湯)·문(文)·무(武)·공(孔)·맹(孟) 및 역대의 성군과 현인·재상들은 개와 돼지에 대해서 이러한 말씀을 하시지 않았겠습니까? 지금 그대의 말에 따르면, 이전의 옛 유가의 성현이 무슬림보다 못하다는 말입니까?

맹자는 일찍이 "나는 중화 문화에 근거해 오랑캐의 문화를 변화시켰다는 말은 들었지만, 오랑캐에게 변화되었다는 말은 듣지 못했다."[137]라고 말씀한 적이 있습니다. 당신들은 비록 이슬람을 믿고 있지만, 중국에 거주한 시간이 이미 오래되었습니다. 하지만 여전히 이처럼 융통성이 없고 고집이 센데, 올바르게 변화하는 종교는 당연히 이렇게 하지 않습니다. 당신은 또한 이슬람은 성리(性理)의 학문과 마음을 바르게 하고 몸을 수양하는 일을 알고 있으면서 성명(性命)을 해치는 일은 반드시 하지 않는다고 말씀하셨는데, 반드시 그런 것 같지는 않습니다.[138]

---

137 『孟子』, 「滕文公上」, "我聞用夏變夷者, 未聞變于夷者."

138 金天柱, 『清眞釋疑』, 信仰, "子之教既流行中國, 則食物冠裳當遵時制. 子教中人, 動爲揀擇, 一飮食間有如許議論, 嘗言"犬豕穢汚, 喜居洼下", 又言"其性最濁, 其氣最昏." 子教之人, 皆

위에서 유학자는 유학적 잣대를 가지고 이슬람의 의례를 평가하면서 비난한다. 하지만 각 종교의 등장 배경과 이론 체계는 다르다. 따라서 교리와 의례 또한 다를 수밖에 없다. 하지만 특정 종교의 입장에서 타 종교를 평가하면 타 종교는 미개하고 열등한 종교로 간주될 수밖에 없다. 위에서 언급한 유학자도 중국 전통문화(유학)에 근거해서 이슬람을 이해하면서, 중국 이외의 지역 특히 중국에서 멀리 떨어져 있는 아랍 지역에서는 성인(聖人)이 등장할 수 없다고 말하면서, 무함마드의 존재를 부정하고 이슬람을 종교로 인정하지 않고 있다. 김천주는 유학자의 이러한 태도는 민족적 편견에 기인한다고 본다.

한족 출신 유학자들은 이슬람을 미개한 문화로 간주하면서 그들의 종교를 부정했다. 실제로 당시 한족 출신의 유학자는 특정 인종에게 경멸적인 의미로 사용하던 '견(犬)'이라는 어근을 회족(回族)의 '(回)'자 앞에 붙여 '犬回(견회)'라고 부르면서 무슬림을 야만인으로 취급하였다. 이 '犬'자는 중국인들이 중국 주변의 이민족들에게 붙이는 어근이었다. 하지만 중국의 특정 민족에게 '犬'자를 사용한 적은 없었지만, 한족은 회족 무슬림을 경멸한다는 의미에서 '回'자 앞에 어근 '犬'자를 붙였다.[139] 이뿐만 아니라 한족은 무슬림이 중국식 의복을 착용하도록 하고 중국어를 사용하도록 하는 등 법제 규제와 강제 조치를 취했다.

김천주는 한족의 이슬람에 대한 의혹과 비난은 한족 출신 유학자들의 민족적 편견 때문이기도 하지만 중국이슬람 내부에도 원인이 있

能避昏濁而不食, 胡以堯舜禹湯文武孔孟以及歷代之聖君賢相, 未有言及犬豕若此者? 今以子言, 是前古聖賢皆不如子教之人乎? 孟子曰, "吾聞用夏變夷, 未聞變于夷." 子輩雖回教, 久居中夏, 仍如此之拘執, 善變者當不若是. 而子且言教中人皆知性理之學, 正心修身之事, 決不至有傷性命, 是未必然."

139 황병하.「중국 무슬림의 종교적 정체성과 인권 침해」,『중국중동학회논총』33(3호), 143쪽

다고 생각했다. 외래에서 유입된 이슬람에 대해서 유학자들이 의혹을 지닐 수 있고, 중국 무슬림은 이러한 유학자들의 의혹에 대해서 충분하게 해명해야 했다. 하지만 아쉽게도 그 당시 중국 무슬림은 유학자들의 의혹에 해명할 만한 능력을 지니고 있지 않았다. 명나라가 쇄국정책을 시행하면서 아랍 무슬림이 중국에 들어올 수 없게 되면서 중국 무슬림은 그들로부터 이슬람의 교리나 의례를 배울 수 없었고, 단지 선조 대대로 전해진 교리나 의례만을 고수하고 있었기 때문에 유학자들의 의혹을 해소할 만한 지식과 능력을 지니고 있지 않았다. 중국 무슬림의 이러한 모습은 한족 유학자들의 눈에는 고집이 세고 융통성이 없는 무지한 무슬림으로 비쳐질 수밖에 없었을 것이다.[140] 그래서 호회원(胡滙源)이 쓴 『청진석의』 「서문」을 보면, 그 당시 중국 무슬림은 이슬람을 깊이 이해하지 못하고 있었음을 알 수 있다.

> (중국 무슬림은) 교의와 경전을 준수하여 상세히 연구하면서 바꾸려고 하지는 않았지만, 일상생활에서의 종지(宗旨)는 오히려 몽매해졌다. 내가 믿지 않으면 다른 사람 역시 의심한다. 나는 교학을 담당하면서부터 사방을 유람하여 수많은 이슬람 동포를 만났는데, 10명 중에 5~6명은 이슬람의 행위 방식을 분명하게 알지 못하였다. 그런데 재능이 뛰어난 사람들은 또한 자신의 종교 지식을 자찬하면서 종파의 스승(宗師)이라 칭하였다. 내가 보기에, 그들 모두 김천주 선생과 같은 뛰어난 재능을 지니지 못하였다.[141]

---

140 권상우, 같은 논문, 226쪽 참조

141 金天柱, 같은 책, 「胡滙源序」, "雖遵用敎典, 斤斤勿渝, 而日用民尙懵厥宗旨. 己則不信, 人亦疑之. 予自授書後, 行遊四方, 觀敎中人士伙矣, 其間如前所陳十常五六, 而天姿秀挺者, 亦間

호회원은 중국 무슬림은 조상 대대로 전해 내려오는 의례만을 준수할 뿐이며 이슬람의 진의(眞意)를 밝히려고 하지는 않았다고 말하고 있다. 실제로 당시 무슬림 내부에는 이슬람의 진의를 모른 채 세상에서 벗어나서 은둔하려는 종교적 태도를 이슬람의 수행 방법으로 오인하거나, 민간 신앙과 결탁한 이슬람을 정통이슬람이라고 여기면서 자신들이 이슬람의 적통을 계승하고 있다고 떠벌리면서 다니기도 했다. 그들의 이러한 종교 행위는 한족 유학자뿐만 아니라 중국이슬람 내부에서도 멸시와 조소꺼리가 되었다.[142] 그렇다고 당시 중국 무슬림 학자 중에 이슬람 교리를 연구한 지식인이 전혀 없었던 것은 아니다. 『청진석의』에서 다음과 같이 밝히고 있다.

> 그러나 이런 의혹에 대해 설명하지 않은 것은 우리 무슬림 중에 인재가 없기 때문이 아니라 대부분 선배들이 심오한 교리만을 저술했을 뿐이며, 위에서 언급한 의문에 대해서는 말하려 하지 않았을 따름이다. 일찍이 왕대여(王岱與) 선생은 『정교진전(正教真詮)』·『청진대학(清真大學)』·『희진정답(希真正答)』을 저술하였고, 마주(馬注) 선생은 『청진지남(淸眞指南)』을 저술하였다. 그 이후 유지(劉智) 선생이 『천방성리(天方性理)』·『천방전례(天方典禮)』 등을 저술하였는데, 그 수를 다 헤아릴 수가 없다.
> 그들의 책은 이슬람교 경문을 모아 이슬람의 교의를 서술하였고, 진주(眞主)에 관한 인식과 예배, 그리고 이슬람의 일상을 적었지만, 그 문자는 대부분 무슬림 내부의 지식인을 가르치기 위

能力自表揭, 號稱宗師."

142 金義久, 『蘇非主義在中國』, 中國 : 社會科學文獻出版社, 2015, p.235.

한 내용으로 구성되었다. 또한 서책이 방대하고 번잡하니, 누가 마음을 다해 궁구하려 하겠는가? 이에 중국 각 교파 사람들은 민족 편견을 지니고 있었기 때문에 비록 아름다운 옥과 순금이 있더라도 모두 없애려 하였다. 그리고 이것이 앞서 말한 여러 의혹이 발생한 원인이며, 예외는 매우 적다. 각 종교가 한 번 보기만 하고서 이슬람을 알 도리가 없었고, 의혹은 마침내 해소되지 못하였다.[143]

김천주가 활동할 당시 무슬림 한학자들은 이슬람 지도자를 양성하기 위해서 한문으로 이슬람 경전을 유학의 용어로 번역하거나, 이슬람교 경문을 통해 교의를 연구하면서 종교론·우주론·심성론·종교 의례에 관한 방대한 분량의 서적을 집필하기도 했다. 하지만 그들의 번역과 해석은 이슬람 지도자 양성에는 도움이 되었을지라도 일반 무슬림이 이슬람을 이해하고 종교 활동을 하는 데에는 도움이 되지 않았고, 오히려 유학자들의 의혹만 키웠다. 그래서 김천주는 유학자들의 의혹을 직접 해명하고자 하였다.

김천주는 당시 무슬림은 한족의 의혹을 해소하고 중국이라는 공간에서 이슬람이 생존하고 융성하기 위해서는 이슬람에 대한 소양뿐 아니라 유학적 소양도 지니고 있어야 한다고 보았다.

143 金天柱, 같은 책, 「自序」, "然不能釋者, 非吾教之無人, 蓋緣吾教諸前輩只自作大言而不屑白此目前疑案. 昔岱輿王先生著有『正教真詮』·『清真大學』·『希真正答』, 而『清真指南』則文炳馬先生之筆也. 迨其後介廉劉先生又著『天方性理』·『天方典禮』之類, 不可枚舉. 皆集吾教之經, 以闡吾教之義, 其事則認主拜主民常日用, 其言則指點教內之人者居多. 且書冊浩繁, 誰肯究心探討? 乃各教之人先存己見, 雖有美玉精金盡行抹煞. 而前此數事爲之, 特疏者亦少. 各教無從一覽而便知, 而疑卒以不釋".

무슬림 중에 배우지 않은 사람은 여전히 교의조차 이해하지 못하고 있는데, 무엇에 근거하여 의혹에 대해서 대답할 것인가? 또 배웠다는 자들도 유학과 이슬람을 겸비하지 못하였다. 우리 중에 어릴 때부터 유학의 경전만을 읽고 이슬람 경전을 아직 읽지 못한 사람은 근본 없는 학문을 하는 것인데, 각기 다른 종교와 문답을 한다면 어찌 밝게 통하겠는가?
이슬람 경전을 연구하는 사람일지라도 유가의 서적을 쌓아만 두고 다른 사람에게 물어 공부하지 않는다면 유학 경전을 인용하여 이슬람의 교의를 명쾌하게 해석할 수 없다. 그 정성스러운 마음을 크게 드러내어 이슬람과 유학 두 사상을 대비하면서 논의해야만 의구심을 갖고 묻는 사람들에게 활연히 통하도록 이야기할 수 있다. 만약 이러한 인재가 있다면, 누가 다시 우리를 치우쳤다거나 다르다 하고 무슬림이 막혀 통하지 않는 사람이라 하겠는가?[144]

김천주는 유학과 이슬람의 경전과 교리 모두를 중시했다. 그는 무슬림 지식인들이 유교 문화에 대한 이해가 부족했기 때문에 한족의 의혹에 호응할 수 없었다고 보았다. 그래서 그는 회회관(回回館)의 교사를 겸직하면서 유교의 풍속, 인정, 일상 예절에 관해서 하나하나 분명하게 밝혀서 사람들의 이슬람에 대한 미혹을 없애고자 했다. 그는 이슬람과 유학의 교리만을 보면 이질적으로 보이지만 그들의 풍속과 인

---

144 金天柱, 같은 책, 「總論」, "吾教之不學者, 己尙不明, 何由對答, 且學不能以兼, 該如吾輩幼習儒書, 未讀本教之書, 是無本之學, 與各教文答, 焉能曉暢, 卽專習吾教之書, 而置儒書于不問, 亦不能引經釋矣, 大白其衷, 兩兩比議, 使問者卽爲豁然. 沒有之矣, 其誰又復曰偏異拘執者乎?"

정(人情)을 보면 유사한 측면이 있다는 것을 알고서, 유학과 이슬람의 풍속을 비교하면서 이슬람 의례의 합리성을 밝히고자 했다.

> 나는 어렸을 때 이슬람교 경전을 읽었고, 지금은 또한 사역관에 재직하면서 이슬람교와 유가 경전에 실린 풍속과 인심을 이해하면서 양자 간에 매우 유사하면서도 미미한 차이만이 있음을 알게 되었다. 그래서 사례를 찾고 비유를 들어서 그 의미를 세상 사람에게 널리 알려서 양자 간의 의심을 해소하고 화목하게 지낼 수 있도록 하고자 하였다. 하물며 우리는 동일한 군주를 모시고 함께 섬기는 신하인데, 어찌 같은 조정에서 살면서 의심하고 비난하며 피차간에 어금니를 드러내고 헐뜯는 소리를 앉아서 들을 수만 있겠는가? 이 『청진석의』 역시 각 종교가 이슬람에 대해 제멋대로 논하는 것에 대해서 어쩔 수 없이 저술하였다. 이 책이 무슬림 선배들의 뜻에 어긋나지 않으면서도 지금 사람들에게 이슬람의 교의를 충분히 밝힐 수 있기를 바란다.[145]

김천주는 이슬람에 대한 한족의 의혹과 비난은 유학과 이슬람이 다르기 때문이라고 보면서, 이슬람과 유학의 의례를 비교하면서 양자가 크게 다르지 않음을 밝히고자 했다. 그래서 김천주는 한족이 비난하고 의심하는 이슬람 의례와 유사한 의례를 유가 경전이나 역사서에서 찾고서, 이슬람의 의례가 유학자들이 말한 바와 같이 터무니없는

145 金天柱, 같은 책, 「自序」, "予幼習本教之書, 今又職司譯學, 其于布在方策之風俗人情, 每有同異之處, 正當旁引曲喩, 以白吾人, 使無嫌隙. 況君共一郡, 臣共爲臣, 岂可令同室疑議, 而坐廳其彼此之牙眥者哉. 玆釋疑之說亦迫于各教之橫議而起者, 予期告無罪于前輩, 幷期闡厥義于今日."

것이 아니라 합리성을 지니고 있음을 밝히고자 했다. 이러한 과정을 통해 양자 간의 이질감을 해소할 수 있다고 보았다.

김천주는 『청진석의』에서 당시 한족이 이슬람에 관해서 품고 있던 의혹들을 해명하였다. 이슬람에서는 왜 개와 돼지고기를 왜 금하는지, 혼례에서는 왜 음악을 사용하지 않는지, 이슬람에서는 왜 신상을 설치하지 않는지, 왜 아침저녁으로 서쪽을 향해서 예배를 드리는지, 그리고 왜 이슬람교를 '청진(淸眞)'이라 하고 '회교(回敎)'라고 부르는지에 관해서 해명하고자 했다. 그는 당시 이슬람에 의혹을 제기한 유학자들에게 쉽고 생동감 있게 전달하기 위해서 가상의 유학자를 등장시키고 그 유학자와 대화하는 방식으로 『청진석의』를 서술하였다. 그는 이 책에서 가상의 유학자가 이슬람에 관한 의혹을 제기하면 그 의혹에 대답하는 방식으로 서술하였다.

2) 이슬람의 의혹에 대한 해명

이슬람이 중국문화와 공존하기 위해서는 무엇보다도 유학자의 이슬람에 대한 의혹을 해소해야 한다. 앞에서 유학자가 지적한 바와 같이 이슬람이 중국에 유입되었다면 중국의 현지화 즉 이슬람의 중국화가 필요할 수 있다. 실제로 이슬람이 아랍에서 등장해서 서쪽으로 이동하면서 기독교와 결합한 역사를 지니고 있으며, 페르시아와 중앙아시아로 확장하면서 그 지역의 문화와 융합하기도 했다. 앞에서 언급한 신장 지역에서는 위구르의 민족 신앙과 결합한 이슬람 형태로 나타나기도 했다. 그래서 이슬람이 중국적 토양에서 생존하기 위해서는 중국의 현지화 즉 이슬람의 중국화가 필요하다. 하지만 이슬람의 중국화에서 '중국화'만을 강조하면 이슬람의 정체성을 상실할 수 있고, 반대로 이슬람만을 강조하면 중국화의 의도가 퇴색되면서 한족과의 충돌을 피할 수 없을 것이다. 이는 앞 장에서 논의한 위구르족과 중국 정부의 충돌에서도 알 수 있다. 중국 정부의 종교 정책을 위구르족이 수용하지 않을 경우에 양자의 충돌은 불가피해 보인다. 그래서 이슬람의 중국화는 쉽지 않다.

김천주가 살았던 청나라의 통치 사상은 유학이었다. 따라서 '이슬람의 중국화'는 당연히 '이슬람의 유학화'를 의미한다. 그래서 중국 무슬림은 중국 전통사상 중에서 불교와 도교를 비판하면서도 유학은 긍정적으로 평가할 수밖에 없었다. 하지만 앞에서도 언급한 바와 같이 이슬람의 유학화는 이슬람을 유학에 포섭시켜서도 안 될 뿐만 아니라 유학이 이슬람을 한문으로 번역하기 위해 차용한 학문쯤으로 간주되어서도 안 된다. 김천주를 비롯한 당시의 중국 무슬림 한학파는 둘 중에 어느 한 쪽에 치우치긴 했지만 기본적으로는 양자 간의 평등한 관계에서 이슬람의 중국화를 모색했다.

김천주는 이슬람의 중국화를 한족의 이슬람에 대한 의혹을 해소하는 과정을 통해서 모색하고자 했다. 그래서 그는 유학의 정통성 즉 유학의 도통(道統)의 관점에서 이슬람의 교리와 의례의 합리성을 밝히고자 한다. 그는 다음과 같이 말한다.

> 세계는 드넓고 각 지역의 풍속이 달라서 언어·복장·제도가 다르다. 중국 내에서 논하더라도 지역마다 각기 일치하지 않는데, 어찌 어긋난다고 할 수 있겠는가? 오직 인류의 강상과 법도만은 완전히 같다. 맹자는 "양주(楊朱)는 군주가 없고, 묵적(墨翟)은 어버이가 없다."라고 말하였다. 불교와 도교에서도 또한 군주에게 천거하고 어버이에게 은혜를 갚는다고 하였지만, 군주와 어버이를 거론한 것은 가짜이며, 마침내 군주와 어버이를 쓸

> 모없는 것으로 버려두니, 둘 다 이에 관한 윤리가 없을 따름이다. 우리 이슬람은 강상을 일으키고 윤리와 법도를 정돈한 구체적인 일에서도 찾아볼 수 있으며, 양주와 묵적의 설과는 크게 차이가 난다. 지금 인의(仁義)를 해치고 군신(君臣)을 폐하고, 강상의 윤리를 멸하고 부자 간의 천륜을 끊는 것에 대해서는 버려두고 궁구하지 않는다. 그럼에도 우리 무슬림을 만나면, 한족은 사소한 일로써 무슬림을 자극하면서 의론이 끊임없이 일어났다. 이슬람은 수당(隋唐) 때에 중국에 유입되면서부터 현재 청나라에 이르기까지 1,000여 년 동안 국가를 위해 헌신하였고,황제의 은혜에 보답하려고 노력하고 있는데, 유교와 무엇이 다른가?[146]

김천주는 유교와 이슬람의 의례에 관한 세부적인 내용은 다르지만, 강상윤리를 바른 도(正道)로 삼고 있다는 점에서는 유사하다고 주장한다. 그가 말한 강상윤리는 유학의 정체성을 드러내는 핵심 내용이다. 맹자는 군주와 부모의 도리에 근거해서 묵자와 양주를 비판하면서 인륜(군신, 부자, 부부, 장유, 붕우)의 '도(道)'로 제시하였고,[147], 『중용』에서도 맹자의 다섯 가지 인륜을 '오달도(五達道)'로 표현하였고, 성리학에서도 강상윤리에 근거해서 불교와 도교를 비판하기도 하였다. 김천주는 이슬람에서도 강상윤리를 중시한다는 것을 강조한다. 그래서

146 金天柱, 같은 책, 「自序」, "天地之大, 五方風氣之異, 言語.衣服.制度之殊, 卽中夏論之, 皆有同異, 何足乖張? 惟是人綱人紀, 悉歸於大同, 孟子曰楊無君, 墨無父. 吾教振綱常飭倫紀, 般般可据, 與楊墨大相徑庭. 殊不知吾教自隋唐相沿至今版圖, 千百餘年, 代國家出力報效, 與儒教何異?"

147 『孟子』, 「滕文公」, "人之有道也, 飽食煖衣, 逸居而無教, 則近於禽獸, 聖人有憂之, 使契爲司道, 教以人倫, 父子有親, 君臣有義, 夫婦有別, 長幼有序, 朋友有信."

이슬람이 유학의 도리에 어긋난 종교가 아니라는 것을 밝히고자 한다. 그래서 그는 "오늘날 말하는 (이슬람의) 삼강오상 즉 군신, 부자, 형제, 친구 관계는 유학자와 조금도 다르지 않다. 어찌 군주를 버리고 부자 관계를 단절하면서 낳고 기른 도리를 부정하고 '청정적멸'의 인생관을 추구하겠는가?"[148]라고 하면서, 이슬람에서도 강상윤리와 법도를 중시하고 있다는 것을 강조한다. 그는 유학의 관점에서 이슬람이 이단이 아니라는 것을 밝히고자 한다.

김천주는 강상윤리가 이슬람의 핵심 내용임을 밝히고 있다.[149] 실제로 이슬람도 알라를 숭배하긴 하지만 일상에서의 삶과 종교 활동을 중시한다.[150] 서정민 교수는 꾸란에서 오륜과 관련된 항목을 데이터베이스인 이슬라미시티의 검색엔진[151]에서 주제별로 검색해 본 결과 군신유의와 관련된 단어가 305개, 장유유서와 관련된 주제가 7건, 결혼(marriage) 21건, 부모(parents) 24건, 부인(wives) 30건, 아들(sons) 7건, 이혼 24건이 나타난다는 조사 결과를 발표하였다.[152] 실제로 이슬람은 알라를 숭배하는 종교일 뿐만 아니라 통치철학이고 삶의 종교이다. 이슬람에서 무함마드는 하나님의 계시를 전한 예언자인 동시에 이슬람 국가를 창설하고 통치한 정치 지도자로서 세속적인 윤리를 강조했다. 이는 다른 종교에서 나타나지 않는 특이한 종교현상이기도 하

---

148 金天柱, 같은 책, 「總論」, "今日三綱五常, 子臣第友, 毫不異于儒生, 岂棄而君臣, 去而父子, 禁而相生相養之道, 以求其所謂淸靜寂滅者哉".

149 중국 전통 사회에서 인륜은 두 유형으로 구분해 볼 수 있다. 유학에서는 수평적 인륜 관계를 중시하지만 현실 정치 논리에서는 수직적 인륜 관계를 중시한다. 김천주를 비롯한 중국 무슬림은 중국에서 생존하기 위해서는 당시 정치이념인 수직적 인륜 관계, 특히 군주와의 관계에서 상하 관계를 지지할 수밖에 없었다.

150 야하야 에미릭 지음, 한상연 옮김, 『이슬람』, 삼양미디어, 2012, 114쪽 참조

151 서정민 교수는 데이터베이스인 이슬라미시티(www.islamicity.com)에서 검색했다고 한다.

152 서정민, 「이슬람에 나타난 삼강오륜」, 『한국이슬람학회논총』 23(2), 2013, 8-13쪽

다.[153]

이슬람은 광범위한 종교 체제를 지니고 있지만, 세속적인 윤리를 중시하는 태도는 유학과 크게 다르지 않다. 그렇다고 김천주가 유학과 이슬람의 강상윤리가 동일하다고 말한 것은 결코 아니다. 하지만 그는 양자 간의 유사성을 강조하면서 인륜을 바른 도(正道)이며 시간과 공간을 초월한 영원한 진리(常道)라고 말한다. 그는 "만약 우리 이슬람 교의에 군신(君臣)이 없고 부자(父子)가 없다면, 이는 반드시 바꾸어야 합니다. 또한, 부부의 구별이 없고 형제와 벗 간의 신의가 없다면 이것도 마땅히 바꿔야 합니다. 나라에 세금을 내지 않고 어른과 젊은이의 차례가 없으며, 인의예지(仁義禮智)가 없다면 그대가 말을 하지 않아도 바뀐 지가 오래되었을 것입니다. 지금 무슬림이 군신·부자·부부·형제·붕우·세금·장유에 대해 어떻게 하고 있습니까?"[154]라고 하면서, 이슬람은 세속적인 의무를 다하고 있는데, 이는 유학과 다르지 않다는 것을 거듭 강조한다.

김천주는 오륜 중에서도 충과 효를 특히 강조한다. 『꾸란』에서도 충과 효에 관한 장이 많다. 이슬람에서 忠은 순종의 의미를 지닌다. 『꾸란』에는 "너희들은 진주에 복종해야 하고, 사자와 너희 가운데 일을 맡은 책임자에게 충성해야 한다."라고 기록하고 있다. 무슬림은 알

153 Esposito, John L., ed. Politcal Islam: Revolution, Radicalism or Reform? Boulder, CO:Lyne Riener Publication. 1997, p.p 13-14

154 왕대여는『希眞正答』에서 이슬람의 인의예지신을 다음과 같이 설명하고 있다. "오직 정교(이슬람)의 오상(五常)으로 말하면, 인(仁)은 진주의 조화에 감사하게 생각하고, 의(義)는 진주의 보시를 대신해서 다스리는 것이며, 예(禮)는 진주의 은덕과 자애에 배례하며 감사하는 것이고, 지(知)는 진주의 유일성을 아는 것이며, 신(信)은 진주의 밝은 명을 온전히 믿는 것이다. 군자 부자 부부 형제 붕우의 도는 모두 이 근원에서 나온 것이며, 서로 돌아가는 바가 없지 않다. (唯正教之五常, 仁爲感念眞主之造化, 義爲代理眞主之普施, 禮爲拜謝眞主之恩慈, 智爲辨認眞主之獨一, 信爲全信眞主之明命. 其君臣, 父子, 夫婦, 昆弟, 朋友之道, 皆自此源而發, 莫不互有所歸焉)

라신에게 순종해야 할 뿐만 아니라 사도 무함마드에게 순종해야 하며 정치가에게도 순종해야 한다고 말한다. 이슬람에서는 물론 알라에 대한 충성이 신앙의 근간이지만 무함마드와 군주에 대한 충성도 강조한다. 그러나 중국에서와 같이 군주가 이슬람을 신봉하지 않는다면, 과연 군주에게 충성해야 하는가? 이슬람의 교의에 따르면, 중국의 군주에 대한 충성은 알라의 뜻을 어기는 행위가 된다. 실제로 이는 중국 무슬림의 생존과 관련된 중요한 문제이기도 하다. 이에 대해 김천주는 '군주를 알라의 그림자'[155]로 이해하면서 알라에 충성해야 할 뿐만 아니라 중국의 군주에게도 충성해야 한다는 '이원충성론(二元忠誠論)'을 주장했다. 그의 이러한 주장은 이슬람 국가뿐만 아니라 위구르인 이슬람에서도 결코 용인될 수 없었다.

김천주는 이슬람에서는 충뿐만 아니라 효도도 중시한다고 강조한다. 그는 "인간사에서 가장 숭고한 덕목은 충효이다."[156]라는 점을 언급하면서, 유학자들이 효를 중시하면서도 무슬림들이 선조의 종교를 따르는 행위를 비난하는 것은 잘못된 것이라고 비판한다. 김천주가 "지금 당신네들은 우리가 선조의 가르침을 준수하고 있는 행위를 보고 이단이라고 비난하는데, 그러면 선조의 가르침을 어기는 것이 바른 학문입니까? 지혜로운 자는 이렇게 생각하지 않으리라 생각합니다."[157]라고 말한 것에서도 알 수 있듯이, 조상의 가훈을 계승하고 이슬람의 종교 의례를 성실하게 수행하는 행위가 바로 유학에서 말한 효인데, 무슬림에게 선조의 종교인 이슬람을 신봉하지 말라는 것은 무슬림 선조

155 金天柱, 같은 책, <禮拜> "世界之君王 卽主宰之影射"

156 金天柱, 같은 책 <飮食>, "世間好事惟忠孝"

157 金天柱, 같은 책, <信仰>, "乃反以不遜之語, 斥遵祖訓爲異端, 將以非祖訓爲正學, 吾恐智者不若是也"

에게 불효하라는 것과 다를 바가 없다고 비판한다. 김천주는 자신들 무슬림이 이슬람을 신봉하는 것을 선조에 대한 효로 표현하면서 유학자들의 비판에 대응하고 있다. 그렇다고 그들이 이슬람의 교리에 벗어난 것은 아니다. 실제로 이슬람에서도 효를 중시한다. 『꾸란』에는 "주님이 명령하사 그분 외에는 경외하지 말라 했으며, 부모에게 효도하라 하셨으니, 그들 중 한 사람 또는 두 사람이 나이가 들 때 그들을 멸시하거나 저항치 말고 고운 말을 사용하라 하셨다."(『꾸란』 17장 23절)라고 기록하고 있을 뿐만 아니라 이슬람에서 효도는 예배 시간에 예배드리는 것 다음으로 중요한 의무로 간주하고 있다. 김천주는 이슬람도 효와 충을 중시한다는 것을 제시하면서, 유학의 강상윤리에 벗어나지 않고 있다는 것을 밝히고 있다.

김천주는 유학의 도통(道統)론을 그대로 수용하면서 양주(楊朱)는 충(忠)을 중시하지 않았고, 묵자(墨子)는 효(孝)를 부정했으며, 도교와 불교는 세간을 떠나서 청정적멸(淸靜寂滅)을 추구한다고 비판한다. 그는 이슬람에서도 물론 개인적 성향에 따라서 출가수행을 할 수는 있지만, 일상의 강상윤리, 즉 부모님이 돌아가신 후, 자녀가 결혼해서 자신을 대신해서 가문을 지킬 수 있을 때, 채무가 없을 때 등 세속적인 일들을 깨끗이 정리한 후에만 출가해서 수행할 수 있다고 강조한다. 실제로 하디스에도 히즈라(악과 불의를 떠나 선과 정의를 추구하기 위해 가는 것)와 지하드보다도 부모에게 효도하는 것이 더욱 중요하다고 기록하고 있다.[158] 김천주의 이야기에 따르면, 이슬람이 세속적

---

158 하디스에 기록하기를, 압둘라 이븐 암린 븐 알-아시가 전하는 바에 의하면, 한 남자가 선지자께 다가가서 물었다. "저는 사도님게 맹세컨대, 히즈라(악과 불의를 떠나 선과 정의를 찾아 가는 것)와 지하드에 나갈 준비가 되어 있습니다. (그것으로 인해) 알라로부터 보상받기를 원합니다." 그 분이 말씀하시길, "너의 부모 중 살아계시는 분이 한 분이라도 있느냐?" 그가 말하기를 "예 두 분 모두 살아계십니다." 그 분이 말씀하시길, "그러면 알라의 보상을

인 의무와 윤리를 중시한다는 점에서 볼 때 유학의 도리에 어긋난 것은 아니다. 실제로 그는 유학의 도통(道統)을 강조한 맹자·한유(韓愈)·유종원(柳宗元)·구양수(歐陽修)·소식(蘇軾) 등의 문장을 인용하면서 이슬람의 오묘한 이치를 설명하는[159] 등 이슬람이 유학의 도통에 위배되지 않았음을 강조한다.

김천주는 유학의 천도(天道) 개념에 근거해서 무함마드가 성인이라는 것을 증명하고자 한다. 유학에서는 하늘의 공평무사한 도리(天道)를 강조한다. 그래서 김천주는 유학의 천도에 따르면 모든 지역에서 성인이 등장할 수 있다고 주장한다. 만약 중국에서만 성인이 등장하고 다른 지역에서는 등장할 수 없다면, 이는 공평무사한 하늘의 도리(天道)에 어긋난다고 반문한다. 천도는 세계 어느 지역에서도 실현되기 때문에 성인은 중국에서 뿐만 아니라 중국과 유럽에서도 등장할 수 있다고 본다. 이슬람에서는 알라의 명을 받아서 각 지역에서 활동한 여러 사자 모두를 성인으로 인정하고 있다. 실제로 이슬람에서는 유대교의 모세, 이삭, 그리고 기독교의 예수를[160] 성인으로 인정하고 있다. 그래서 김천주는 중국에서도 성인이 등장할 수 있다고 하면서[161] 실제로 공자를 성인으로 인정한다. 실제로 마덕신과 같은 한학파는 공자를 동방의 성인으로, 무함마드를 천방(天方, 아랍을 의미함)의 성인으로 부르기도 했다.

김천주는 당시 이슬람 의례에 대한 의혹을 해소하기 위해서 유가

받기를 바라는가?" 그가 말하기를, "예" 그 분이 말씀하시길, "그러면 너의 부모님께 돌아가라. 그리고 그 분들과 같이 살면서 그 분들께 효도하도록 하라."

159 金天柱, 같은 책, <馬廷輔序>, "予讀其文皆本韓, 柳, 歐, 蘇之筆, 發清真奧妙之典, 洞若觀火, 毫無障翳."

160 金天柱, 같은 책, <眞主>, "耶穌實西方之聖人, 亦主宰之差使"

161 金天柱, 같은 책, <禮拜>, "汝不聞天道至公. 至公者 , 無私也. 豈天獨厚中國而生聖人, 以教中國, 即不復 生聖人以教各方乎?"

경전이나 역사서에서 관련 내용을 찾아서 그 의례의 정당성을 밝혔다. 김천주는 "무슬림은 (음식을) 가려 먹는다."는 한족의 비난에 대해 다음과 같이 해명한다.

> 세상 사람들은 이슬람 교리를 모르면서 마침내 물의(物議)를 일으키니, 아, 이것은 오해일 따름이구나! 이는 공자의 책을 읽지 않는 것과 같다. 『논어(論語)』「향당(鄕黨)」 편에서는 먹지 말아야 할 음식을 언급한 내용이 매우 많다. 예컨대, 바르게 자르지 않은 음식은 먹지 않고, 간을 적절하게 하지 않은 음식은 먹지 않으며, 상하거나 쉰 것과 생선이 상하고 고기가 부패한 것은 먹지 않는다. 또한 음식의 색깔이 변했거나 냄새가 나쁘거나 혹은 익힌 것이 적당하지 않거나 제철에 맞지 않거나, 혹은 시장에서 구입한 술과 포 모두 먹지 않는다. 제사 지낸 고기는 3일을 넘기지 않았고, 3일을 넘기면 먹지 않았다. 이렇게 하는 것은 모두 사람의 성품을 배양하고 생명을 지키며, 천지가 만물을 낳는 마음을 체험하기 위함이니, 성품을 상하게 하고 생명을 빼앗는 잘못을 저지르지 않기 위한 것이다. 세상 사람들은 대부분 공자를 높이고 공경해야 한다는 것은 알지만, 공자의 말씀을 따라 행하면서 먹지 말아야 할 것을 먹지 않는 사람이 몇 명이나 되겠는가?[162]

---

162 金天柱, 같은 책, <總論>, "各教未得其祥, 遂生物議, 噫! 誤矣. 不讀孔子書矣, 鄕黨篇中不食者甚多. 如割不正不食,不得其醬不食, 食饐而餲, 魚餒而肉敗不食. 色惡, 臭惡, 失飪, 不時, 古酒, 市脯皆不食, 至于祭肉亦不出三日, 出三日則不食. 凡此皆攝其性, 固其命, 體天地生物之心, 不致有傷性伐命之咎. 世之人多知尊孔子, 敬孔子. 其能行孔子之言而不食其不食者, 果有機人"

김천주는 이슬람에서 음식을 가려 먹는 규범은 공자의 말씀에서도 찾아볼 수 있다고 한다. 만약 유학자들이 이슬람의 음식 문화에 대해 비난한다면, 공자의 음식에 관한 말씀도 비난해야 한다고 하면서, 자신들 무슬림이 오히려 한족보다도 공자의 가르침을 더 잘 실천하고 있다고 하였다. 그리고 한족의 무슬림에 대한 비난은 그들의 민족적 편견에 기인한다고 비판한다.

김천주는 이슬람과 유학의 강상윤리가 유사하다는 점을 강조하면서도 양자 간의 차이가 있음을 인정한다. 그는 이슬람과 다른 유교의 의례를 비판하기도 한다. 특히 유교의 제사 문화를 비판했다. 그는 땅에 술을 붓고 종이돈을 태우는 등의 제례는 합리적이지 않다고 비판하면서, 음식과 돈을 준비해 이웃의 불우한 사람들을 돕는 이슬람 제례가 더 합당하다고 말한다. 이와 같이 하는 것이 유학의 효에 부합되며, 당시 유교의 제사 의례는 오히려 유학의 효에 부합하지 않는다고 비판한다. 유교의 이런 제사 문화는 유학의 본래 의례가 아니라 불교와 도교의 잘못된 의례를 수용한 결과라고 비판한다. 이 외에도 그는 『청진석의』에서 『논어』, 『시경』, 『예기』 등의 유가 경전을 빌려서 이슬람의 의례의 합리성을 밝혔다.

무슬림 학자인 석가종(石可宗)은 『청진석의』 서문(序文)에서 "이슬람이 수당(隋唐)시기 중국에 전해진 이후에 마음을 밝히고 본성을 실현하고자 하는 모든 종지(宗旨)는 유학과 서로 겉과 안(表裏)를 이루었다. 이 책은 말의 뜻이 분명한데, 유가의 이치를 가지고서 이슬람을 두루 통할 수 있음을 설명하였다."[163]라고 적고 있다. 이와 같이 석가종

163 金天柱, 같은 책, <石可宗序>, "自隋唐傳入中幅, 一切明心見性之旨, 足與吾儒相表里. 其中詞旨顯豁, 大率取儒家道理, 以證金天柱,

은 이슬람과 유학 양자 간에 유사성이 있기 때문에 김천주가 유가의 도리에 근거해서도 이슬람의 교의를 충분하게 규명할 수 있었다고 평가하였다.

3) 유학의 한계와 극복

김천주는 유학과 이슬람의 공통적 기반 위에서 유학자들의 이슬람에 대한 의혹을 해명했다. 그러나 김천주는 유학자의 의혹에 대한 해명에서 그치지 않고 유학의 한계를 이슬람의 주재(알라)로 극복해야 한다고 주장한다. 김천주가 유학자의 의혹에 해명한 것에서도 알 수 있듯이, 유학과 이슬람 모두 강상윤리를 중시하지만 그 배경은 다르다. 이슬람에서는 강상윤리를 유일신인 알라를 숭배하고 알라의 말씀에 따라서 일상에서 실천하는 도리로 본다면, 유학에서는 강상윤리의 이론적 근거를 인간 본성(性)과 자연의 법칙(理)에서 찾는다. 그래서 김천주는 양자의 차이성을 인정하면서 양자의 관계성을 새롭게 정립하고자 한다.

> 그것(道)을 전하는 학설은 물론 하나는 아니겠지만, 그것을 전하는 이유는 삼강오상(三綱五常)[164]과 하늘(天)과 사람(人)의 일이 서로 다하도록 하는 것 이외에는 없습니다. 그 유형을 미루어 보면, 도덕으로 전하는 사람이 있고, 사공(事功)으로 전하는 사람이 있습니다.[165]

---

164 三綱은『白虎通』, '三綱六記'에 "三綱者 何謂也? 君臣, 父子, 也"라고 하며, 孔潁達의『禮緯含文嘉』에는 "君爲臣綱, 父爲子綱, 夫爲妻綱"으로 설명한다. 五常은 仁義禮智信을 말한다.

165 金天柱, 같은 책, <書敍>, "傳之者固不一, 而其所以傳之者, 不外于三綱五常, 天人之事交盡而已. 推其類, 則有以道德傳者, 有以事功傳者."

김천주는 유학과 이슬람은 모두 삼강오상(三綱五常)과 하늘의 도(天道)와 사람의 도(人道)를 다하고자 한다는 점에 있어서 동일한 것으로 간주한다. 그는 유학의 천인합일(天人合一)사상에 근거해서 이슬람을 해석하고자 한다. 하지만 유학과 이슬람에서 말한 천도(天道)의 의미는 다르다. 유학에서의 천도는 자연의 법칙을 의미하고, 이슬람에서는 알라를 의미한다. 그래서 유학의 강상윤리는 자연의 법칙에 근거한다면, 이슬람에서는 알라의 말씀에서 강상윤리의 정당성을 확보한다.[166]하지만 김천주는 유학 경전에도 유일신인 알라와 유사한 신(神) 개념이 있었음을 강조한다.

> 유교의 경전에서는 '상제(上帝)'를 말한 기록이 적지 않은데, 그 가운데 가장 쉽고 명확한 것은 『시경(詩經)』의 "그 덕이 능히 상제와 짝하였다."는 것입니다. 주희(朱熹)는 이에 대해 주석을 달아 "상제는 하늘의 주재이다."라고 하였고, 또한 "천지에도 또한 주재가 있는데, 이렇게 해야만 변역이 무궁하다.", "공경하지 않음이 없으니 가히 상제와 짝할 만하다."라고 말하였습니다. 이는 회교(回教, 이슬람)의 말이 아니라 유교의 경전에 나오는 말입니다. 만약 '진재(眞宰)'라는 말을 허황된 것이라 한다면, 주희의 주석과 전대 사람이 말한 시는 모두 틀린 것이 아닙니까?[167]
> 또한, 자주 말하기를, '천지만물을 창조한 주재는 절대로 없습

---

166 金天柱, 같은 책, <書敍>, "夫所謂淸者, 凡所行事遠避其濁; 求入于淸眞者, 不媚諸邪以激福, 獨事眞宰以聽命. 存眞去僞之義, 明天道也. 而回敎之來中夏自隋唐始, 代爲編氓, 絶無異念. 親親而尊尊, 生養死葬之禮不爽分毫, 盡人道也,"

167 金天柱, 같은 책, <信仰>, "即就儒書所言上帝者不少矣, 而其最易明白者, 莫如『詩』"克配上帝"之. 朱注云, "上帝者, 天之主宰也." 朱子又曰, "天地亦是有個主宰, 方始憑地變易無窮." 又言, "毋不敬, 可以對越上帝." 是非回教之言, 而儒教之書也. 將謂真宰之言爲虛誣, 則朱子之注與前人之詩皆非歟?"

> 니다. 봄, 여름, 가을, 겨울, 사계절이 운행하고, 일월이 나타나고 사라지고, 옛날과 지금이 성하다가 쇠퇴하는 등 이 모두가 음양 두 기운과 천지자연의 이치(理)로 귀결되는데, 또한 정해진 이치(定數)가 아닌 것이 없다고 합니다. 생각해 보세요. 음양 두 기운은 반드시 천지가 생긴 후에 비로소 두 기운이 발생할 수 있습니다. 설령 음양 두 기운이 마땅히 운행해야 한다고 하더라도 또한 스스로 운행하는 것은 아닙니다. 이는 역서를 판각하지 않고 군주의 명령 없이도 저절로 인쇄되고 저절로 배포되는 것과 다르지 않습니다.[168]

김천주는 『시경(詩經)』에서의 '상제는 하늘의 주재(主宰)이다'라는 구절에 나오는 '상제'를 알라와 유사한 개념으로 이해한다. 『시경(詩經)』의 상제를 알라로 이해할 수 있는지에 관해서는 좀 더 논의를 해 보아야 하겠지만 중국 고대의 상제 또한 만물을 생성하고 통치하는 종교적인 주재의 의미를 지니고 있다. 그러나 김천주가 언급한 바와 같이 공자에서 시작해서 맹자 그리고 성리학으로 전개되면서 종교적 주재자로서의 상제 관념은 약화되거나 소멸되었고, 그 대신 리(理)나 태극(太極) 등 원리·법칙을 의미하는 형이상학적 개념이 사용되었다. 주자학에서는 상제를 하늘에 관한 하나의 속성으로 비유하면서 더 이상 이슬람의 주재(알라)와 같은 의미를 사용하지 않았다.

김천주는 성리학에서의 음양 기운(氣)과 천지자연의 이치(理)만으

168 金天柱, 같은 책, <禮拜>, "又常言 : 天地萬物總無行造之主宰, 春夏秋冬, 四時往來, 日月晦明, 古今盛衰, 皆歸於陰陽二氣, 天地自然之理, 又言莫非"定數". 試思陰陽二氣必待有 天地收貯, 而二氣始能發生. 縱二氣之當行, 亦未有自己行之者, 如憲書之無刊刻, 無君命而自為頒發, 自為印刷者無異"

로는 천지 만물을 생성할 수는 없다고 본다. 그는 “음양 두 기운이 마땅히 운행한다고 하더라도 또한 저절로 운행하는 것은 아닙니다. 이는 역서를 판각하지 않고 군주의 명령 없이도 저절로 인쇄되고 저절로 배포되는 것과 다르지 않습니다.”라고 하면서 음양의 기(氣)나 리(理)는 역서가 저절로 인쇄하지 못하고, 군주의 명령, 장인의 제작 행위 등이 있어야 인쇄될 수 있는 것과 같다고 말한다. 김천주는 또한 성리학의 이와 기가 천지만물을 생성할 수 없다는 것을 사람이 글자를 쓰는 것에 비유한다. 글자는 창조된 사물이지 글자 자체가 스스로 주재해서 쓸 수 없고, 반드시 그 글자를 쓰는 주체, 즉 사람이 있어야 한다고 본다. 사람이 책에 글자를 크게 또는 작게, 많거나 적게, 아름답거나 추하게 쓸 수 있는데, 모두 글자를 쓰는 사람에 의해 결정되는 것이지 글자 자체가 이와 같이 쓸 수는 없다고 본다. 그래서 김천주는 유학에서 말한 음양의 기운과 자연의 이치 그 자체를 부정하지는 않지만, 그 자체로는 만물을 생성할 수 없으며, 진재(眞宰: 알라)의 존재를 전제할 때에만 생성할 수 있다고 주장한다. 이는 무슬림 학자로서 당연한 해석일 수 있다. 중국 무슬림 한학파는 이학(理學)의 무극(無極)에서 만물에 이르는 생성 과정을 수용해서 알라가 세계를 창조하는 과정으로 해석하고 있다.[169] 이는 아랍의 이슬람학자들이 이성에 근거해서 해석과는 다르다. 김천주는 이에 관해서 구체적으로 언급하고 있지는 않지만,

---

169 왕대여(王岱與)는 성리학의 우주론(無極, 太極, 陰陽, 萬物)을 적극적으로 수용하면서 이슬람 경전을 해석하였다. 그는 세계의 근원과 생성 그리고 내세의 과정을 진(眞), 수(數), 체(體)의 과정으로 해석한다. 중국 무슬림에서 ‘眞’은 알라의 속성을 의미하고, ‘數’는 알라가 우주만물을 생성하는 과정을 의미하며, ‘體’는 바로 알라를 체득함(體認眞主)을 의미하다. 그는 성리학의 우주의 생성 과정을 알라가 우주만물을 창출하는 과정으로 해석하면서, 종교수행을 통해서 眞을 체득해야 한다고 주장한다. 그래서 왕대여는 眞, 數, 體는 분리될 수 없다고 본다. 왕대여는 유학은 현세만 강조할 뿐 세계의 창조와 소멸(종말)에 관한 언급이 부족하다고 본다. 즉, 유학은 數만 강조하고 있을 뿐 眞과 體에 관한 내용이 없기 때문에 이슬람의 眞과 體를 보완해야 한다고 주장했다.

이슬람의 정체성을 유지하면서도 유학에 종교적 의미를 보완하고자 했다.

김천주는 주자학에서 “마음이 주재이다.”라는 설에 대해서도 비판한다.

> 어떤 사람은 마음(心)이 몸의 주재가 된다고 하지만 완전히 그런 것 같지는 않습니다. 마음에 정신이 갖추어져 있어 일을 함에 주재가 된다면, 그 이론은 옳을 듯합니다. 가령 마음이 주재가 된다면 사람은 모두 장수할 것입니다. 왜 그렇겠습니까? 사람이라면 어찌 장수하고 싶지 않겠으며, 마음이 이미 주재하는데 모두 이 몸을 죽지 않게 주재할 것입니다. 그러나 사람이 죽은 후에는 사지와 몸의 온갖 뼈들이 어찌 삽시간에 흩어지겠습니까? 마음도 바로 이때 허물어집니다. 이것으로 마음이 몸을 주재하지 않음을 알 수 있습니다. 이렇게 된 것이 명이라면, 잠시라도 떠날 수 없는데, 천지의 주재를 어찌 벗어나겠습니까?[170]

김천주는 위의 인용문에서 누구의 주장인지는 분명하게 밝히고 있지는 않지만 주자의 구절을 인용하고 있다. 주자는 “몸을 주재하는 것은 마음이다.”라고 여러 차례 말한 적이 있다. 주자는 마음(心)이 몸을 지배할 뿐 아니라 사유 활동과 의식 활동의 주체이자 총체라고 이해하면서, 마음이 몸을 주재하지 못하면 외물에 유혹되어 선과 악을 구분

---

170 金天柱, 같은 책, <眞主>, “或日心爲此身之主宰, 未盡然也. 謂心以藏神, 而爲用事之主宰, 其說近是.假使心爲主宰, 則人皆長生. 何也? 世人孰不欲其長生, 心既可爲主宰, 皆主此身之不死. 乃人于死後, 何以四肢百骸忽然渙散? 心當此時, 亦塊然乎. 以是知心非人身之主宰. 是此命焉, 不可須臾離也, 天地之主宰豈可離乎?”

하지 못해서 구체적인 상황에서 도덕적 판단을 할 수 없다고 하였다. 주자가 말한 주재 개념은 지각 활동을 통해서 도덕적 판단을 하는 주체를 말한다. 그래서 김천주는 주자학의 마음을 '정신'이라고 말하면 옳지만 '주재'라고 표현하면 옳지 않다고 주장한다. 김천주는 주재 관념을 도덕 주체가 아니라 종교적 주재 관념으로 이해해야 한다고 말한다.

김천주는 주재는 초월적인 능력을 지니고 있지만 마음은 제한적인 능력만을 지니고 있다고 본다. 그는 비록 성인과 현인이 되었다고 하더라도 그들은 원하는 바를 모두 얻을 수 없지만, 알라의 전지함은 '알지 못하는 바'가 없으며, 알라의 전능함은 '할 수 없는 바'가 없다고 말한다. 그렇다고 그가 주자가 말한 마음의 기능을 부정한 것은 아니다. 그가 마음을 개인의 사욕을 극복하고 알라신으로 나아가는 주체 능력으로 해석한다. 즉, 그는 마음을 "진재만을 섬기면서 그 명을 따라서 참된 것을 보존하고 거짓을 제거하는 천도(天道)를 밝히는" 주체로 이해한다. 하지만 김천추는 이런 마음을 통해서 알라를 체험할 수는 있다고 강조한다.

김천주는 사람은 유한한 존재이지만 자연 만물과 비교하면 알라를 대신해서 이 세계를 다스려야 할 존재로 본다. 사람은 지혜 능력을 지니고 있기 때문에 신앙의 주체이고 행위의 주체가 될 수 있다. 그래서 알라의 말씀에 따르고 일상생활에서 세속적 의무를 다하면 진주를 체험하여 알라와 하나가 될 수 있다고 한다.[171] 주자는 일상생활에서 세속적 도리를 실천하는 도덕적 마음만을 언급하고 있지만, 김천주는 마음을 도덕적 마음에서 알라를 체험하고 알라와 하나가 되려는 종교

171 金天柱, 같은 책, <禮拜>, "拜內之虔誠直歸於造物之主宰, 其無我忘己之念與之俱化"

적 마음으로 확장하면서 해석한다. 그는 오공과 인륜을 다음과 같이 설명한다.

> '신앙의 증언(Shahadah 認), 예배(salat 禮), 종교적 희사금(zakat齋), 금욕적 단식(sawm 課), 순례(hajj 遊)'를 신앙의 강령으로 삼고, 효제(孝悌), 충신(忠信), 예의(禮儀), 염치(廉恥)를 신앙의 조목으로 삼고 있습니다. 이슬람의 큰 가르침에는 오륜(五倫)과 다섯 가지 일(五事)을 반드시 준수해야 하는데, 이는 유교와 다르지 않습니다. 그러나 음식과 복장에 관한 제도와 관혼상제(冠婚喪祭)의 전례(典禮)는 일반적으로 소박한 풍속을 따라서, 이슬람(淸眞)의 함의(含意)를 취하고 있습니다. 대대로 (이슬람의 교의와 법규를) 준수하면서 마음대로 바꾸지는 않았습니다.[172]

김천주는 사악한 것을 피하고 알라의 뜻에 따르기 위해서 오공(五功: 다섯 가지 의무)을 신앙의 강령으로 삼고, 효제, 충신, 예의, 염치와 같은 일을 신앙의 조목으로 삼고, 있다. 김천주는 오공(五功)을 천도(天道)를 실현하는 방법으로 해석한다. 즉, 오공을 우상숭배를 금하면서 오직 알라만을 섬기면서 그의 명령에 따라서 참된 것을 보존하고 거짓된 것을 제거하는 공부로 이해한다. 이에 반해 오륜(五倫)과 오사(五事)는 인도를 실현하는 공부 방법으로 해석한다.[173] 그래서 김천

---

172 金天柱, 같은 책, <書敍>, "以認, 禮, 齋, 課, 遊爲綱領, 以孝悌, 忠信, 禮儀, 廉恥爲條目. 其道之大者, 五倫五事之必遵, 與儒敎無異. 但飮食, 衣服之制, 冠婚喪祭之典, 大概從朴素之風, 取淸眞之義. 世世率由, 無敢擅易. 緣敎中有行之不著, 習焉不察者, 遂至疑信相參, 以爲拘而難亂行"

173 金天柱, 같은 책, <書敍>, "夫所謂淸者, 凡所行事遠避其濁; 求入于淸眞者, 不媚諸邪以激

주는 종교적 예배와 세속적 의무를 다해야 하며, 둘 중에 어느 하나도 소홀히 할 수 없다고 한다. 인륜만을 실천하고 오공을 소홀히 하면 진정한 인륜의 근원을 잃어버릴 수 있으며, 반대로 오공만을 닦고 인륜을 실천하지 않으면, 알라의 뜻을 현실에서 실천하지 못하게 된다고 말한다.

김천주는 오공과 인륜 모두를 중시하면서도 오공을 더 근본적인 것으로 본다. 그는 알라신의 계시를 일상생활에서 도덕적 실천을 통해 실현될 수 있다고 본다. 그래서 그는 "이슬람이 규정한 바의 행위 방식은 대부분 무슬림의 자아 반성을 위한 것이며, 정도에 회귀하고자 하는 깊은 함의를 볼 수 있다. 예배나 라마단, 희사 등의 의례의 목적은 사람들이 진정한 길로 돌아오고자 결심하는 데 있다."[174]라고 하면서, 이슬람 의례의 목적은 자아 반성을 통해 사욕에서 벗어나 덕을 밝히려는데 있다고 말한다. 그래서 그는 알라는 단순한 신앙의 대상만이 아니라 도덕적 행위에 당위성을 부여해 준다. 그 알라에게 돌아가기 위해서는 내 마음을 닦고 올바른 인륜 관계를 실천해야 가능하다. 그래서 김천주는, 유학은 이슬람에 도덕 실천의 의미를 보완해 줄 수 있고 이슬람은 도덕 행위의 정당성을 부여해 줄 수 있다고 보았다. 그는 종교 신앙을 유학의 세속 윤리, 즉 강상윤리의 근원으로 삼고 있다. 이와 같이 그는 이슬람의 종교 체계를 가지고 와서 유학의 부족한 부분을 보완하고자 하였다. 그래서 김천주의 친우인 진대소(陳大韶)는 『청진석의』 서문에서 "이슬람을 종주로 삼고 유학을 심화시켰는데 그것은

福, 獨事眞宰以聽命. 存眞去僞之義, 明天道也. 而回教之來中夏自隋唐始, 代爲編氓, 絶無異念.親親而尊尊, 生養死葬之禮不爽分毫, 盡人道也"

174 金天柱, 같은 책, 「祭祀」, "盖見吾教之行, 多自省之意. 其禮拜把齋, 散財濟貧, 均屬放心收回之道."

하나로 관통되는 것이었다."[175]라고 평가하였다.

4) '유학적 이슬람'의 가능성

김천주는 유학자의 이슬람에 대한 의혹과 비난에 대응하기 위해서 유학의 강상윤리에 의거해서 이슬람의 정당성을 증명하고자 하였다. 그는 유학의 강상윤리에서 이슬람을 이해하고, 이슬람의 종교 신앙을 유학의 세속 윤리의 근원으로 삼으면서, 유학의 오륜과 이슬람의 오공을 결합한 독특한 이론체계를 구축하였다. 그렇다면, 김천주의 사상은 이슬람에 속하는가? 아니면 유학에 속하는가?

김천주가 제기한 이슬람과 유학의 관계를 마덕신(馬德新)의 다음 이야기를 통해서 논해 볼 수 있다. 마덕신은 "동방 성인은 인도(人道)를 실현하는 것을 자신의 임무로 삼았으며, 사람과 사람이 서로 만나는 길(道)을 논하였는데, 천도(天道)가 그 가운데에 있었다. 아랍(天方) 성인은 천도(天道)를 실현하는 것을 자신의 임무로 삼았으며, 사람과 알라가 서로 만나는 길(道)을 논하였는데, 인도(人道)가 그 가운데 있었다[176]"라고 하였다. 앞에서 언급한 바와 같이 유학에서는 천도보다는 인도를 핵심 내용으로 삼는다면 이슬람은 인도보다는 천도를 핵심 내용으로 삼는다. 유학사에서 살펴보면, 공자가 유학을 제창한 이래로 한(漢), 위진(魏晉), 당(唐), 송(宋), 명(明), 청(淸)에 이르기까지 인도(人道)를 변하지 않은 상도(常道)로 여겼다. 춘추전국시대 맹자는 당시에 유행하던 양주와 묵자를 비판하면서 군주에 대한 의로움과 부친에 대한 사랑을 강조했고, 당나라 한유는 유학의 오륜에 근거해서

---

175 金天柱, 같은 책, 陳大韶點評, "宗回教深儒學, 其一以貫也哉"

176 馬德新, 『回歸要語』, "東方聖人以人道爲己任, 言人與人相處之道, 以天道亦在其中. 天方聖人以天道爲己任, 言人與眞宰相處之道, 以人道亦在其中"

당시 유행하던 불교와 도교를 비판하였다. 그러나 강상윤리를 뒷받침하는 이론적 근거는 시대와 학자에 따라서 달랐다. 맹자는 강상윤리의 이론적 근원으로 성선설(性善說)을 제시했고, 동중서는 인격천을 제시하였고, 송명이학(宋明理學)은 이기론을 제시하였다. 유학사를 보면, 강상윤리는 변하지 않았지만 그 이론적 근거는 시대와 학자에 따라 달랐다. 그렇다면, 이슬람의 알라를 유학의 강상윤리의 이론적 근거로 삼을 수도 있다. 이럴 경우에 유학의 강상윤리가 상도(常道)가 되고, 이슬람의 알라는 강상윤리의 근원으로서 변도(變道)가 된다. 이러한 유교와 이슬람의 관계를 '유학의 이슬람화'라고 할 수 있다.

이슬람의 입장에서는 유학과 반대가 된다. 앞에서 언급한 바와 같이 이슬람은 종교 체제를 지니면서도 세속적인 윤리를 중시한다. 하지만 이슬람은 알라의 종교 신앙을 핵심 내용으로 삼는다. 이슬람은 어떤 경우에도 알라 신을 부정할 수는 없다. 그래서 이슬람에서는 알라에 대한 신앙을 상도(常道)로 볼 수 있다. 하지만 이슬람이 메카에서 시작해서 다른 지역으로 전파되면서 그 지역의 세속 윤리와 만나서 다양한 형태로 드러났다. 이슬람이 중국에 유입된 후에는 중국적 토양에서 새롭게 재해석되었다. 김천주는 '이원충성론(二元忠誠論)'이나 효의 중시 등 아랍과는 다른 형태의 세속윤리를 제시했다. 김천주는 유학적 강상윤리를 알라의 명령을 중국에서 실천하는 현실적 규범으로 제시한다. 그래서 김천주의 이슬람사상에서 유학의 강상윤리는 이슬람의 변도(變道)가 될 수 있다. 우리는 이를 '이슬람의 유교화'라고 할 수 있을 것이다.

그래서 김천주의 종교사상은 아랍 이슬람의 단순한 복사판이 아닐 뿐 아니라 유학의 단순한 재현도 아니며, 유학-이슬람이란 새로운 사상으로 이해할 수 있다. 즉, 중국이슬람은 유학의 인륜 도덕과 이슬람의 신앙이 융합한 종교형태이다. 유교적 이슬람은 유학과 이슬람이 하나이면서 둘이고, 둘이면서 하나로 융합된 이론체계이다. 김천주의 유교적 이슬람은 향후 유교문명권과 이슬람문명권이 대화하는데 시사점을 제공해 줄 수 있다.

【참고문헌】

『論語』

『孟子』

『詩經』

金天柱『淸眞釋義』, 回族藏書全書, 第36册, 银川, 宁夏人民出版社, 2010

王岱輿, 『正教眞詮』, 回族藏書全書, 第14册, 银川, 宁夏人民出版社, 2010

馬德新, 『四典要會』, 回族藏書全書, 第32册, 宁夏, 人民出版社, 2010

김중순, 『다문화시대의 이슬람, 그 반역의 역사』, 서울: 소통, 2013

야하야 에미릭 지음, 한상연 옮김, 『이슬람』, 서울: 삼양미디어, 2012

권상우, 「세계보편윤리에 대한 유가적 호응 - 〈세계종교회의선언〉의 '추상보편성'에 대한 비판과 유가의 '관계보편성'에서의 접근」, 철학논총(54집), 새한철학회, 2008

권상우, 「주자학과 이슬람의 상호문화철학적 접근」, 『사회사상과 문화』(18권3호), 동양사회사상학회, 2015

르네 그루쎄 지음, 김호동 유원수 정재훈 옮김, 『유라시아 유목제국사』, 사계절, 1998

서정민, "이슬람에 나타난 삼강오륜", 『한국이슬람학회논총』23(2), 한국이슬람학회논총, 2013

송경근,「중국의 이슬람」,『한국이슬람학회논총』(8), 한국이슬람학회, 1998

이희수, 「이슬람의 예술세계」, 『사람과 문화』(10호), 2016
황병하. “중국 무슬림의 종교적 정체성과 인권 침해”, 『한국중동학회논총』33(3호), 2013
傅统先. 『中国回教史』. 银川 : 宁夏人民出版社. 2002
金義久. 『蘇非主義在中國』, 中國: 社會科學文獻出版社 2015
『文史知识』, 编辑部, 国务院宗教事务局宗教研究中心编, 『中國伊斯蘭文化』, 北京: 中華書局, 1996
李興華, 秦惠彬, 馮今源, 莎秋眞 合著, 『中國伊斯蘭教史』, 北京: 中國社會科學出版社, 1998
傅统先, 『中国回教史』, 银川: 宁夏人民出版社, 2002
淸 金天柱 著, 海正忠 点校 譯註, 『淸眞釋疑』, 銀川: 寧夏人民出版社, 2002
玉素甫, 合斯. 合吉甫, 郝關中, 張宏超, 劉賓 譯, 『福樂智慧』, 民族出版社, 1986
Esposito, John L. 1997, ed. Politcal Islam: Revolution, Radicalism or Reform? Boulder, CO: Lyne Riener Publication.

『淸眞釋疑』

〈再次重刻『淸眞釋疑』序〉

切觀『淸眞釋疑』一書. 刊自前賢, 闡發眞主, 貴人極品. 承領天命五功, 人倫五典, 天經三十冊, 明命至眞. 以事了目, 教們至貴, 與夫正心誠意, 認己認主之學, 遵守者得矣, 自欺者失矣. 是書也. 其於好道閱之, 無不讚賞. 爲板遺失, 其廣播重刻. 略序片言, 以志始末云耳. 如有同好道者, 自備紙也眞州圓氏, 以廣流傳可也.

〈石可宗序〉

予始祖天方人也. 天方之教以奉主命, 朝拜爲務. 自隋唐傳入中幅, 一切明心見性之旨, 足與吾儒相表里. 第國音世罕能識, 且附居內地者爲日既久，沿誦失真. 已則不能無疑，又曷怪人之疑之者！天柱金先生恐教之中湮，爰著釋疑一篇，以行於世. 其中詞旨顯豁，大率取儒家道理，以證其說之旁通. 讀是書者，反復研求，了如指掌，始信四海之大，千聖同心，復何疑於天方之教乎. 顧兵燹流離，版片盡失，同人延鳩貲付梓，囑予教讎，誠不欲沒金先生一片婆心也. 因爲敍其顛末如此. 光緖二年閏五月望日也圓氏，石可宗謹叙.

〈胡匯源序〉

入道之戶，貴信而賤疑，疑滋貳，貳滋離. 或禁以馳，或遂畔以去，舉坐是也. 吾聖門七十有二士，其於道胥各有會，獨卜氏以篤信標後，乃嗣鐸西河上，著『蔡師說』，一不敢毛髮變易. 時豈無諸子相訾嗷哉？然頗以文辭相開譬，訖用冰釋，闕里之緖賴以不溷. 北高金先生者，天方之卜氏也.

天方之教自隋唐始入中夏，沿及於今，繁衍極矣. 枝盛者本蔽虧，派遠者源迷失. 雖遵用教典，斤斤勿渝，而日用民常懵厥宗旨. 已則不信，人亦疑之. 予自授書後，行游四方，觀教中人士伙矣，其間如前所陳十常五六，而天資秀挺者，亦間能力自表揭，號稱宗師. 顧皆未有如北高之卓然者也.

已丑春，予鎩翮南宮，旅食京邸，北高惠然顧我，至於再三. 越數日，逐出所述『清真釋疑論』相示，且囑弁其首，予受而卒業. 見其連篇累牘，繩貫珠聯；縷析條分，天青日白. 且讀且喜，作而喟曰：學道至此，抑可謂篤信者矣. 夫信生於中無疑，中無疑生於外無雜. 朗乎其相輝，鑠乎其孔昭. 宜之於口則爲河, 借之於筆則如椽. 已實不疑, 人必信之. 是論也出, 家一編, 手一冊, 數千百年之疑團, 若紅爐之一點雪. 予且拭目而決, 篤信者之匝於四宇矣. 其又何釋焉. 是爲序. 乾隆十年已丑仲夏吉年家鄉眷弟, 胡匯源抄撰

又七言一律

羈思無端未易裁, 異書誰信枕中來.
萬言獨自成千古, 一日須教看百回.
中極勝因垂蓋壤, 西方遺訓展風雷.
憐君大筆於今少, 梨枣他年遍九垓.
范安弟源再抄

〈馬廷輔序〉

逢翰林院四譯館教習北高金先生者, 言論豐采彬彬乎, 詩書禮樂, 起居動靜恂恂然. 清潔真誠, 知其性天高邁得於經書之意蘊者深也. 繼而以『清真釋疑』示予, 予讀其文皆本韓, 柳, 歐, 蘇之筆, 發清真奧妙之典, 洞若觀火, 毫無障翳. 能令觀者如逢其故有, 了然於心, 了然於口. 不但他教之人無所疑議, 即教中之游移莫定者, 亦可感發其天良, 堅定其志氣, 永守祖訓於不衰.

是北高之釋疑集, 其爲功於世道人心者, 豈淺鮮哉? 斯誠本教之津梁, 可以永垂不朽. 至其言之援引辯駁非好爲訾議, 蓋體夫不直, 則道不見. 我且直之之意也. 世之睹斯集者, 其見諒於北高之苦衷乎. 北高囑予

爲序，於是約略陳詞，亦望同志諸君子共相篤信力行云爾．乾隆乙丑淸和月谷旦滇南弟．馬廷輔君祿氏於京邸之旅舍．

〈陳大韶序〉

人心者，風俗之本．風俗者，教化之著．令天下人文蔚起，紀綱羅列顯爍，薄海內外，陶淑日上．顧不規不潔，我虞爾詐，往往沿習，故常而不能盡革，何也？雍正甲辰，予以鄕選進士游京師，得謁縉紳先生諄諄．以此爲訓，談論往復，期歸於淸潔真實，是維持世教者之良法．逾年，忝列教習官學，公侯貴冑多彬彬儒雅，講習之下，即以“敦倫循紀，淸潔真實”是訓．偶與賓客晉接，亦本此爲贈答．若翰林院四譯館教習北高金先生與旅署最密邇，所借以扶樹道教之一友也．

北高之予往來久，幾至忘形，攜予譯署，親自訓課．衣冠常整，飮食常潔，儀禮節度秩如雅，不樂聞佛老語．聚首經年，尊親大義惻然動聽，此豈漫無所得，而好爲矯異者乎？一日，北高顧謂予，“我教門也，世人耳聞而口道之，因以『淸真釋疑』一集出示，言焉而正，行焉而庸，只一二末節，略與世殊．讀儒書，應科目，登皇路，率倫常事篤乎，君父兄友者不爽分毫．”

予幸十餘年來，得接當世大夫啟迪指晝，於人心風俗講究日上．而北高猶以世疑爲隱憾．予曰，“無憾也，是集出現者，自豁然矣．且家居之不能盡同，非獨爾教爲然也．即州縣此疆彼界，被身服口，安得一轍．今朝鮮逼近東土，之綱之紀，子弟授學，都門世傳，殷少師之裔，飮食不可知，而冠履裳衣盡與世違，人知其祖制如斯，是以無詞．今是集出，人群知之, 知而猶疑, 必非人情.” 北高囑爲點次, 予以相知久, 即以往復之語書之簡端. 時值, 乾隆三年戊午孟秋月敎習揀用. 知縣楚北松滋同學弟陳大韶頓首拜撰.

〈自 序〉

清眞者, 吾敎之宗, 釋疑何爲而作也? 由於各敎莫能思吾敎之行事, 蓄疑團於千百年而莫釋, 未學吾敎之書而不知其所以然之故, 致使各敎之疑愈生而各敎之物議愈紛. 逐有謂不遵正朔, 私造憲書, 以三百六十日爲一年而群相慶賀者, 有謂異言異服, 揀擇飮食. 甚者謂齋仍茹葷, 白日何故不飮食? 又謂禮拜不知所拜何神而夜聚曉散, 男女雜遝 ; 更謂齊發以毁父母之遺體, 而龐貌爲之異様者. 種種疑案皆莫能釋.

然不能釋者, 非吾敎之無人, 蓋緣吾敎諸前輩只自作大言而不屑白此目前疑案. 昔岱輿王先生著有『正敎眞詮』·『淸眞大學』·『希眞正答』, 而『淸眞指南』則文炳馬先生之筆也. 迨其後介廉劉先生又著『天方性理』·『天方典禮』之類, 不可枚擧. 皆集吾敎之經, 以闡吾敎之義, 其事則認主拜主民常日用, 其言則指點敎內之人者居多. 且書冊浩繁, 誰肯究心探討? 乃各敎之人先存已見, 雖有美玉精金盡行抹煞. 而前此數事爲之, 特疏者亦少. 各敎無從一覽而便知, 而疑卒以不釋.

夫前輩之未釋其疑者, 非不能也, 抑以爲倫常不異議論, 何傷. 故無足重輕, 任世人之顚倒, 不必爲此口爭舌辯也. 予何人? 斯敢爲妄作而以賢智多前輩? 然而, 天地之大, 五方風氣之異, 語言衣服制度之殊, 即中夏論之, 皆有同異, 何足乖張? 惟是人綱人紀, 悉歸於大同. 孟子曰,

"楊無君, 墨無父." 釋老又用保舉恩父, 則又舉君父而假之, 逐置其君父於不用, 均之無耳. 吾教振綱常飭倫紀, 般般可據, 與楊墨釋老大相徑庭. 今於害仁義而廢君臣, 滅綱常而絕父子者反舍之不究, 一遇吾教之人, 即以瑣屑之事故爲挑逗, 議論横生. 殊不知吾教自隋唐相沿至今版圖, 千百餘年, 代國家出力報效, 與儒教何異? 各教之疑者, 既不知吾教之大義, 且隱隱挾一入主出奴之見, 殊失吾教之所以然, 致清真之理卒淪, 沒於庸衆人之齒頰, 不大顯於斯世也, 悲夫!

予於回漢之學問, 雖未能深悉, 而生成之大義則了於心, 體於身, 勢不能以捫舌. 古人云, "予豈好辯哉, 予不得已也." 抑尤有進者. 予幼習本教之書, 今又職司譯學, 其於布在方策之風俗人情, 每有同異之處, 正當旁引曲喻, 以白吾人, 使無嫌隙. 況君共一君, 臣共爲臣, 豈可令同室疑議, 而坐聽其彼此之牙訾者哉? 茲釋疑之說亦迫於各教之横議而起者. 予期告無罪於前輩, 并其闡厥義於今日. 爲略抒鄙言, 俾各教之人思其理之合一, 事之大同, 疑心頓釋. 而吾教之道庶不無小補云爾. 乾隆戊午春二月望日翰林院四譯館正教序班石城金天柱自序

〈陳大韶點評〉

海闊天空, 支分派別. 此世之大, 故道之大也. 賢知馳才思於萬里, 高明極耳目於殊途. 引而近, 會而歸, 斯道之能事畢矣. 存此見者, 乃可與遵之道之. 金子於釋疑而有序, 渾灝詳明, 堪與原道篇並駕齊驅, 宗回教深儒學, 其一以貫也哉. 宗山

〈總論〉

吾教之道，敬一歸真. 開天之聖祖明之，後之子孫，謹循恪守，跬步不離. 迄於今，凡四方六合，無問海內外，言同教者，其事不異. 乃同教奚啻千萬. 止能行而習莫克言，而著者何故? 因有賢智愚不肖之殊，與學之偏全不一. 彼不能闡吾教之大義，奚以釋各教之疑議無惑乎? 議吾教之偏異拘執者，遍寰區也. 吾教之不學者，已尚不明，何由對答? 且學不能以兼，該如吾輩幼習儒書，未讀本教之書，是無本之學，與各教問答，焉能曉暢? 即專習吾教之書，而置儒書於不問，亦不能引經釋義. 大白其衷. 兩兩比議，使問者即爲豁然. 設有之矣，其誰又復曰偏異拘執者乎? 今日三綱五常，子臣弟友，毫無異於儒生. 豈棄而君臣，去而父子，禁而相生相養之道，以求其所謂清靜寂滅者哉?

至吾教之所論，齋拜慶賀飲食冠裳喪葬祭祀原宥等，咸不得濫用. 各教未得其詳，逐生物議. 噫! 誤矣. 未讀孔子之書矣，「鄉黨」篇中不食者甚多. 如割不正不食，不得其醬不食，食饐而餲，魚餒而肉敗不食，色惡醜惡失飪不時沽酒市脯皆不食. 至於祭肉亦不出三日，出三日則不食. 凡此皆攝其性，固其命，體天地生物之心，不致有傷性伐命之咎. 世之人多知尊孔子，敬孔子，其能行孔子之言而不食其不食者，果有幾人? 更可異者釋教之人，不食牲牢，律法大戒. 雖陽奉於昭昭，而陰違於冥冥，且無論違與不違. 而自號曰 ‘食’ 與 ‘不食’，是釋教亦有所 ‘不食’ 矣. 而士君子遇而不問者，其謂之何? 釋所論肉食傷人之性，世人皆知之而皆信之.

吾教之所言不食者，亦曰傷性，而世人多不知，即一二知者亦不過曰，“若者回教之所食，若者回教之所不食.” 而不知食者之中猶有不食者在，其衛生之精妙更有進焉．如牛羊雞鴨之類，乃吾教所必食者，其血眼腦腰兩腎，奚爲棄置？因有聚穢與惡氣相衝，故皆不食，亦以其傷性故耳．他如，犬豕之甘食穢物，喜居洼下，其性最濁，其氣最昏．『本草』備載，其浸下名豕之義．吾教之所忌者，於此獨嚴．然亦不特此．凡物自歿者，因病知毒，恐致戕賊，亦與犬豕同戒．即飛禽之有利爪者，走獸之食肉食者，鱗甲之不成正形者，酒醴之醉人者，一概不食，人知之否？其果蔬五穀出自地脈，除無狂惑人者，未有不食．此亦言食物之大略，不能備載周詳．其所以不食者，實以傷性戕命，害其生生不息之理而然，非漫無考憑而故爲此矯情之論．總以吾教經書所載，聖賢所言，學者宣講行止，斯須敬守無遺．予警於心而觸於目也．

〈信仰〉

忽有縉紳之客揖予而前，坐而詰曰，子言過哉．子之教既流行中國，則食物冠裳當遵時制．子教中人，動爲揀擇，一飲食間有如許議論，嘗言“犬豕穢污，喜居洼下”，又言“其性最濁，其氣最昏.”子教之人，皆能避昏濁而不食，胡以堯舜禹湯文武孔孟以及歷代之聖君賢相，未有言及犬豕若此者？今以子言，是前古聖賢皆不如子教之人乎？孟子曰，“吾聞用夏變夷，未聞變於夷.”子輩雖回教，久居中夏，仍如此之拘執，善變者當不若是．而子且言教中人皆知性理之學，正心修身之事，決不至有傷性命，是未必然．

予曰，不然．古先聖賢，各有禮制，小大由之．綱常倫紀之道，日用飲食之條，聖以之敦，賢以之學，務納其人於軌物之中，斯須不可或去．正所謂“衆物之表裡，精粗無不到，而吾心之全體大用無不明”者，若專事乎綱常之大，而偏廢乎飲食之小．又所謂“知和而和，不以禮節之，亦不可行矣.” 是以君子不受國門之御，廉者不飮貪泉之水，皆謹小慎微之意．今子言用夏變夷，恐亦未詳所言之宗旨．使吾教之道，無君臣，無父子，則當變．無夫婦，無昆弟,朋友，則當變．無貢稅，無長幼，無仁義禮智，不待子言，宜變之久矣．今回教於君臣.父子.夫婦.昆弟.朋友.貢稅.長幼何如者．而何變之有? 而子乃曰，回教之人未讀儒書，流於拘執，何未之思也? 常聞大家祖先，莫不垂有家訓，以示子孫．吾教守祖訓兢兢．曾思父在章尹氏注云，“如其道，雖終身無改，如其非道，何待三年?” 吾教所不食之物與不行之事，皆遵祖訓於千百年後而不改，延之子孫，終身守之．乃反以不遜之語，斥遵祖訓爲異端，將以非祖訓爲正學，吾恐智者不若是也．吾不知，“於陵子仲，上不臣於王，下不治其家，中不索交

諸侯，率民而出於無用，何爲至今不殺者.” 此又何說也? 由此觀之，古聖先賢，不過以此數事責人．而吾教之人，臣於王者自若，治其家者自若，索交於人者又自若．自古未聞以不食某物之故而見責於聖賢，何獨至今而疑之? 子言吾教之人不讀儒書，罔知義理．且不論儒教之不讀儒書與吾教之不讀者等，吾恐儒教之誦其詩，讀其書，亦未必人人皆君子也．古人云“德行本也，文藝末也”．又云“德行之本，莫大乎明德.” 明德者，明其自有之天良，不怨天，不尤人．凡天之所以生生不息之理，實當體認，勿效空談．此數語者，隱而察之，而儒教之坐言起行者，果幾人哉? 若吾教之道，言敬一歸真，歸真者歸於造物之主宰.

今姑無論吾教之所謂主宰．即就儒書所言上帝者不少矣，而其最易明白者，莫如『詩』“克配上帝”之．朱注云，“上帝者，天之主宰也.” 朱子又曰，“天地亦是有個主宰，方始憑地變易無窮.” 又言，“毋不敬，可以對越上帝.” 是非回教之言，而儒教之書也．將謂真宰之言爲虛誣，則朱

子之注與前人之詩皆非歟? 吾教於亂性者不食, 縱未知義理之人, 其心中能時具此真宰, 故不至傷性. 此吾教不能傷性之說,

非所論於文藝之末也. 客曰, 如子所言, 敎內之人, 未讀儒書而能具上帝之義, 不食戕性之物而能明德者是矣. 何也? 子敎之人, 幼而祖父, 長而師友, 薰陶漸染, 終日聞之, 見異不遷, 抑或自然之理. 今子言主宰, 天地萬有惟其所生, 毋亦近於天主敎之謂乎?

予曰, 是又不然. 彼天主敎之所謂主宰者, 設像而祀, 飮食不擇, 惡得與吾敎相似? 彼所言主宰, 似是而非, 自認不的. 卽以天主降生, 聖母受胎之說, 大相天壤. 旣曰天主, 其母又稱聖母, 何不直稱天主之母. 此自相矛盾, 不知根柢之甚也. 天地間一物必有一主, 物無定主, 則起而爭. 以世界論, 君爲世界之主, 而民勿敢爭. 卽不得與凡民同類. 彼天主敎曰, 天主能造化萬物, 則聖母之有生, 亦被其造化明矣. 其母旣被造化, 彼行造之主, 復投於受造之復中, 卽此一語, 眞僞立分. 又曰, 天主降生, 欲勸世人信彼爲善, 故不憚勞瘁, 則更謬矣. 全不思彼能造化天地, 生成萬物, 何難以風雷之號令布滿於人間? 卽如洪水滔天, 或山崩地陷, 無一不非上天示警之意, 豈有降生投胎之理? 今天子發政施令, 遇有梗頑, 大則征伐, 小則懲創, 無往不宜. 若天主降生, 勸人爲善, 則是天子復自爲連師方伯, 而行征伐懲創, 有是理乎?

吾教所言主宰之理, 斯須不離天地之內外. 何則. 世人皆云天一大天, 人一小天. 天一大天, 即有一大天之主宰, 人一小天, 即有一小天之主宰. 大天之主宰, 爲造化天地萬有之主, 能使四時往來, 晦明風雨. 小天之主宰, 能使吾身之手足運動, 耳目聽聞, 即吾身之命也. 或曰心爲此身之主宰, 未盡然也. 謂心以藏神, 而爲用事之主宰, 其說近是. 假使心爲主宰, 則人皆長生. 何也? 世人孰不欲其長生, 心既可爲主宰, 皆主此身之不死. 乃人於死後, 何以四肢百骸忽然渙散? 心當此時, 亦塊然乎.

以是知心非人身之主宰. 是此命焉, 不可須臾離也, 天地之主宰又豈可離乎? 子思云, "上天之載, 無聲無臭", 東坡亦謂, "昊天冥冥, 不可得而名."

吾教之論主宰, 無似無像, 亦如人命之在人身, 有何比似, 孰能見諸? 故吾教經中, 有申如在其上之敬, 非爲拜時宜申如在, 欲時時具有此心. 正孔子所謂"君子無終食之間違仁". 子何以天主教律吾教耶? 且天主教有所謂耶穌, 彼乃奉之爲主宰者, 不知嘗考. 吾教經中, 耶穌實西方之聖人, 亦主宰之差使. 當其時有叛道不遵者, 暗加非議, 欲致之死, 復買盜攀害, 國法釘死十字架上. 彼教凡所行事, 皆畫十字者, 以此所釘耶穌. 當日不見, 與謀之輩多被其殃, 當時知者深爲畏懼, 即號耶穌爲主宰. 相沿至今, 以訛傳訛. 若輩之喩, 亦猶大軍平復之後, 彼即以方伯連帥認爲天子. 然純臣知敬. 自不敢當, 無如若輩. 目睹其事, 逐銘心刻骨, 世傳爲真, 直至今日.

〈聖 人〉

客又曰, 主宰既生聖人勸世, 應使世人遵崇, 勿許非議, 何又任人加害? 而不明正其與謀之罪, 使後來見殃, 多費周折. 予曰, 舜大聖人也, 浚井而出. 孔子厄於陳蔡, 斯道今傳. 聖賢當厄, 往往而有. 子言多費周折, 則中夏諸聖人即不應有此危厄也. 今以吾教之書籍參之, 耶穌實西方之聖人, 非主宰也. 則吾教之所謂主宰, 與天主教之所謂主宰不大可見乎?

〈曆法, 齋戒 天課〉

客曰, 子教不同於天主教固然. 然汝教來中夏, 自隋唐始, 凡事俱當遵制, 何得自外憲書? 以三百六十日爲一年, 不講春夏秋冬, 三年一轉, 世人甚駭. 子曰, 惡! 是何言也. 胡陷吾教樂觸王章, 計啓衆惑, 一至於今. 今天下一君, 四海一國, 煌煌憲書, 孰敢不遵. 如以三百六十日爲一年, 總不計月之大小與春夏秋冬之往來, 是別有一天地耶, 其然乎? 夫吾教所居之地, 本無隔膜. 若教內人蕃衍, 必開設義學, 聽遠方單寒, 不能延師者就學焉. 學者飮食衣服, 皆此地之有力者供給, 不使他累, 致廢時日. 數載後, 學業有成, 還鄕日, 大以成大, 小以成小, 幸淵源之不絕. 在吾教字書, 不假漢字音譯, 恐音韻背離, 有失舊章. 故經千百年之久, 仍如一日之初者, 此也. 彼不知吾教之大義, 又安知不以吾教家貼戶曉之齋拜日期指爲憲書者?

今夫國家每歲製造憲書外, 太常寺又刻欽天監選擇祭祀日期及忌辰日期, 印刷單條, 貼於公署. 近年, 憲書於日期之上新例刻有圓圈, 使知忌辰齋戒之期. 何必另刻祭祀與忌辰單條? 蓋緣書冊常掩, 未若單條易見, 此國家覺民之道也. 由此而推, 士庶人自有應祀祖考之期, 照式貼於內室. 若此亦指爲憲書, 可乎? 吾教每年齋拜, 各有日期, 必應刻明, 亦如祭祀忌辰日期之單條格式貼之各家, 使人望而即知, 便於遵行. 胡各教之人不體此情, 即以私制憲書之名加之? 苟非天意普垂, 幾何不爲此語陷也. 子其慎之吾爲子解.

以三百六十日爲一年, 而群相慶賀之故, 緣各教規皆有齋之一條. 吾教之齋則與各教不同, 吾教聖人思宜體恤窮民, 言君公王侯卿大夫, 下至士庶富厚有力者, 自是飮食無虧, 饑寒罔覺, 縱歲遇荒歉, 未必如鰥寡孤獨倍加之困苦. 方於每年之中, 設齋一月, 均令雞鳴而食, 星燦而開, 白日顆粒不入腸胃, 滴水不下咽喉. 無拘祈寒盛暑, 挨次三年, 遵照前設之月舉行, 勿許揀擇. 是不禁茹葷, 而較之茹素者, 不大有間乎? 又謂人生日用語言行事, 孰能保其無過, 或無知, 或故犯, 於此齋戒之月, 各加內省, 悔過遷善, 體上天好生之心, 自知四民之困苦, 得逐愛養之至意. 使諸侯體君王之意, 布政施令, 務期於至公, 使大夫體諸侯之意, 用刑鞫訟, 必期於各當. 使士庶人體上帝君王諸侯大夫之意, 清心寡欲, 改過自新, 亦知無告之困苦. 如此存心設想, 敬待期滿, 沐浴重新, 以祀上帝. 拜後各相慶賀, 謂此經月之內閉戶虔修, 不比平日, 故有慶賀之舉.

其所以然者, 以人勞則思, 思則善心生. 逸則淫, 淫則忘善, 忘善則惡心生, 踵而行之而已. 今人不思此義, 妄爲譏刺. 吾教之未學者, 固不能道答, 間有學者又不能詳細援引解說. 相傳至今, 謂吾教以三百六十日爲一年者衆矣. 殊不知吾教之慶賀者, 謂齋戒之功成期滿也, 非年也. 吾子其釋然否?

客曰, 此意誠得矣. 子言君公大人富厚有力, 皆效餓夫, 毋乃固執自苦, 而不通於人情乎? 予曰, 古之天子躬耕籍田, 后妃親治蠶桑, 下至士庶人, 莫不皆有紡績之勞, 胼胝之職. 今如子言, 則天下躬爲萬乘, 后妃尊爲國母, 豈必待耕而食, 自織而衣, 不知欲供宗廟祭祀之用? 因以識民間稼穡之艱難, 自廣愛民之術. 吾觀劉宋元嘉二十一年, 宋帝以衡陽王義季爲兗州刺史, 親餞於武帳岡, 將行, 敕諸子且勿食, 至會所設饌. 日旰不至, 皆有饑色. 乃謂曰, “汝曹少長豐佚, 不見百姓艱難, 今使汝曹識有饑苦, 知以節食御物耳.” 此與吾教齋戒之意正自符合. 又查古寫齋字, 原以‘不食’二字疊加爲之, 是古人之齋, 亦取不食之義, 不然, 即不得謂字有取義之訓耳. 孟子不云乎, “禹思天下有溺者, 猶已溺之也, 稷思天下有饑者, 猶已饑之也”, 毋亦固執自苦乎? 吾教於民間困苦曲意仿爲，非特自思，而并以己身效之，大有重於民命．使君公大人富厚士庶不忘此鰥寡孤獨知無告者，故多方拯救，以體好生之心．此齋之大凡也．更有進者，吾教內貿易四方，有本至二十兩者，名曰‘滿貫.’約經營一周，除去日用已費，仍存本二十兩，即應施散銀五錢，名曰‘天課.’何爲天課？意使富厚之人代天養育蒸黎，不使失所，亦稍能釋我君之憂．此項之銀，推本遞算，并無傳喚催科，胥役擾責，均係己身自算，暗給鄉族之無告者．外有衣服住房，動用什物，只散‘天課’一次，其後免議，蓋以再無滋息耳．至於田畝所收，除輸納正賦官糧外，仍有什一之天課，照例給人，不敢私匿．間有下愚，慳吝不出，吾教經律明有天譴．其有滿貫應散天課者，不得復受他人之天課．萬一是人遠出窘迫，不妨受天課以全生．吾教之規，總以恤人爲重．凡先聖所言，兢兢自守，不敢忽略．故君公大人，富厚士庶，必虔齋一月者此耳．延至今日，貧富同齋，均期寡過，廣衆大行．吾子不聞乎？

〈喪葬〉

客曰：齋之一事日知之．然子教殯殮，無衣衾棺槨，惟用土葬，是薄待其親，與無使土親膚者左矣．予曰：然無使土親膚之言，炳如日星．但吾教聖賢垂訓：萬物土中生，萬物土中埋．今葬法有四：金木水火，推之盡頭，同歸土內，未必別有天地以貯其骸骨耶．既不能離土，何不直歸於土，故反復纏裹，重襲累贅，吾教葬法不取．吾教聖人之訓，以人貴於萬物，富貴雖有殊分，死生原同一致．始酌定葬法，勿使富貴有厚葬之侈，而貧者受暴露之慘．倘不預爲籌劃，則無所適從．故葬法無分貧富貴賤．

死之後，挖坑仗余，旁開一穴，高二尺余，寬亦如之，長七尺零，其內空虛，非實砌掩覆可比．各教未睹吾教之葬法，一聞土葬，皆以爲用土實掩并無規格，殊不知此等坑墓延至百年方能長滿，非三年五載即充洞而浛其骸也．百年長滿何以見之？常有客死他鄉，待子成立，搬回本地，或二三十年，比及復開，所浛未幾．抑有沙地不宜作此旁穴，只挖直坑，亦深七八尺零，另用厚木作四方圍墻，以防陷塌，止用木蓋，間有用石板者．其旁穴內，亦有四方匣，木石無拘，皆可置造．

不具衣衾棺槨者，意如人之初生，不分貧富，惟具衣胞，別無他物，今原始反終，仍如來日．惟用新細白布，縫若被單，男三層，女五層，將亡人用淨水洗過．而『禮記』之喪禮於洗後方爲剪甲齊須，此二事者吾教用之於平日．今將洗過之亡人，放被單上後，撒攢香細面、朝腦、麝香等物．坑內亦用香料，使逐蛇蟲而御病味，存亡具賴．將死者入畢，先用土坯砌實旁開坑口（外以竹木作門搪塞），俟收殮之人上出，然後傾土堅筑，做冢立碣，以完葬法．設有旅中外境，貧無以葬，同教輩必爲代葬，仍依前法，亦不暴露．議者謂難免土之親膚，其說似矣．吾不知人當盛暑仙遊，既有衣衾棺槨，又多用黃泥石灰，竟取滲穢水而斂臭氣，泥灰非土乎？俄頃，發變消化．雖不忍使親膚，而泥灰與尸骸已合爲一，此又何說焉？今以各教論，未必人人富厚，且不論千百金之購求沐槨，即數十金之棺槨者，只百有四五，而貧無告者，俱二三兩之薄皮燒材，甚至此皆不可得．即得之，其材不蔽風雨．再如不能埋葬或掩之不固，不數日間，尸骸暴露，肢體解裂，見者酸心，過者掩鼻，於人心何如？豈貧乏之人不足論耶？雖其人之子孫，亦付之無可，如何而已？當此之際，土親膚乎？不親膚乎？掩爲是乎？非乎？

大抵天地生物，人認爲至貴，倘世界無人，則亦無圯之土壤耳，有之何益？今富貴之家，聽其厚葬，貧賤之人，任其暴露，有心者當不如是．

可怪者富貴之家，多用金珠穿戴，名曰“殉葬”，惟期尸骸不朽. 夫以歸土中，縱千年不朽，何益於事. 且即不朽，已伏開門揖盜之端. 凡此大葬，庸眾盛稱，播揚既遠，而綠林中豪客已生心矣. 寶物冠戴，盡行盜去，一經緝獲，開棺者斬，盜物加倍，是生人招厚葬之陷，而死者亦被厚葬之慘. 始嘆杜少陵詩云:“昨日玉魚蒙葬地，早時金碗出人間. ”不信然乎? 今五都之市，貨賣古玩者，每執銅玉舊器，大其言曰:此殉葬之漢玉，此殉葬之寶鏡，歷年多矣. 而世人不察，既言殉葬，何復售於人間，恬然貨賣，相安無事. 縱不以王法論究竟彼物之來歷，有心者亦當三思. 如我以千金購求殉葬，倘後日之出，亦如今日，即可以自悟，而不爲殉葬之謀矣. 蓋殉葬者，未必家家有失，而何可不預防其失也? 何如吾教，禁用殉葬，不啟小人之盜，存亡俱受其益，人心反無恔乎? 是吾教土葬，首無暴露之慘，次免盜葬之患，雖千百年不能一見. 以吾教一體葬法，質諸孔孟，又未必不獲盡善盡美之稱矣. 土葬之法，然與?否與?

〈服 飾〉

客曰:子教葬法可矣，但子教中人究無葬事，穿戴白帽，全不忌諱，何也?予曰:自古以來，各有所尚，夏則上黑，周則尚赤，商則尚白，言衣服、垂戴、車幃皆白也. 倘如至今悉遵商制，皆尚白色，子復何疑? 今日喪制用白色，不知商時於父母之喪，曾用何色? 又何忌諱? 吾教之戴白帽者，惟禮拜時用，非尚之也. 吾輩之不明大義者，欲以別與各教，時戴白帽，則固矣. 以教條論，禮拜服色，非止百帽，衣皆白色. 蓋取對越上帝，神明交諦，有表裡如一，純白無偉之義. 且白爲本色，不假染造，以全天真. 除此, 則君公大夫士庶人, 各有大小品級之制, 朝衣朝冠, 具有等威, 介廉劉先生於『天方典禮』中備載明白, 焉可小視.

〈禮拜〉

客曰, 如子所言, 子教行事般般可考, 毫無疑議. 吾不知子教禮拜, 所拜者何神? 所設者何像? 如言主宰之說, 鑿鑿可據, 乃云天地萬物, 俱被造化. 不思天地之大, 無有窮極, 誰能造化? 儒教論天地萬物爲陰陽二氣所生, 春夏秋冬, 日月往來, 四時明晦, 古今盛衰, 一飲一食, 皆天地自然之理, 莫非定數. 汝教又有賞善罰惡之說, 俱出主宰之獨斷, 豪不假手於他人, 則主宰亦勞且苦矣. 且於各方建設禮拜社, 每日五時入寺禮拜, 男女雜沓, 人傳夜聚曉散, 似此舉動自招物議.

子曰: 然. 子所詰, 皆合吾教之經內, 具載有是問答. 蓋天下之大, 心同理同, 而各國有各國之書, 各教有各教之論, 要以不廢綱常論紀者爲正教. 雖語言異韵, 字畫各样, 皆造物之大能, 顯著於天地, 欲有心者時相參證, 非止一家而已. 雖欲齊之, 誰能齊也, 向有友人與予言, 吾教之有聖人, 言殊虛誑。夫聖人惟中國有之, 爾化外何得有耶? 予曰, 子何小言至此, 汝不聞天道至公。至公者, 無私也。豈天獨厚中國而生聖人, 以教中國, 即不復生聖人以教各方乎? 使無聖人, 則各國之書籍文字, 何自而有乎? 子言一飲一食, 皆有定數。今有萬金於此, 欲給眾人, 設無主持, 誰肯取少, 勢必群起而爭, 爭之不已, 後將何極; 有主之者, 量親疏遠近, 老少大小, 自為分派, 約期給發, 可無爭端。

夫"定數"者, 預定之詞, 預定為誰? 造物之主宰也。若以天地萬物,皆陰陽兩氣所生, 以人身論之, 精氣神三者, 精為有形之物, 而氣與神皆無形。且無論先天之受胎若何, 假無此肉身, 則精氣神收貯於何方? 是氣與神, 必待有收貯之所, 而後有生發之處。試問未有天地, 陰陽二氣收貯於何方何所?其意俱欲渾說, 不肯明言, 禍天下之蒼生者大矣。即如冬至時, 天下皆頒憲書, 未至其時, 孰敢私發? 必於是時, 然後分發, 謂有天子, 然後可以統一。今使言憲書, 總無刊刻印造之工匠, 又無君命之頒發於立冬日, 而憲書自出矣, 人必不信。

又常言:天地萬物總無行造之主宰, 春夏秋冬, 四時往來, 日月晦明, 古今盛衰, 皆歸於陰陽二氣, 天地自然之理, 又言莫非“定數”。試思陰陽二氣必待有天地收貯, 而二氣始能發生。縱二氣之當行, 亦未有自己行之者, 如憲書之無刊刻, 無君命而自為頒發, 自為印刷者無異。故吾教經云:世界之君王, 即主宰之影射。彼為天下之君, 愛養群生, 保障河山, 賢者進, 不肖者退, 善者賞, 惡者罰, 非人所能為, 實主宰之判斷. 意使世人體認此理, 不致溷淆。雖飛禽走獸蟲魚之類, 皆有君長。故孟子云, 麒麟之於走獸, 鳳凰之於飛鳥。世人日見天子者有幾何? 天下無不尊崇, 無不畏懼。如子之言, 必待見而後信, 舉天下之人皆曰君王并無賞罰號令。一聽於自然之理, 可乎哉?

吾教禮拜之說, 七日大拜, 每日五時朝拜主宰, 於各方建設禮拜寺。誠然, 因不學之人, 罔知教規, 不能體認。吾教內有學業者, 逢期宣講教條與日用五常之節, 各有次序。於認主拜主之學, 日日新之。彼經營之士, 終日奔忙, 不能靜心, 逢期聽講, 可日月至焉。其所以朝拜主宰者, 因吾教經云:古往今來, 天地萬有, 皆受主宰之造化。世人多云財帛兒女俱是前定, 不究所定為何主? 故吾教經典實指主宰, 超然無極, 凡同天地萬有而生, 皆為受造之物, 獨主宰為行造之主。一日五時禮拜, 申如在其上之敬, 蓋無方所, 無似像。居東土者, 惟向西禮拜而已, 此種理路原因, 未學自不知根。天地間無往而非學問, 未有無師指點而能自明者。主宰之喻如人身然。前所云, 人一小天, 小天之主宰, 即人身之命也。命之在身, 曾有何人見本身之命? 何似像? 何方所? 使人言命在頭, 則身與足皆屬無命, 無命之處, 痛癢無知, 即為死物; 言命在下, 上身亦然。以是知人之命, 無方向, 無定所, 通乎人之一身, 無處不在, 無處不有。則一身之內, 更無處不知, 無處不覺。經云: 真宰同乎天地萬物, 亦無處不在, 無處不有。切不可以色像、方向定主宰之所在。

各教人 於元旦燒紙, 其所供牌位, 上書天地三界十方萬靈主宰, 此等語意猶須參究, 是天地人三界之有與十方萬靈之生, 必有真宰之所眞持, 而世人不察, 以為故套, 當前錯過, 反詆他人。子言真宰之賞善罰惡, 何以能知? 子當思, 人於冬日, 服飾重重, 周身遮蔽, 皆不能見, 雖有二目, 位居上方, 一有玑虱, 知在何處, 伸手即得, 無微不照。玑虱, 微物也, 衣為之遮蔽, 十指無目, 何以一伸即獲? 蓋以命之靈光, 籠罩乎全體。此即賞善罰惡之一明證。真宰同乎, 天地萬有凡有蠢動, 莫不周知, 豈無賞罰乎? 又雖窮鄉僻壤, 如素不知有君父之尊, 王法之嚴, 任意胡行, 一經發覺, 自必究竟, 倘犯大辟, 按律何差, 并不以彼之無知與從未見君而釋之。賞罰之嚴, 一至於此。世之有心者, 當即此觸類旁通, 以進於認主拜主之道, 勿至臨期而悔, 思無及也。

故吾教之人, 心知賞罰, 有所畏懼, 至能堅持教規, 鮮為非理。若他教之人, 實心講論, 踵而行之, 自能少過, 刑措無用矣。吾教所論真宰之理, 具載經書, 炳如洞著, 絕無游移影響之談。有謂即此昭昭之天, 非也。昭昭者, 人所共見亦有限量, 烏能可比。此理甚微, 非細心研究於割盡畏難苟安之習不能有得。即如《天方性理》所云 "無極", 無極之言, 實指何物, 即此一語, 可以證吾教言真宰之實據。大抵儒教之書多見道之語, 而儒教之人多舍難而就易, 或有以神道相亂, 信釋老之誣, 而以邀福動人。彼不知皇天無親，惟德是輔。凡一求福，則無往不失，豈特天良。總之，信道欲篤，苟信道不篤，焉能為有，焉能為無。

至言男女雜沓，更無可加於吾教，吾教經言：男女七歲不同席。此蓋仿於《曲禮》。再言男子從臍至膝，不可令人見；婦女從頭至腳皆不可現，以至除七等人外，概不相見。七等為誰？祖、父、兄弟、丈夫、子孫、親生母舅、親生伯叔是也。又云：男女之內，可與聯姻者，即不可以相見。又云：凡婦女出門，或坐轎，或乘車，皆用罩頭，以紗綢為之，從頭籠至腳跟，絲毫不令人見，方為至理。令云男女雜沓，不知何所見而出此言？

吾教禮拜寺，所在皆有，曾與何處見有此等行事。況吾教經中，斷定不許婦女入寺禮拜，雖有父母喪事，亦不准其到墳。總以不可與人相見之故，致有是禁。惟令各自在家潛修暗祝，悉遵條約。間有老朽孤貧無告之婦，每逢禮拜日期，叩寺求討，以度殘喘，然麾之大門之外，聽人施給，并不許入寺同班禮拜。此東土無奈之回民。一在西域，另有養膳，決不聽其入寺，且寺內之義原宜潔淨，大凡禮拜，必定預為沐浴。恐婦女輩於天葵之講究不清，反致褻瀆。況一經男女溷雜，勢必淫行潛滋，將欲為善，實乃長惡，故吾教不取。男女雜沓，吾教之所必無。

至言夜聚曉散，更屬荒唐。試問夜聚曉散之說，不知每日夜聚曉散耶？抑或有時聚散耶？將謂每日夜聚曉散，則士農工賈，各執一業，雖勤惰不同，而仰事俯給，皆不能或廢，稍有懈怠，則啼饑號寒，在所不免。人身精力有限，何能朝朝連連？且夜聚曉散不得默默，必有所言所行，使無言行，此聚何為？ 夫曉不閑，夜無暇，而本業又資待理，吾恐精力衰憊，不數日即登鬼錄。此每日之不能夜聚曉散明矣。將謂有時夜聚曉散，天下之大，誰無婚姻喪葬？ 或吾教之孤客死於異鄉，勢必扶入寺內，眾人代為安排，次日埋葬。是夜，寺內有人置辦，他人不知，即謂夜聚曉散者。又於齋戒之月，禮拜者十倍其常，而回教之士、農、工、賈，或按時不及交還拜課，乃於日落後入寺還補白日之拜課。燃燈時至初更，拜畢歸家休息，以待雞鳴復起。夫倡夜聚曉散之言者，意欲人以異謀妄圖疑之。吾教經言：苟非己之所有，雖一毫莫取。而齋月禮拜，猶為省愆悔過之要，不敢妄涉意念。即衣食之豐歉，事物之順逆，一聽於冥冥之天。總之，吾教身體力行者居多。儒書不云修身乎？如："非禮勿視，非禮勿聽，非禮勿言，非禮勿動。"勿之云者，實用其力禁止其非也。是以吾教一日五時禮拜與七日之拜，時形敬畏。而拜內之虔誠直歸於造物之主宰，其無我忘己之念與之俱化。吾子亦識之乎？

〈飲 食〉

客曰：與子言已久，似略曉儒書，既讀儒書，何仍如此拘執？風流灑脫，詩酒陶情，吾曾目睹耳聞，某某名列子教，讀書有成，毫無回教氣象，遇酒即飲，遇物即食。使一旦身入科名，鹿鳴瓊林，執教固辭，或者不可再如某某。當時名流，行事亦如之，總無拘執。世路明白，交接當道，不過逢場作戲，何必認真，今而後還須圓通於三界之外，方是英雄本來面目。

予曰：子言過矣。世間好事為忠孝，故征忠臣於孝子之門。謂其人能孝於親，使親心豫悅，即一顏面之承不為親所疑慮，不改親之正行，他日之能忠於君，可以托六尺之孤，可以寄百里之命，臨大節而不可奪者，必此其人。夫今以些微口腹，而即可以驗人之忠與不忠，孝與不孝必矣。如子言某某者，實系回教，若輩祖父身列回教，不知幾世？ 而其人竟可以遇酒即飲，遇物無忌，彼雖同人飲食，吾揣其心必不安，色必不正，或且惡人稱彼為回教，又必自掩其回教。然惡之亦不能顯惡，掩之又卒不可掩，當飲酒食物之際，此人必如坐針氈，雖強為色笑，其心左右堤防，常恐旁人提出根本, 實有無可如何者, 奚不直言而顯拒乎?

謂其可以求富貴利達, 可以取貴人色喜, 而直至於卿相之班, 其子若孫亦可達於鴛行之列。彼以為前世求富貴利達者, 出妻見子, 不以為恥, 吾一飲酒食物間, 即可以取貴人之喜, 尚未至於出妻見子, 何樂不為?殊不知不數年間, 忽焉沒兮, 其子若孫既不能振作有為, 并不能以飲酒食物而承祖父之故套, 下而出妻見子, 未可知矣。作俑之人, 雖在九泉未必不知其有今日之報。且若輩當惡人提出與不能掩時, 明知若祖與父世為回教。一旦舍祖父之教, 背祖父之行而其踽踳不安, 瞻前顧後, 恐人提出根本者, 此正良心不昧之時, 倘能即此改悔, 尚可期望。

設有心者, 從旁計議, 此子原系回教, 今以求富貴利達之心, 則祖父可悖, 廉恥可無, 孝道可虧, 設彼祖父見之, 或被知覺, 自不樂承, 此大不孝之罪也。如是忘本之人, 奚云六尺可托, 百里可寄, 天地間應不可容, 雖朝廷有不甚愛惜之官, 亦不可苟與若輩, 蓋以今日能悖其親, 他日必悖其君。以此推進, 難期忠干, 欲若輩效伯夷之高風, 萬萬不能。此知與外教飲酒食物, 全無忌諱者, 非止吾教之不容, 實天地間無恥之罪人。

彼不思酒之害人多矣。雖中國聖人, 亦屢禁之。故禹惡旨酒而好善言, 周公作酒誥, 群飲則殺之。夫酒小罪也, 殺大刑也, 以小罪而加之於大刑, 周公直忍而不疑者, 蓋以酒之生害而至於殺人者衆矣, 以為不如是, 不足以一民心而成吾治道。此中國聖人之教民也, 亦有是禁。而後世之馳之者, 吾不敢多言, 以獲其咎也。抑猶有外教之人, 或因自幼同窗, 或同名科第, 或同堂辦事, 乘間引誘, 無本者被其煽惑, 分手後彼即以某人前日飲酒食物為口實, 為快談, 兩人誓不外言之約, 皆成虛誑。雖受惑者, 自應詆誹, 然前之同窗同第同朝之誼, 業已不加勸阻, 反引人入套, 使悖其祖教, 忘其根本, 失其同氣。及受其哄, 離席即侈張之。殊不知彼雖暢談於一時, 吾恐彼後日之若子若孫, 亦受他人引誘, 使悖其祖父之孝悌忠信者多矣。何也?昔以此施, 今以此報, 往往而然, 所以士君子吊曹瞞詩云: “昔日曹瞞相漢時, 欺他寡婦與孤兒。誰知四十餘年後, 寡婦孤兒亦被欺”,

有心者胡不自思。吾今此言, 非惟勸本教人自固根本, 亦且兼勸各教, 倘遇吾教無知之輩, 切不可故為引誘, 陷人不義。其實何益於己? 徒留此不美之名, 以致遺禍子孫。倘汝今日勸人子孫不忘根本, 後日即有仁人義士勸汝子孫為孝悌忠信之全人。今而後, 子其勉。夫亦或有膺民社之責者, 遇有回教酗酒事發, 更祈加倍整飭, 方為有德。

〈儀容〉

客又曰: 身體髮膚, 受之父母, 不可毀傷。子教之人, 修剪髭鬚與下身毛孔, 今日去之, 遲日如故, 豈不過為瑣屑, 亦未嘗大關義理。予曰: 古之男子梳頭, 若婦女然, 今日遵王制也。吾教所論剪髭, 非獨敬守教規, 亦以為整飾儀容, 清爽身體。且凡事皆有君臣, 凡物皆有去留, 豈可君臣無定, 去留不分, 成何世界。如良莠去而嘉禾植, 君臣定而上下安。今以口與髭論之, 則口為君, 髭爲臣, 如人飲食, 皆歸其權於口, 豈有君嘗飲食而臣嘗為之阻撓撫亂。則髭當齊也, 明甚。雖曰齊髭, 亦有界限, 無容過克, 齊止上唇之中。其口輔之兩角, 仍留長髭, 以表威儀, 至鬓鬚鬍鬚, 秋毫無犯, 君臣之位定矣。飲食豈能阻撓, 縱遇湯水, 不致淋漓, 可免厭污。倘同人飲食, 見此景象, 難免憎惡, 何所吝而不齊。此些微之髭, 夫不可毀傷, 今之剃頭, 獨非發乎? 奚為徒同以去? 子教之人,卒不置喙於其間? 蓋以為王制也, 法盡善也, 而不知其法之所以盡善者。非盡去發, 仍留辮子, 以為存善閑邪之道, 萬世不易者也。

其所以修剃下身之毛孔，使沐浴之時，不能藏垢。則身清體潔，方可以交神明而禋祀上帝，故等諸去良莠之法。如上古之時，凡物皆刻銘文，而湯盤為最。夫盤不過沐浴之器，何以銘為？ 其意欲人以此進修身之法，有表裡皆沐之意。中國聖人既已借盤銘欲人為如一之教，吾教聖人即就本身修剪之法為表裡表里一如之教，豈不更進一層。語云：身外無道。是也。

〈神靈〉

客又曰：如子之言，教中之事，皆有義理，獨不拜神道，似屬矯強。予曰：天無二日，民無二王，敬一無二之理昭著久矣。總之，各教多口頭之學，而少篤實之行。既曰不諂媚鬼神以要福，又曰拜神，獨不思獲罪於天，無所禱乎。昌黎之佛骨表言之詳矣，其與孟東野書內云："且彼佛者果何人哉？其行事類君子邪？小人邪？如君子也，必不妄加禍于守道之人；如小人也，其身已死，其鬼不靈，天地神祇昭布森列，非可誣也，又安肯令其鬼作威福行胸臆於其間哉？ 進退無所據，而信奉之，亦且惑矣。此亦儒教之書，而非回教之言也，至理可信。有時疑二，復被其惑者，是以利而自徇之也。

回教經言，天地萬有，古聖先賢，皆出主宰之造化，惟有尊敬，并無跡象可設。所制禮樂禁令，行止大小，悉遵不敢殞越，自是日進於高明。孟子云："人皆可以為堯舜。"又云："舜，人也。"我亦人也，倘不行堯舜之行而設其像於高堂之上，終日虔修禮拜，所行皆不孝不悌，天必降殃，雖堯舜之神靈具在，豈能為之護哉？ 況無據之神靈，事之奚益？ 若謂彼能降福，則各教之事神者，不至有乞丐。將曰彼能降禍，則吾教之不事者應無孑遺。此等理路，惟智者能行；愚人懷富貴利達，信釋老之謊談。據言，神能降福，胡終日事佛，而不得一報，若梁武帝餓死台城，佛不之救。由此觀之，佛不足事可知。彼釋教人又為之說：梁皇雖云餓死，其實成佛。成佛之說，有何實據？ 即曰成佛，是釋子從而賤之者。奚以明其然？ 彼常云，某帝王是某佛轉世。試參此語，成佛之後又費許多周折，方能轉世為一代帝王。如此說來，是帝王之貴於佛也，奚啻什伯。倘曰帝王不貴，何故又勸人修煉成佛，轉世即可以為帝為王。其所以為帝為王之故，謂其人當未成佛時受盡辛勤，及轉世為帝王時，將以報其昔日之辛勤，得以逐其所欲為，而受享之無際。何正有為之時而又餓以死，是自相矛盾，欺愚掩飾之辭。進此一追，自無着腳之地。 余靜思之更可嗤者，若觀音大士，度盡世間男女，彼成佛之後，雖欲轉世為一平人，竟無門路可以投托，尚云帝王。至於求富貴利達，佛之降賜，未見些須，先破己囊修蓋廟宇，以助懶人之惡。吾恐善未曾有，殃或倍之。梁武帝之事非明證與？ 如是持此以窮究釋子，彼將曰：難逃天定。是所謂技窮力屈，無可如何之語，獨恨其言之不早耳。吾教之敬一無二者，此也。

〈宰牲〉

客又曰：敬神之說無疑矣，但子教全不茹素，反食牛羊，又必自己唸咒宰割方食其肉。既云食肉，則各教之宰割均屬一般，何異怪若此？ 予曰：吾教念經宰物非唸咒也，體上天好生之德。凡用一物，必可以告上天者，人聞此語似屬矯強。吾嘗見官司自箴，有云：“刑罰可省者省，草木皆天生命.” 草木亦云天生，不可濫用，何況禽獸，實為有命之物，何不慎諸？至有以此為業而食其利者，是教中之罪人，君子不齒。其有婚姻喪葬之當用者，皆念經宰割。其意有在。天子無故不殺牛，大夫無故不殺羊，蓋重命恤牲，不敢率意以滋口腹之欲。禮在則然，而吾教之規亦然。

子今知吾教念經宰牲，更不知吾教必擇遵行者方可宰割，不遵此訓，仍然不食。禮云無故不殺，其實奉行者無幾，規矩無定，誰不可舉手宰割。若吾教之法，難以便行，縱口腹人，素愛飲食，即鳥獸成群，苟不得宰割之人，與昏夜而非宰割之時，竟難便食，實所以禁無故之宰耳。至婚喪大事，不得吝惜，聽其宰割。倘無故濫宰，雖代宰之人，亦不為念經以操刀凜凜乎，雖小必嚴哉！

客曰：子言誤矣，天地生物，原以為人，今欲食一鳥獸，反制多少難行之例，不欲其便行，與天地之心不大相悖乎？ 予曰：子不聞天地之生物有限，而人心之好欲無窮，倘不防微杜漸，謹小慎微，則人心之放竟至莫可究詰。故云"不以禮節之，亦不可行也." 子其信之？

〈沐浴〉

客又曰：子教之事章章可考，抑猶有可議者。聞閨門宴寢，次日必然沐浴方為飲食。其沐浴之器，又用壺罐，雖夫夫婦婦，人之大倫，須自避忌。似此沐浴，豈不眾人周知，未免令人含笑。又禮拜時，亦用壺罐，洗濯其七竅手足，然後入寺，如此行事，可謂勞且苦矣。

予曰：吾教之道，大而君臣父子，小而日用飲食，莫不具載經典。雖有怠惰偷安之人，究其心以自問，實有難於自處者。倘遇禮拜齋戒，一切舉行教規之處，此人必不敢違心以自赴。何也？吾 教之學，總以毋自欺為主，如人未經洗濯，必不敢禮拜。何也？申如在其上也，故不敢自欺。以未經洗濯之身心, 而對越乎上帝, 慎之至也。是以童而習之, 長而安焉, 不見異物而遷焉。又於人倫大典之事在慎重, 非特父母之命, 媒妁之言, 即一同夢之歡, 未有不為警惕。

蓋以夫婦為人倫之首, 不有夫婦, 何有子孫, 不有子孫, 誰接禋祀。人誰不欲生聖賢之子孫? 固恃父母栽培, 而其祖若宗不知幾代端方, 幾輩修省, 方能得此聖子賢孫。儒書曾有胎訓之說, 此後一著法也, 有何體驗? 得胎之後, 方有胎訓, 不若吾教沐浴之法, 可以止淫行, 可以潔身心。苟嚴寒酷冷, 雖頑夫少子竟有以畏寒而止者。凡沐浴後, 孰不知其為輕身而便體者, 身不朦垢, 心方清潔。萬一受胎, 是先一著胎訓之法。此所謂"欲潔其流, 必清其源", 今源則清矣, 而流有不潔者乎? 吾教經云: 凡夫妻交媾, 或夢入陽台, 或天葵淨後及生產四十日後, 必為沐浴, 以淨其身, 方可以治齋戒, 祀上帝。此吾教之道也。

又以各教論, 凡夫妻交媾, 次日竟不敢入廟祀神, 及問其故, 則曰身子不淨, 不敢祀神, 恐有褻瀆, 致遭罪譴。凡物之不淨, 必用水漿洗濯, 然後能淨, 未有不為洗濯, 遲之日久, 而能自淨者乎。今日身子不淨, 不敢祀神, 而又恥於洗濯。夫不洗濯之身, 已經朦垢, 彼且不思, 垢多必然生腐, 而況夫妻之間, 豈能斷絕, 則是以垢致垢, 莫可究詰, 是終身朦之而不知去。乃云,今日不淨, 不敢祀神, 不亦謬乎? 余又哂焉, 何各教之人, 皆明於小而暗於大。以天地論之, 一大神祇, 其威靈赫擢, 非工匠之雕塑也, 非五彩之塗繪也, 嚴嚴在上, 赫赫在旁, 不淨之身, 居此當畏。各教之人, 身多朦垢, 昂然戴天履地, 食雨露之恩膏, 享禾黍之大德, 睹此不懼, 是暗於大也。至廟中之神像, 不過泥塑木雕, 雖青面巨齒, 紅髮金身, 實污泥朽木, 人力之所作為, 而各教自愚自欺, 反畏此土木造作之物, 是泥於小也。殊不知前輩之人, 原以神道設教, 欲以儆嚇愚頑, 非實有其事也。

故吾教規, 一有房事, 即不可飲食出外, 必為沐浴, 然後飲食行動。其所以用壺罐盛水之意, 使水過污流不存毫末, 倘沐浴於江河長流水內, 則不須壺罐之小器矣。至若盆盛浴水, 盆內為受穢之處, 水一傾入, 概成穢污, 即不堪以杯飲, 未免過用而多敗。獨吾教用壺罐洗濯之義, 蓋取用出之水為穢, 而所存貯之水皆淨也, 盡人皆可以飲食, 皆知其淨。既知其淨, 又以壺罐為非, 何哉? 夫

妻沐浴, 卻言含恥。設處女未嫁而生育者, 人皆以為羞;既嫁而生, 人皆曰喜。今以沐浴為恥, 則生長亦為恥乎?獨歸於正不正耳, 又何嫌於沐浴乎? 至於禮拜, 乃祀上帝之禮. 以未經修飾之耳目口鼻, 身體手足, 昧昧而對上帝, 以修跪拜之誠, 可乎哉? 故必先爲善濯七竅體膚, 務使內外俱新, 然後可以對越, 是孟子有云: "雖有惡人, 齋戒沐浴, 則可以祀上帝, 亦此意也.

〈祭祀〉

客曰:沐浴之故明矣。子教於父母故後, 每逢時節, 全不燒化紙錢, 供奉食物, 何以申如在之敬? 又於元旦, 不用門神對聯者, 何故? 予曰:天下之人誰非人子, 誰無父母, 服勞奉養, 尊敬不懈。故後四時禋祀, 情所必致。但子教之燒化紙錢, 供奉食物, 不過欲盡人子一時之心。究之燒化紙錢, 是釋老之行, 而非儒者之教。儒者之際, 用酒灌地焚帛而已, 鬼來食氣。今又雜以釋老之行, 吾恐若祖若父有靈, 必不願來格來享。世之修齋設醮者, 十有八九是口言孔孟之教, 心向釋老之行。所稱 "能言距楊墨, 即聖人之徒者", 固如是耶? 況釋子之與人修齋設醮時, 名之曰 "應付", 是不禁葷酒, 又禪和子之所不取。且有自相詆誹, 皆非正道。

當吾教初來，與中夏言語不通，文字未識，人見吾教有徹底澄清之道，真實無妄之行，遂別其名曰"清真教"。前人有鑒吾教能除諸妄，敬一歸真，又名之曰"回教"。蓋見吾教之行，多自省之意。其禮拜把齋，散財濟貧，均屬放心收回之道。當其始來之時，實不知中夏先哲命名之義，或為至誠感昭上帝，特降是名乎，未可知也。不然，何以其名不泯於後世耶？故吾教乃能掃除諸妄，於父母生死忌日，量力置辦飲食，卻以錢財散給鄉黨鄰里之窮民與鰥寡孤獨之無告者。其有衣帽什物，量給父母之最契舊好，以為遺記。此存亡俱受其益，上天亦鑒臨之。豈有好善樂於之子孫，其祖父之神靈反有不重者乎？且人於死後另有世界，另有管束，亦若未生之初。豈無來歷，昧昧者乎？

彼釋教之謊談，死後修齋設醮，名為救拔祖父，世人多不之察，昧於義理。如人微犯罪辜，托親友中之貴顯者，向該管官司而求，自必從輕。倘無籍之徒，言彼能往求饒恕，吾恐非徒無益而又害之。在釋教放言，修齋免罪，修齋一事，乃應付之經營，以為網羅錢財，招致愚人之具，即彼禪和子之所憎惡。今吾以若輩滅其天倫律之，則烏得無罪乎？即以生前過愆，亦無憑空挽回，而竟寬貸之理。所費銀錢，空被若輩哄去。祖父之事，仍莫可必，所化紙錢樓庫，灰飛而去，莫知其鄉。縱祖父欲居是樓，而守是庫，用其財而享其物，盡已燒毀，何得再成？欺人之甚，夫亦何益？

窮源極底，又非儒者之道。何如即將此項銀錢，散給鄉黨鄰里之貧民，非惟祖父受益，雖數世之子孫，更延綿其祖父之余德，猶必碩大蕃滋，閥閱簪纓，榮昌并茂。何須購求地理，講論風水，豈不可惜？豈不真愚？又常觀風水家言：入殮下葬，必用某日某時。致有炎天盛暑，或過二三日者，尸骸腐臭，肢體解脫，往往有之。意望子孫家道必然興旺，此乃用人力奪天意者。若果能之，竟使天下孕婦求彼選擇吉日良辰，令子降生，豈不更美？彼不於未就時求必勝，而乃於已壞時為妄說，計亦左矣。

吾教之所以不為燒化紙錢，供奉食物，求覓地理風水，蓋由學業之有定衡也。夫人於死後，再能衣食世人之衣食，亦必每日三餐，方為盡心。若一年之內只供數次，彼於數百日之內竟無食無衣之人爾，在世之骨肉何忍望之？ 是必無此理。若於死後仍然衣食費用人間之財物，而未生之前，尚無有子孫之齋醮祭祀，則衣食費用又於何處取覓？ 彼釋子之論，必曰：人皆轉輪而生，彼於未生之時，尚有前世子孫之齋醮祭祀，費用伊家。

余竊泯目自思，孔孟教人倫常不可倒置。各教之人皆知，天地既有之後，方有人物。而綱鑒首云：盤古氏生於大荒，莫知其始。而吾教經云：上帝首造夫婦二人，男女隔胎而配，如是者七十二胎，胎皆雙生，計百四十有四人。若云轉輪，且不問彼夫婦二人，從何處轉來？ 即彼一百四十四人之靈，又自何方而始？ 若云必待轉輪，則是甲先死而轉乙，乙又亡而轉丙，挨次輪轉，一人止轉一人，何得至今天下之人？ 奚啻恆河沙數，今概不論。即以前之七十二胎為轉輪之始，汝試推之，今以長房夫婦先死，必投胎於弟婦之腹中，及之生育，是為兄弟之子矣。一再而推，祖必轉而為孫，似此倫常倒置，天理豈容！聖賢豈安！即以盤古氏例之，亦必如此相傳，方有今日。

故吾教經云：真宰造化萬有，非人心可以測度。又云：真宰行造也，萬有受造也。彼造物之能，欲大則大，欲小則小，其多少有無亦然。今以人之寫字譬之，字猶受造之物，人即造字之主，是人欲書其字之大小多少，妍媸醜俊，盡隨其寫字之人，字之必不能操寫字者之權衡，人皆知之。凡有工作，悉同是理，舉一隅以為例也。然此云行造之喻，而非轉輪之比。轉輪之喻，如人書一“天”字（且不拘大小），今有人欲再求一“天”字，或千萬“天”字，其人曰：不必書，待彼一字轉輪即可為百千億萬無數，恆河沙之“天”字也。汝其信之乎？ 抑亦辨之耶？

自有天地以來，聖凡之身同出母腹，為父母者并不知所懷之為男女，何能知其為聖凡？ 即聖人在母腹中，必不能制作有為者，此即真宰顯行造之大能，使世人參詳識認，不使錯過。然亦不特此也。千古聖賢，正於制作有為之際，不免升遐而杳適，并不能緩須臾之分，以補救其未完者。此亦造物之大能，不使有予奪之操也。彼“天上地下，唯我獨尊”者，究未出於生死之路也，不然斯人胡不出世普度衆人耶？ 吾想，唯我獨尊之言，并非若人之語，此必門下後人侈張其說，為光大門庭之柄第。修行之人，不敢妄語。今以是言坐之，豈不冤哉？ 若果有之，是無辭讓之心也，尚可為訓乎？ 而生彼之祖父，又置之於何地位？ 彼獨尊矣，萬有皆不足數，并忘所自矣，無乃大謬乎？ 故燒化紙錢，供奉食物，轉輪投胎之說，吾教之所悉除也。

若張掛門神對聯，前已盡言。至於不用鐘鼓於禮拜之時，使致其對越之誠不為聲音之所拂亂；不用音樂於婚喪之際，是方可正關雎之雅化，慎追遠之孝思。此亦人所常疑而欲問者。

故吾教之道，總以掃卻諸邪，惟敬獨一無二之主宰，必不以世人造作之假像而亂我之真性也。神道之說，各有專司，不敢越分。如風雲雷雨，日月星辰，霜露雪雹，山水火土，凡所作為更置，莫不寓有神道之大權，要皆主宰之使令。非敢妄施毫末之減增，而奪主宰之衡量。亦如百司，總聽命於君，有應受之俸祿，則必有應辦之執事，不敢順情涉私。若謂可以行私，能邀司農之盼，則是九品之俸，竟可與一品之恩耶；設應一品之俸，斯人拙於逢迎，司農惡之，而不給於毫末，斷無是理。因思子路之言，有云：“未同而言，觀其色，赧赧然，非由之所知也。” 此言未同之語，尚有慚色。彼未同者，是共處一室，與他人言，而未與若人言，彼強與之言，宜與夫義若不相合，故子路言非其所知。令人神一理，彼無故之拜禱，首則憚煩而厭其瑣屑，況不能施無據之告求。且如司農日坐高堂，出納天下錢糧稅課，支放俸祿兵餉，皆憑文印散給。而無籍小民終日拜禱階前，豈能濫給毫末，何況不能任彼接見，抑或營謀磚刺之人，接踵求見。殊不知彼司農者，概不與聞, 何也？ 首無君命, 次少精力。苟非然者, 將夜以繼日, 坐以待旦, 亦不能勝其無厭之求也。神道之理, 應如是而參之, 自可絕其拜禱矣。大凡天下之政令, 總聽命於君王。無敢殞越, 雖衆怒無傷；倘違君命而善媚, 雖衆喜何榮。

吾教不拜神道, 恃此而已。心有主張, 外物不能搖撼, 故無據之神靈, 萬不能惑吾教以動聽。縱有法術, 愈為邪道, 非獨吾教之所不信, 而亦孔孟之所不齒也。試論彼法真傳, 能遣天神諸將, 能知過去未來, 即如國家之大, 君父之重, 何代能絕跳梁之賊。或內或外, 彼自知之, 既有真法, 能遣天神諸將, 何不專使五雷, 擊死其賊？致免多少財用、議論, 何為不快！在彼亦可延好生之德, 更有無窮妙處, 上而君父喜悅, 下而百姓安堵。抑或天時旱澇, 五穀不生, 人民焦勞, 彼有法真傳之士, 不當坐視其疾苦, 致君父發帑賑濟。動經萬余留糧給散, 在處有之。吾想彼於已發未發之時自必先知, 抑或不能先知, 即於已發之時, 多遣天神諸將, 使被旱之地廣布甘霖, 則苗勃然興之, 人民感戴, 以為何如？抑經澇之處, 亦遣天神諸將, 速之撥雲霧而見青天, 捧紅輪而疏赤水, 田父歡欣, 公私鼓舞。子竊視之, 竟不出此。亦如平人之束手, 及問其故, 胡不為之救拯？ 彼將曰“天意故也”。

我亦曰天意故也。直追到此, 法力固不可以攘奪天意明矣。天意既不可攘奪如此, 胡各教之人不信天而信法, 不聽命而聽人。尚非吾教不拜神道, 不信法術, 亦何異慣為鉆刺營謀之人？ 而自敬君行古道者, 為迂闊之士哉, 可慨也夫。且世間原有神仙, 自能點石成金, 呼風喚雨, 斷不肯復與人世交接。若仍與往來, 無異平人之衣食者, 明系哄騙銀錢, 吊取財物, 此即觀假神仙之一大法。抑有言不食煙火之物, 每日惟用白水數碗, 是欲滲牛炒之念珠也。若遇此輩, 將彼衣物另封別處, 絲毫不許隨身, 則真情露而誑不行矣。即出家修行之學, 吾教方策條理井然, 各有程限。其出家也, 非若釋老之流, 仍然夏葛冬裘, 渴飲饑食, 不織不耕, 居高梁大廈, 玩野鳥山林, 以衣食之艱難, 寄託於眾人, 守寂高枕, 任其所之。古云: “日高三丈僧未起, 算來名利不如閑.” 此語世云高曠, 吾恐教人悖其君親, 必自此語始之。其有逃避禍患借匿於此, 世皆為便, 古今同轍, 究難置喙。猶有羅珍饈干案上, 拥錦綉干屋中, 自以爲常, 而恬然不知君父之恩, 上天之德. 彼竟忘其所自, 不知珍饈錦綉皆他人所致之物, 并非彼法術仙傳之所得。殊不知天下四民能食其報者, 十無三四。即如文武兩途, 為國家出力報效, 實皆拚棄身家, 且不能如彼之安享, 而又毫無責任, 毫無考成, 聽彼妄言天上地下之語, 世人貪福, 易受其哄, 惟達人知之, 故有“日高三丈僧未起”之語, 進而思之, 是亦不平之鳴也。予常涉獵史鑒, 自古帝王受方士所惑, 食長生不老之藥, 後皆不能勝金石濟藥之毒, 以致燥渴攻體, 其勢難當, 訖無成者。若果有之, 則秦皇漢武, 今日尚然高拱, 而何杳然無聞也。今予之言, 亦前人吐去之果核, 非我言也, 吾子諒諸。

〈修 行〉

若吾教之有出家者, 首則必待父母之天年, 使生我之人無憾 ; 其次則男婚女嫁, 可以代我成立 ; 再次則債負清還, 外無掛礙。倘人負我債, 又必揀券還人, 清白己身之事, 毫無沾滯, 然後出家。其出家也, 乃了盡萬緣, 獨契真宰。亦非如白日飛升之術, 玄談寂滅之流也。吾教聖人防微杜漸, 恐人仿效, 相率而為高遠避世之行, 乘所立數事, 方好出家。非此, 決不可行。又云, 人能事君忠, 事親孝, 交友信, 養育妻子、奴僕, 愛恤鰥寡孤獨, 齋拜不缺, 好事忙行, 較之出家之功德, 奚啻天壤。

總之, 吾教經書全以人倫為重, 不求隱僻為先。吾教內人一有出家之念, 先漸減少飲食, 年余之後, 至於一月一食, 始能出家, 預了己身之事, 然後離人世, 入山林。朝看麋鹿, 夜聽猿鶴, 飲流泉而食果蔬, 臥夕陽而眠芳草。晦明風雨, 任雲影之往來, 晝長夜短, 絕世人之繼思。山巔水窪, 信步所之, 石洞天臺, 聽其酣息。斯時也, 心境超然, 萬籟俱寂。瞬乎一刻, 上下千古, 其間之升降俯仰, 得失興衰, 齊天地渾然之理, 偕造物而游於無間也。獨得之趣, 誰能見諸? 吾教出家大概如此。而凡語默, 動靜持已涉世, 亦無不類乎此矣。而吾教與各教其亦可以曉然矣。予寧敢較量各教之行事, 適承吾子問, 不得不縷悉實告, 而以吾教之真共白於此日。

〈結 語〉

客乃唯唯而謝曰: 子教入中國, 素未講明, 止以祖父相沿行事, 子若孫不敢擅改為詞, 并未聞有人焉大發議論, 而知為有本之學, 乃如斯也。今而後, 謹受教, 愿無以淺見探海矣。雖然, 學非眾著不明, 疑非洞悉不解。今吾與子對談竟日, 奚啻千言, 予豁然矣, 而予以外不乏人也。子盍記此問答, 刊刻成書, 使疑者議者, 一覽了然, 庶幾均有所益, 可法可傳。逾年, 予將於子索問答書籍, 謹志之, 慎勿忽。

客遂飄然而去。予以後學菲質, 又值王事鞅掌, 深懼夫言之不文, 行之不遠。第客命諄諄, 問答之間非以求文, 蓋明教內之規條。縱言鄙意質, 不過以釋各教之疑議。非疑論於詞藻之工也, 何必築室道謀。以滋後悔, 故不避指摘, 請教同人, 付之剞劂。後之君子, 有可教我之處, 再加補益。或遠方同志諸君, 觀其言或有可采, 此書不能遍傳, 不妨重栽枣梨, 以博知聞, 是則我之素愿也, 夫是則我更欲釋疑之意也夫。

陳大韶點評

淮陰專閫以多而善, 理明法備, 行所當行, 止所當止, 故也。北高與客反復坐論, 如千層臺, 如常山蛇, 曲盡神明, 變化條理, 秩然意貫。用遙接法事同, 用類敘法非精, 於藝者莫辯。曰潮曰海, 兼而有之, 意其服習於昌黎眉山久矣。至所論條規亦本人情, 準物理, 惟遵祖制以從事, 絕無矯戾之為.

尼山夫子與麻冕之變而從之, 暮春狂士於羊枣之嗜而卻之, 不知其故, 安知不可置喙而橫議? 可知凡事惟其是而已。衡諸理, 按諸情, 溯其本末源流, 歸於平正, 斯之謂是。既是矣, 何辭焉? 且北高雖宗清真, 而深於洙泗, 詩文淹貫, 流於既溢, 何啻千百。其二郎亦於官署受庭訓而揮毫如意, 行將列科筮仕矣。余故欽服, 不揣固陋而妄評之。

宗山

教習揀用知縣楚北松滋年家眷

陳大韶頓首拜

〈書 敍〉

從來大道昭垂, 如日月經天, 江河行地, 奚必疑之? 亦奚必諄諄辯之? 然宇宙寥闊, 中外攸分, 人之體道者, 各有從入之路, 捷徑之門。自不習其事者, 以爲奇異之端, 遂從而非議之, 將使微言大義掩晦, 莫影而其眞不出。有心斯道者當申明其說, 使人易知共曉, 彼疑之者自渙然氷釋矣。如清眞敎典，始於西域天方國，乃至聖紹鼻祖心傳．其源遠，其流長，其道廣大。

悉備自唐貞觀時，高賢塞尔德·宛噶思奉至聖之明傳敎中土，至今千有余年．以認，禮，齋，課，遊爲綱領，以孝悌，忠信，禮儀，廉恥爲條目．其道之大者，五倫五事之必遵，與儒敎無異．但飮食，衣服之制，冠婚喪祭之典，大槪從朴素之風，取清眞之義．世世率由，無敢擅易．緣敎中有行之不著，習焉不察者，遂至疑信相參，以爲拘而難行，甚且有忍心悖畔，壞祖宗之良規而入於他途者．此疑之當釋也．亦有他敎之人見其遵守嚴密，不考原委，從而非議多端．此疑之又當釋也．予有志未逮．幸乙卯中式，乙丑公車北上，春闈試後適止館，卿余公請序書．

蓋聞士君子讀書明道，以期傳世，歷亘古而不磨，質百代而不惑，其道岂有二哉？是明其所不知而釋其疑也，釋其疑乃可以傳．傳之者固不一，而其所以傳之者，不外於三綱五常，天人之事交盡而已．推其類，則有以道德傳者，有以事功傳者．而其最傳而最著者，究無出於洙泗之師生．何也？當其未經講明道統之目，天下之人未知夫二帝三王之道爲如是之經天緯地，不可磨滅，几何不疑於心而涊於口？一經講明，則疑者釋矣．是以至今人知遵二帝三王之道者，卽知慕爲孔氏之生徒．故孟子云："予未得爲孔子徒也，予私淑諸人也" 亦以疑心釋而有是見道之言也，竊念闕里從遊之時，二三者追隨杖履．不過一講學之布衣，相與株守衡門，樂飢泗水．斯時之人，非謂其有萬乘之尊，千駟之富也，而何以從遊者之衆也？是慕其有萬世敎民之心，而不至於衰且竭也．

然而，千載一時，究亂幸遇竟遇矣，而又未得有只字片言以明其道，解其惑，猶之乎未遇，而空此一幸耳．且聖門之敎，皆尙躬行，不務浮夸．故孔子嘗誨人曰，"辭達而已矣"．又曰，"文莫吾猶人也，躬行君子，則吾未之有得" 是非望於躬行乎？以柱於雍正四年，因察掃父墓入都，適蓬前任館卿許出示招考收錄，行走迄今十九年矣. 其中事迹熟睹深知，自愧下僚末吏，不能如志以報國恩，惟兢兢拙守，不敢自陷匪僻，以遺君父羞然. 而行與世違，人因毁異，初不能效脂韋之習以取容，終不忍變正道之趣而改轍. 苟朝云清白暮藏垢汚，小人且知非之，況君子乎.

如蒙咨訪館中積弊，極爲開導誘掖. 謂“吾人旣已委質當朝，則此身不爲己有，汝不聞食人之食者，當分人之憂乎? 觀此館中百十余人，每年奉廩動支千數，此所謂有人民社稷之寄者. 汝亦身列教師與有人民之責，凡有人民社稷之區，岂能一一無議? 惜人未之察耳. 今及而不言，隱惡大焉. 勿謂甄別審漢，端楷秦爲一等，足以盡汝之職守. 縱文藝精工字畵整齊，不過爲人生之一美枝，聖賢素所不重. 必欲講明格致誠正，修齊治平之理，至克去己私，復還天理之後，尤必實心行出，方是眞正學文，文章方有益於身心性命，明德新民亦在於此. 吾人當以聖賢爲師，一節之士不足學也.

當時聞訓，疑懼偕釋，急白數事以謝愆. 尤其后，稍爲更置，覺有生色. 論考費之少載，恒多利益，定執照之不發，冒濫全消. 其他或歸權於上，使謀利者不敢復專，則朝廷之法以尊. 或拯救於下，使柔懦者可以獨立，而育材之敎自長進. 召考之條，示約詩文而取人，遠方寒士暫得依歸.

謁拜之際，風雅可觀，無何，侍側寡俦，常忆負笈之衆，及門未久屢聞去後之嗟. 而珠玑燦爛，頻搜月課之，選文字輝煌，頓興梨棗之工. 求稿塡門，長安之紙價倍昻，問字盈庭，座中之英俊良多. 當是時，千祥集而百福臻，慶何如也?

至於疊頒手論，委用連施，幸督工之不徇. 奪盗地而淸還，是公云利矣，而私實尤之，人之譖也，其能免乎/ 且云君子之鑒，百世新之，小人之恶，何足畏也? 敬而聽之，汝其勿憚，彼不知有天者，日蒙一可以禍福，斯人之態而欲人之趨附之，私之畏之，爲遂也．而清操之士無敢視焉，故嘗念祖籍．

回教素名清眞，夫所謂清者，凡所行事遠避其濁；求入於清眞者，不媚諸邪以激福，獨事眞宰以聽命．存眞去僞之義，明天道也．而回教之來中夏自隋唐始，代爲編氓，絶無異念．親親而尊尊，生養死葬之禮不爽分毫，盡人道也，且讀書入仕亦與世同．緣教內書籍未經漢子音譯，恐音韵背離有失舊章，卽如國書之必識其字，叶其調，固根本之意也．至教內齋拜，修齊，治平之理與存心養性之學，外人無暇講論，何由深之．

今天下之大，奚啻萬國，而八國之書現存署內，每館之字不滿四千，獨西天番字僅八百有奇．度各國之所存，諒亦百千之毫末，較之漢書之便利，自不足以敷用．而大國之典，應無不核然．想其大槪，旣有君張，自有制度，文爲不待一人之造作．故各國有各國之字畫，必有各國之行事．節末雖有殊分，綱常原同一致．不則竟無尊卑，長幼，禮樂，刑政，則國何以治？家何以齊，人民何以安？社稷何以久？由是思之，使各國盡無書籍文字，几皆爲烏獸之墟矣，

凡事皆有義理，是以大學首言致知格物．致知者，知其身心，性命，家國，天下之理．格物者，格其公私，是非，辭受，取與之義，則人己之事不至錯淆．此之謂致知，此之謂格物．令人不知其理，遂疑其事，疑其事卽亂其心，故每加橫議，任其所欲．雖教內之前人，亦曾著有書籍類，皆大經大法，深文厚意，而不屑白此目前疑案，以是而憾者有年．

然素習本教之講，貫常欲以漢書之文字明回教之意義，心懼夫言之不文，行之不篤，爲當世者鄙．至乾隆二年叨沐皇上豢養之深恩，得受譯學之掌教，而又身隷回回館師．訓課本教字書，其於風俗人情，倫常日用正當講明．上以報效朝廷，次以顯揚祖教，不爲世人所疑．使天下之人展卷觀之，如覿面談，知其不外於綱常，自然無疑於事迹．疑心一釋，四海同

居. 編纂是書正此時之所當爲者, 乃上天降臨, 未期月而書成, 經寒暑而修飾, 命其名曰淸眞釋疑. 意謂世人疑淸眞之理久不能釋, 思其所以釋之者, 莫若成書計. 口之答人不過一時, 書之答人可以百世, 可以天下, 大哉, 先聖立書之訓, 令人遵之無已也.

昨書成已久, 藏不敢出. 有湖北松滋拔貢生考授官學敎習. 陳姓名大韶者, 素與友善, 忽檢是書閱之竟月, 操管直批, 鼓掌大悅, 隨發論曰: 予向者嘗疑, 回敎之近於釋也, 乃言不祀鬼神以激福; 又以近於老也, 乃云不求白日以飛騰, 觀其敎是仍然君臣, 父子, 夫婦, 昆弟, 朋友之敎也, 依然士農工賈之人也, 無以異於儒也. 予又羡回之爲敎, 堅定其心志, 從未有流而入於釋老者, 盖以深明其弊. 而實知其僞也. 而吾儒之人, 日流入於二氏, 而且爲之著書, 而且爲之立說, 且助彼曰, 儒釋道三敎原來是一家. 彼亦未知思也, 孔子曰, 攻乎異端斯害也已, 孟子曰, 能言距楊墨者, 聖人之徒也, 昌黎始謂釋老之害過於楊墨, 三敎一家之言我知之矣, 果一家耶. 則聖賢不當有是言. 旣有是言, 必非一家, 子今進解一家之言, 以釋世人之惑. 彼二氏者, 首無夫婦, 何能生育? 旣無生育, 其道必亡. 試問崇二氏者, 孰非吾儒之子孫, 今則流入二氏. 世人亦有天良不昧之時 若輩凝神自思, 深知源本, 故言之曰三敎原來是一家, 其意實云: 皆儒敎之人也. 是一家也, 非言道也, 是言人也. 觀子之書, 予之疑釋矣. 子速成書, 以釋天下之疑. 藏之數歲, 幾至湮沒, 昨大韶復來催督, 又敎中之讀回書, 讀儒書者觀之, 莫不歡欣鼓舞, 皆欲代爲鳩工付梓, 時雖心動, 仍未敢行. 而曷可不敬錄是編恭呈斧正, 幷請一言之書, 以耀夫簡端, 使天下萬世之疑回敎者觀之, 莫不盡釋於無涯矣, 欽仰之思何容已焉.

又嘗聞敎誨, 謂天下之事, 無不散之局. 今於未散之先而預營散後之思, 特命在館師生分寫十三經一部, 以爲歸老之寤, 置之案頭, 於會心得意之時，開卷展觀，直至終篇，又見書尾之末落寫某人敬書，凝眸之際，如見其人，想亦悲喜交集，不能已於懷者．悲其不能如今日之對晤一堂，寧不先其心而豫傷之矣？古人有云，字如其人．澄心觀之，亦若當日之氣概如在目前，此亦壽享林泉之佳況，雖後日獨坐之時，亦猶夫二三子共侍之日也，豈不快哉？

今如我皇上行曠古未有之典．親幸翰林院衙門，詔諸學士聯韵賦詩，刻石於署，以垂永久．是聖天子樂育斯世於無窮也，而不知萬世之聖子神孫觀之，亦將樂大業於靡盡矣．誠所謂“後之視今,亦猶夫今之視昔耳．以道高德重之身，而又兼理學文詞之望，是以得逢此千載一時之盛．柱今冒昧呈書，幷陳請斧正，改削而悬序者，亦豫謀歸老之一日而興侍坐之思．雖得失不同，然猶优遊則一．使忽而不請，悔何及矣．幸前以八館落成之日，曾有詩記，幷昭告文字呈覽，已蒙敎誨．附刻館，則世人觀之，仰見盛心．因思是書一行天下，後世無時不有展覽此卷之人，皆思慕而愿見其休光也．

何也，盖以疑心釋而道斯明矣 賴一言之重也．倘惜片言之賜而不允其所請，然已請焉．尤慮位重不敢瑣屑，斯亦可以釋天下之疑矣．故曰，士君子讀書明道，以期傳世，歷亘古而不磨，質百代而不惑者，是釋其疑也．釋其疑卽謂之有萬世敎民之心也．有萬世敎民之心，其誰曰不得爲聖人之徒也？柱之鄙意如是，惟大人海容而敎誨焉，是幸．

저자, 역자소개

지은이
김천주

김천주(金天柱: 1690-1765)는 중국 무슬림 지식인 집안에서 태어났다. 그의 조상은 명(明)나라 때 중국에 유입된 무슬림으로 알려져 있다. 그는 이슬람과 유학 경전에 희박한 지식을 지니고 있었다. 그는 과거시험에 급제해서 번역 인재를 양성하는 사역관(四譯館)에서 교습으로 20여 년간 근무하다가 47세에 번역 장교(掌教)로 재직하였는데, 이때 중국과 이슬람의 풍습과 인정(人情)을 공부하면서 『청진석의(清眞釋義)』를 집필하였다.

옮긴이
권상우

권상우는 계명대학교 철학과를 졸업하고 중국사회과학원 철학연구소에서 철학박사 학위를 취득하였으며, 현재 계명대학교 Tabula Rasa College 교수로 재직하고 있다. 저서로는 『전통과 현대의 대화를 위한 동양의 지혜』(계명대학교출판부, 2015), 『유학의 소통과 융합』(문사철, 2017) 등이 있으며, 『중국 무슬림 한학파 연구-유학과 이슬람의 융합』을 곧 출판할 예정이다.